高职院校产教融合的研究与实践

INTEGRATION OF INDUSTRY AND EDUCATION

赵熹 著

西北大学出版社

图书在版编目(CIP)数据

高职院校产教融合的研究与实践 / 赵熹著. —西安：西北大学出版社，2022.8

ISBN 978-7-5604-4970-8

Ⅰ. ①高… Ⅱ. ①赵… Ⅲ. ①高等职业教育—产学合作—研究—中国 Ⅳ. ①G718.5

中国版本图书馆 CIP 数据核字(2022)第 127372 号

高职院校产教融合的研究与实践

GAOZHI YUANXIAO CHANJIAO RONGHE DE YANJIU YU SHIJIAN

编　　者 赵　熹　著
出版发行 西北大学出版社
地　　址 西安市太白北路 229 号
邮　　编 710069
电　　话 (029)88303313
经　　销 全国新华书店
印　　装 广东虎彩云印刷有限公司
开　　本 787 mm × 1092 mm　1/16
印　　张 18
字　　数 249 千字
版　　次 2022 年 8 月第 1 版　2022 年 8 月第 1 次印刷
书　　号 ISBN 978-5604-4970-8
定　　价 68.00 元

前言

Preface

高等职业教育兼具“高等性”和“职业性”双重属性。2019年起，全国高等职业教育连续三年共扩招300万人。“十三五”期间，高职院校招生和在校生分别占高等教育的46.06%和40.13%。已经在数量和规模上均占据“半壁江山”的高等职业教育不仅具有优化和调整高等教育结构的重要使命；同时，它还是现代职业教育体系中的重要环节，在整个职业教育体系中承担着助推和引领职业教育发展的职责。《中华人民共和国职业教育法》第三条明确提出“职业教育是与普通教育具有同等重要地位的教育类型”。因此，高等职业教育肩负着为全面建设社会主义现代化国家培养大量高素质技术技能人才的历史重任。

随着社会经济的发展，传统的产学研合作方式，已经无法满足新发展阶段校企合作、产教融合共育人才的时代需求。根据《国家产教融合建设试点实施方案》和《职业教育提质培优行动计划（2020—2023年）》，明确产教融合协同育人机制要以企业为主导，鼓励企业以资本、技术、管理等各种生产要素投入的方式开展校企合作协同育人。要以全要素为纽带，发挥行业、企业在牵头成立职教集团、制订人才培养方案、共建培养基地方面的主导作用，使行业、企业从单纯的资助人变为主导者，激发行业、企业协同育人的内生动力，在行业、企业、学校之间形成命运共同体，彰显产教融合在高等职业教育发展中的战略性地位。近年来，高职院校产教融合在国家政策的支持下获得快速发展，在现代学徒制建设、专业群融入产业链等方面取得了显著成效。然而，"产教融合、校企合作"在国家政策文件中的多次强调，一方面反映了国家对高职院校产教融合的重视，另一方面也表明高职院校产教融合还没有达到预期效果。目前，高职院校产教融合实践还存在国家政策执行不到位、产教融合长效机制未形成、产教融合深度不够、产教融合第三方评价机制尚未建立等一系列问题。

深化产教融合要求高等职业教育必须解决现存问题，进一步鼓励职业院校、行业企业、科研机构、社会组织共同促进教育链与产业链的有机融合，深入推进产业界、教育界的有机衔接，以保证高等职业教育事业的可持续发展。

本书为2021年度陕西高等教育教学改革研究项目重点攻关课题《新能源汽车技术专业群深化产教融合的"四化"模式研究与实践》（编号：21GG011）、2021年度陕西省职业技术教育学会重点课题《产教融合背景下高职汽车维修专业群1+X证书制度书证融通实施路径探索与实践》（编号：2021SZXZD04）及陕西省教育科学"十三五"规划2020年度课题《新能源汽车技术专业产教融合型实训基地建设标准与模式研究》（编号：SGH20Y1551）的研究成果。

全书共分为八章，第一章对现代职业教育的概念、特征、体系等进行了阐述；第二章对产教融合的基本概念、特点、相关理论及作用等进行了解释与分析；第三章对国外高等职业教育产教融合机制进行比较分析；第四章对高职院校产教融合的利益相关者分别进行阐述；第五章对职业教育产教融合存在的问题及采取的措施进行分析；第六章对产教融合质量评价体系的构建进行研究；第七章详细介绍了产教融合型实训基地的建设策略；第八章选取了陕西国防工业职业技术学院部分产教融合优秀实践成果案例。

在本书的编写过程中，得到了陕西国防工业职业技术学院和西北大学出版社各级领导和专家的支持与帮助，谨在成书之际致以诚挚的谢意；此外，还要感谢课题组的老师，他们在我感到困惑时及时给予帮助，使我能够顺利完成本书的编写工作；最后还要感谢本书所引用文献的作者们，没有他们先前的努力，我就无法很好地完成本书的编写。

本书旨在给高职院校产教融合提供一些思路与解决办法，希望能够提供一定的借鉴。由于高职院校产教融合的内涵丰富，加之时间仓促、作者水平有限，因而本书还有许多不足之处，请各位读者批评指正，以便修订和补充。

赵　熹

2022 年 6 月于西安

目录

Contents

第一章 现代职业教育

第一节 现代职业教育的概念

现代职业教育是适应21世纪经济、社会发展需要的现代教育中的一个教育类型。现代职业教育的发展是现代产业结构调整、现代劳动力市场的“晴雨表”,已成为促进新世纪全面建成小康社会发展的关键。加快发展现代职业教育，建立与现代产业相匹配的职业教育体系，有利于加速我国经济发展方式的转变。现代社会发展需要依靠广大劳动者素质提高和科学技术进步,需要培养生产、管理、服务等广泛领域的技术应用型人才和熟练的劳动者。现代职业教育的发展是实现我国经济社会发展战略任务的驱动器,是促进劳动者高质量就业的重要途径。

一、职业与职业教育

(一)职业

人类社会由于生产力的不断进步，劳动逐渐复杂化，于是产生社会分工。但是在原始社会早期，社会生产力极其落后，人类战胜自然的力量非常弱小,必须依靠集体的力量获得生存,那时人们是集体劳动,为了生存人们从事各种劳动,从事的是非固定性的工作。当农业与畜牧业逐渐分离后,社会生产力的发展使劳动者相对地从事某种固定性的工作,这种工作就是早期职业的萌芽。社会分工促成了职业的形成。

在我国,职业一词最早见于《国语·鲁语》:“昔武王克商,通道于九夷百蛮,使各以其方贿来贡,使无忘职业。”《荀子·富国》中也有“职业”一词:“事业所恶也,功利所好也,职业无分,如是,则人有树事之患,而有争功之祸矣。”这里的“职业”是指官事和士农工商四民之常业。职业作为一个现代专用名词,视角不同,界定略有差异。

马克斯·韦伯从个人能力的角度将职业定义为:一个人能力的详细罗列、专业化和组合的方式。查贝克则认为,职业指的是在工作组织不断变化的过程中所产生的专业化形式,个人为了谋生不得不去从事某项职业。国内有学者认为,职业是参与社会分工,利用专门的知识和技能,创造物质财富和精神财富,获得合理报酬,满足物质生活、精神生活的工作。《教育大辞典》将职业定义为:职业是指个人在社会中所从事的并以其为主要生活来源的工作的种类。百度百科将职业定义为:职业(occupation)是性质相近的工作的总称,通常指个人服务社会并作为主要生活来源的工作。

不论作哪种解释,职业关乎生活来源,需要付出劳动服务社会,这种劳动和服务需要一定的知识或者技能,这就是职业的特性。随着这种特性的改变,职业也相应地发生着改变。数千年来,随着社会的发展变化,各种新的职业不断出现,也有千千万万旧的职业不断消失。现代社会中,劳动者为了快速适应社会劳动的需要,有目的地提前接受有关职业工作的知识或者技能,教育对职业产生了重大的影响。

依据《中华人民共和国劳动法》的规定,“国家确定职业分类,对规定的职业制定职业技能标准,实行职业资格证书制度”,劳动和社会保障部、国家质量技术监督局和国家统计局联合组织编制的《中华人民共和国职业分类大典》,将我国职业分为 8 个大类,66 个中类,413 个小类,1838 个细类。其中有 87 个职业要求实行就业准入制度。

（二）职业教育

1. 教育

教育是教育学的一个基本概念。英文表达为“education”，源于拉丁文“educaer”。原意是采取一定的手段，使潜藏于人内在的东西发挥出来，即将潜质演化为外在的、现实的能力表现。中国古文献中，“教育”一词最早见于《孟子·尽心上》：“得天下英才而教育之，三乐也。”东汉许慎《说文解字》将教育解释为：“教，上所施，下所效也；育，养子使作善也。”

我国学者一般将教育分为广义和狭义两个层面来定义，广义的“教育”指一切增进人们知识技能，影响人们思想品德的活动；狭义的“教育”主要指学校教育，指教育者根据一定的社会或阶级的要求，有目的有计划地对受教育者身心施加影响，把他们培养成为一定社会或阶级所需要的人的活动。欧美学者一般将“教育”等同于个体学习或发展过程，如特朗里编著的《英汉双解英语词典》把“教育”解释为：成功地学习知识、技能与正确态度的过程。这里所学的应是值得学习者为之花费精力与时间，学习方式则一般应使学习者能通过所学习的知识表现自己的个性，并将所学的知识灵活地应用到学习时自己从未考虑过的境遇和问题中去。斯普朗格认为，教育是个体在文化的影响下所受到的统一的、分阶段的能力培养。通过教育个体获得进行文化活动的能力，从而能为丰富文化做出贡献。哈贝马斯则认为，教育即人的社会化，整个过程有一个基本的出发点，就是要改变（不合理的、非平等对话原则的）自我及社会现状。

2. 职业教育

我国早期的马克思主义教育理论家杨贤江指出：“自有人生，便有教育。”教育对人类而言，自有人类存在便产生了教育；对个体而言，与生俱来，与生而止。我国近现代著名民主主义教育家、中国近代职业教育创始人、中华职业教育社发起人黄炎培认为：“用教育方法，使人人依其个性，获得生活的供给，发展其能力，同时尽其对群之义务，此种教育名曰职业教育。”

并将职业教育的要旨归结为："为个人谋生之准备；为个人服务社会之准备；为世界、国家增进生产力之准备。"《辞海》(2000年版)"职业教育"条将职业教育界定为："给予学生或在职人员从事某种生产、工作所需要的知识、技能和态度的教育。"这一界定来源于"教育是为生活做准备"的思想，即教育工具论。联合国教科文组织（UNESCO）公约对职业教育与培训的定义也与此具有相似性："包括教育过程的各种形式和各种层次，它除了一般知识的传授外，还涉及技术和相关科学知识的学习，以及对于社会生活和经济生活息息相关的实用技能、专业知识态度和看法的掌握。"

近年，国内学者也有将职业教育定义为：职业教育就是在一定普通教育的基础上，对社会各种职业、各种岗位所需要的就业者和从业者所进行的职业知识、技能和态度的职前教育和职后培训，使其成为具有高尚的职业道德、严谨的职业纪律、宽广的职业知识和熟练的职业技能的劳动者，从而适应就业的个人要求和客观的岗位需求，推动生产力的发展。这一概念是职业教育从单纯的工具论，发展到兼顾教育的价值功能，兼顾"教育即生活"，职业教育除知识、技术、技能外，还注意学习者的素养、品质的养成。

二、我国职业教育的发展

(一)我国近代职业教育的兴起

我国现代教育意义上的职业教育政策始于近代，是在近代西方教育思潮的影响下，因应近代工业化发展的需要逐渐兴起的。"职业教育"这一概念的使用据刘桂林《中国近代职业教育思想研究》所述最早出现于1904年，为当时的山西农林学堂总办姚文栋多次使用。

在职业教育理论探索和建设方面，职业教育思潮萌生于19世纪60年代，到民国初年达到高潮，并初步形成了我国的实业教育制度，蔡元培将实利主义列入教育方针；与此同时，陆费逵指出中国教育在国民教育、职业教育、人才教育三方面必须改进，其中尤以职业教育、人才教育为急。其后，黄炎培发表《学校教育采用实用主义之商榷》一文，提出教育与学生生活、学校与社会实际相联系，发起成立中华职业教育社；1915年起全国教育联合会多次提出推行职业教育的议案；1918年中华职业教育社在上海创办中华职业学校。这一时期职业教育思潮对1922年新学制产生了重大影响，并最终促成职业教育制度的建立。1922年新学制增强了职业教育，在中学开设各种职业科，尤其是中学高级段分设普通科和职业科，职业科分农、工、商、商船四类。至20世纪30年代前后，职业教育制度进一步得到调整，其后因日本侵华战争全面爆发而趋于消沉。我国近代职业教育的发展主要表现在初等职业教育和中等职业教育方面，高等职业教育尚未建立。

（二）新中国职业教育的初步发展

新中国成立以后，我国老一辈无产阶级革命家毛泽东、刘少奇、周恩来等十分关注职业教育的发展。刘少奇针对我国教育发展的实际情况提出了"实行两种劳动制度、两种教育制度"的思想，提出"半工半读"的主张，促进了我国职业教育的发展。1966年到1976年十年"文化大革命"，我国职业教育的发展受到严重的影响。改革开放后，职业教育的发展得到恢复。

随着改革开放的深入，我国社会经济获得了快速的发展，尤其是工业现代化和中国制造高速发展的需要，促使人们对职业教育的认识也发生变化，正是国家建设需要大量技术、技能人才，促使职业教育进入高速发展期。这一时期，中等职业教育的发展尤为显著。1985年，《中共中央关于教育体制改革的决定》是职业教育发展发生重大转变的关键点。1991年《国务院关于大力发展职业技术教育的决定》和1993年中共中央、国务院发布的《中国教育改革和发展纲要》为我国《职业教育法》的制定奠定了基础，也为我国职业教育走上法治化道路奠定了基础。这一阶段职业教育发展的一个显著变化是职业类学校数量和学生人数大量增加。姜大源认为，这一阶段的中国职业教育具有三个显著特征：一是中等职业教育占高中阶段的比例，

1996年左右曾达到创纪录的58%；二是高等职业教育萌芽于这一时期，首批职业大学开始建立；三是中国第一部《职业教育法》于1996年颁布并实施。

（三）20多年来职业教育的高速发展

20世纪90年代中期以后，职业教育得到高速发展。1998年，高中阶段职业教育（包括职业高中、普通中等专业学校、技工学校、成人中等专业学校）招生530.03万人，在校生1467.87万人，分别占高中阶段招生和在校生总数的56.96%和60.02%，达到高中阶段职业教育的高峰。该年度的高等专科学校和职业技术学院有432所。1999年高校扩招工作顺利完成，高等教育的招生人数大幅度增加，高等本专科教育共招生275.45万人，其中普通本专科招生159.68万人，比上年增长47.4%。2012年，全国中等职业教育（包括普通中专、成人中专、职业高中和技工学校）共有学校12663所，招生754.1万人，在校生2113.7万人，高中阶段教育招生普职比为52.8∶47.2，普通高中与中职的比例结构较为合理。高职（专科）院校1297所，普通专科招生314.8万人，本科和专科招生之比为54.3∶45.7，普通本科、高职（专科）在校生达2391.3万人，毛入学率30%。2019年，全国各类高等教育在学总规模4002万人，共有普通高等学校2688所（含独立学院257所），其中，本科院校1265所，高职（专科）院校1423所。高等教育普及水平进一步提升，毛入学率达到51.6%。

20多年来职业教育的高速发展，为我国现代化建设输送了大量高素质、高技能的生产、服务、管理第一线人才。这一阶段，我国现代化建设进入一个全新的发展时期，与经济发展直接相关的职业教育得到国家高度重视。2005年，国务院发布的《关于大力发展职业教育的决定》，根据党的十七大关于“优先发展教育，建设人力资源强国”的战略部署，2010年中共中央发布《国家中长期教育改革和发展规划纲要（2010—2020年）》，大力培养高技能人才，2014年5月发布的《国务院关于加快发展现代职业教育的决定》（国发〔2014〕19号），针对“当前职业教育还不能完全适应经济社会发展的需要，结构不尽合理，质量有待提高，办学条件薄弱，体制机制不畅”，提出“加快发展现代职业教育”。

2019 年 5 月教育部批准首批 15 所本科层次职业教育试点学校，院校类型划定为职业技术大学、职业大学，试点学校以高职院校升格为主、其他高校举办为辅，以培养高层次、高技术技能的应用型人才为目标，且具有良好的职业教育办学基础，发展定位清晰，职教特色鲜明。至此，职业教育体系建设迈出了新的步伐。

职业教育类型地位的确立以及从中职到本科层次现代职业教育体系的构建，有力推动了职业教育提质培优、赋值增能，为培养高质量、各层次技术技能人才做出了重要贡献。至此，中国特色的职业教育逐渐形成。

三、现代职业教育的发展环境

（一）我国社会经济高速发展，需要大力发展职业教育

2013 年我国国内生产总值达到 56.9 万亿元，经济总量从世界第六位跃升到第二位，社会生产力、经济实力、科技实力迈上一个大台阶。中国特色新型工业化、信息化、城镇化、农业现代化局面正在形成，信息化与工业化得到深度融合，推进以人为核心的新型城镇化已经全面启动，创新型国家建设成效显著，载人航天、探月工程、载人深潜、超级计算机、高速铁路等实现重大突破。当前我国正处于社会主义现代化的关键阶段，为实现国家富强、民族振兴、人民幸福的中国梦，需要加快发展工业化、信息化、市场化、城镇化，转变经济发展方式，促进产业结构调整和转型升级，迫切需要培养大批技能型、应用型人才，必须更加重视和加强职业教育，大力提高职业教育的质量和水平。

加快产业结构调整，推动战略性新兴产业、先进制造业健康发展，加快传统产业转型升级，推进城乡发展一体化。设立新兴产业创新创业平台，在新一代信息技术、先进制造、新能源、新材料等方面赶超先进，引领未来

产业发展。大力发展现代服务业，优先发展生产性服务业，促进文化创意和设计服务与相关产业融合发展，加快发展保险、商务、科技等服务业，促进信息化与工业化深度融合，推动企业加快技术改造。

产业结构的调整、科学技术的发展、职业岗位的变动，都是影响职业教育生存与发展的重要因素。职业教育必须满足产业发展的需求，随着产业、行业企业技术含量的日益提高，对劳动者综合素质的要求也不断提高。但在劳动力供给和需求市场上，却存在严重的产业需求不足与就业困难的矛盾，这种矛盾并非劳动力总量不足，而是劳动力供给结构与产业需求结构的矛盾。一方面，技术工人总量不足、年龄与知识结构不合理、技师和高级技师断档；另一方面，大学生找不到工作，农村劳动力剩余，严重制约了产业和企业的发展，成为社会经济发展的瓶颈。随着产业结构调整，科学技术发展，职业技能的要求会越来越高，职业岗位的变动会更加频繁，劳动力供求的结构性矛盾将更加突出，技能型人才供不应求的矛盾也将进一步加剧。劳动力市场的新矛盾，对现代职业教育的发展提出了新要求、新使命，为职业教育的大力发展提供了新的契机。职业教育只有主动应对产业市场的需求，主动服务从业者职业资格及其职业能力的动态变化，才能适应市场经济的潮流，培养出满足社会需求的、全面发展的、具有创新精神的职业人才，才能办出人民满意的教育。

（二）国家高度重视现代职业教育的发展

党的十七大提出："优先发展教育，建设人力资源强国，大力发展职业教育，健全面向全体劳动者的职业教育培训制度。"十八大进一步提出"加快发展现代职业教育，推动高等教育内涵式发展"，将职业教育提升到国家发展战略依靠人口红利的发展模式，充分释放"人才红利"，尤其是高技能人才在增强国家自主创新能力，提升产业技术水平方面，具有不可替代的重要作用，因此，必须把教育事业放在优先发展的战略地位。职业教育是培养技术技能型人才的摇篮，是提高劳动者素质的基地，党中央、国务院高度重视发展职业教育，大力推进职业教育发展，支持各级各类职业教育办出特色，办出效益。

《中共中央关于教育体制改革的决定》首先提出“大力发展职业技术教育”，提出“发展职业技术教育要以中等职业技术教育为重点，同时积极发展高等职业技术院校”，是我国职业教育发展的一次重大转折，《职业教育法》则确定了职业教育在国民教育中的法律地位。2005年，国务院总理温家宝就强调要大力发展中国特色的职业教育，体现了国家对职业教育的重视。他指出，国际经济竞争的核心，是技术和人才的竞争，我国要更加有效地参与国际合作和竞争，就必须不失时机地大力推进职业教育发展。“要从国家现代化建设全局和战略的高度，从贯彻落实科学发展观和构建和谐社会的高度……切实加强职业教育工作，加快职业教育事业发展。”《国家中长期教育改革和发展规划纲要（2010—2020年）》提出大力发展职业教育，对职业教育的发展作出了长远规划，认为“发展职业教育是推动经济发展、促进就业、改善民生、解决三农问题的重要途径，是缓解劳动力供求结构矛盾的关键环节，必须摆在更加突出的位置”。“到2020年，形成适应经济发展方式转变和产业结构调整要求、体现终身教育理念、中等和高等职业教育协调发展的现代职业教育体系。”要求政府切实履行发展职业教育的职责，“把职业教育纳入经济社会发展和产业发展规划”，提高技能型人才的社会地位和待遇。《国务院关于加快发展现代职业教育的决定》进一步强调要“深化体制机制改革，统筹发挥好政府和市场的作用，加快现代职业教育体系建设”，确立“政府推动、市场引导”的原则，“强化省级人民政府统筹和部门协调配合”。

（三）经济全球化以及科技革命给职业教育发展带来新的机遇

经济全球化以及科技革命新浪潮给我国发展提供了巨大动力和机遇。经济全球化给各国的发展带来新的机遇，世界经济国际投资的迅速增长，带来了资本的国际化，对外贸易成为国际交往中最为活跃的环节和各国经济发展中不可缺少的组成部分，促进了市场的国际化，国际金融交易大大超过世界生产和商品交易、服务贸易，成为国际交往的重要组成部分。

新科技革命的影响加深，经济信息化加速发展。科学技术是世界经济发展、人类历史进步的主要动力。它改变了世界经济增长的方式；引发了世界范围内的产业结构调整；加深了国际分工；加强了世界各国的经济联系，推动了经济全球化趋势；它在创造新产品、新产业的同时，也改造了旧产品、旧产业，促进了生产力的发展，改变了人们的消费结构、生活方式，提高了一些国家的经济实力。尤其是以数字化和网络化为特征的信息技术的飞速发展，使全球经济增长方式发生了根本性的变化。知识逐渐取代自然资源成为经济增长的第一要素；高技术产业逐渐超过传统产业成为国民经济的第一支柱。21 世纪的社会是全面信息化的社会，随着现代信息技术、网络技术在各方面的广泛应用，信息产业得到了高速增长。经济全球化、新科技革命和信息化为现代职业教育的发展提供了动力，带来了新的发展机遇。

（四）现代职业教育发展面临的主要问题

我国职业教育尤其是高等职业教育，在近十余年发展速度非常快，所取得的成效也非常显著，初步形成了具有中国特色的职业教育体系。但是随着社会主义市场经济的高速发展以及现代化，我国职业教育也面临新的困难和挑战。2009 年，国务院总理温家宝曾经指出：“我国的职业教育和发达国家的差距较大。问题在什么地方？一方面要转变社会观念。社会上有些人不把职业教育当作正规教育，认为上了职业学校低人一等。另一方面也要研究具体的引导办法，增强职业教育的吸引力，包括加大职业教育投入……职业教育管理体制要认真研究，充分调动行业、企业、学校兴办职业教育的积极性。”

第一，受传统文化“学而优则仕”观念影响，职业教育受歧视的现状难以改观。技能人才的社会地位、福利待遇、社会保障程度较低，分配机制不够合理，与普通教育相比，职业教育的生存环境有待改善。

第二，职业教育投入仍然不足，投入体制需进一步理顺，国家对职业教育经费的投入需要加强。投入不足直接影响职业院校办学条件，一些经济落后省份的职业院校教学设备陈旧，严重影响职业教育的正常发展。

第三，职业教育管理体制机制不顺畅，多头管理，政出多门，资源分散。职业资格制度混乱，甚至出现“同一专业岗位对应的职业资格证书过多，不同的政府部门开设不同的资格证书考试，认证标准各不相同”。

第四，校企合作、工学结合两张皮的问题难以解决。校企合作的企业积极性不高，学生学习困难，企业与学校责、权、利不明确，相关法律法规保障不完善，难以深度合作。企业的宗旨首先是盈利，在校企双赢机制不健全的情况下，校企合作的利益难以协调，企业单方面的资助行为难以长久，尤其是在企业接收职业院校学生实习的税收减免、安全事故的责任等法律规范没有明确的前提下，校企合作动力、合作制度、合作机制有限。

第五，职业教育和普通教育沟通不畅，中、高职衔接不畅。职业教育作为一种类型，从中职到大专、本科层次的发展空间尚未打通，职校学生没有升学通道。职业教育是一种终结性教育，成为学生报考职校的最大顾虑。

第六，师资力量不足，尤其是双师型教师不足。高等职业教育规模扩张过快，教师数量不足，教师本身承担过多的教学任务，且学生人数又多，直接影响教学质量。同时，无论是中职还是高职，教师专业实践技能都有待提高，教师的课程理念还跟不上课程改革的发展，局限于从事学科课程的教学，缺乏必要的工作岗位实践经验。有的学校实训课程开设不足，占学习课程比例较少，学生得不到应有的操作训练，职业能力培养质量不高。

第七，农村职业教育发展缓慢。农村职业学校发展规模不能完全满足农村经济社会发展的需要，农村职业学校办学条件、水平相对城市职业学校较差，师资队伍力量薄弱。

第二节
现代职业教育理念与特征

一、现代职业教育理念

职业教育理念是人们对职业教育科学发展的一种理性认识，是办学者参与者职业教育思想的体现，也是职业院校办学、教育教学的指导方针，对学校教育改革发展具有重要的影响作用。不同的职业学校和教育者、研究者，从各自视角提出了多种多样的教育理念，如有的学者提出职业教育现代化、市场化、产业化、素质化、终身化理念，有的提出人本教育理念、选择教育理念、职业教育理念、能力本位教育理念等等，仁者见仁智者见智，关键是理念与教育实践的有机结合，理念能付诸实际。职业教育理念随着社会经济发展、产业的转型升级、职业岗位能力变化而不断地发展变化，教育理念是一个动态的、发展的概念。

（一）职业教育终身化

终身教育成为时代发展的需要。自20世纪60年代中期以来，在联合国教科文组织等国际组织的大力提倡、推广之下，知识经济和网络时代的需要使得终身教育深入人心，并成为各行各业自身发展和适应职业需求的生存之道。学校教育是一种阶段性教育，普通教育是一种职前教育，而与终身教育息息相关的教育就是职业教育，职业与生存的需要，使学习成为人们一种基本的生活方式和发展方式，有力地推动了现代职业教育的发展。

终身教育从保罗·朗格朗提出以后，建立全民参与的终身教育体系已成为世界教育发展的共同潮流。法国于1971年制定《终身职业教育法》，将终身教育与职业教育合而为一，作为成人教育的法律依据。美国于1976年制定并颁布《终身学习法》，并在联邦教育局设立终身教育局，作为国家对终身教育的管理机构。日本于1988年在文部省设立终身学习局，1990年，国会颁布实施《终身学习振兴法》，并在文部省设立终身学习审议会，同时要求地方政府依法设立专门行政机构，制定终身学习振兴计划。江泽民同志说过："当今时代，是要求人们必须终身学习的时代。学习一切反映当代世界发展的新知识，学习做好工作所必需的一切知识。"21世纪科学技术突飞猛进，信息技术改变了人们的学习空间和方式，如慕课的出现，就是借助开放网络资源综合起来的一种在线课程模式，是一种大规模的网络开放课程，它将分布于世界各地的授课者和学习者通过开放式网络平台联系起来，形成一种便利的、自由的、开放的终身学习模式。我国通过开展社区教育、成人教育、职业培训等方式，大力推动终身教育，以适应社会的现代化发展水平。同时，转变我国经济发展方式和发展现代产业体系，也需要建立终身教育体系，以促进职业教育的可持续发展，促进劳动者适应职业技能的发展变化。

《国家中长期教育改革和发展规划纲要（2010—2020年）》要求构建体系完备的终身教育，"学历教育和非学历教育协调发展，职业教育和普通教育相互沟通，职前教育和职后教育有效衔接"。"到2020年，形成适应经济发展方式转变和产业结构调整要求、体现终身教育理念、中等和高等职业教育协调发展的现代职业教育体系"。

（二）职业教育社会化

社会化是人从自然人到社会人、从生物属性到社会属性的转化过程，是社会通过各种方式使人习得社会行为规范并内化为个体的行为、价值观念，成为社会人的过程。社会化包括社会对个体的教化和个体社会成员的相互学习两个方面，是心理学、教育学的重要概念。人的社会化对传递人类文化、增进人的生存技能、促进社会的发展具有重要意义。美国人类学家米德（Margaret Mead）将社会化分为三种模式：后喻文化（post-figurative culture)、前喻文化(pre-figurative culture)、同喻文化(co-figurative culture),米德的研究对教育社会学理论的发展产生了重大的影响。在社会化过程中,教育起了极其重要的作用,通过教育传递人类文化经验、社会规范、道德意识。教育社会化就是系统地对个体进行有关生产与生活基本知识和基本技能的传授,授以社会行为规范,确定人生目标,培养人的社会角色。

职业教育是一种终身教育,包括职前、职中、职后三阶段,从单一的学校教育延伸到整个社会,实现教育的社会化。职业教育受众范围十分广泛,包括在校学生、在职员工、下岗人员、农村人员,从年龄视角可分成年人、未成年人,且教育需求具有多样性,包括全日制教育、岗位培训、继续教育或就业培训等等,是社会性最为广泛的教育。职业教育社会化的内涵包括保障全体社会成员有平等接受职业教育与培训的机会,为失业者和处境不利人群提供各种正规和非正规的技术和职业培训,促进终身教育和社区教育,为社会成员提供有效的职业指导与咨询。职业教育社会化是现代工业社会发展的必然要求,也是世界许多国家发展职业教育的成功经验,是当代职业教育的重要发展趋势。

职业教育社会化的特征,主要体现在以下几个方面:

1.职业教育内容的社会化

职业教育必须使受教育者获得某种职业或生产与生存的技能,其知识和技能的构成必须是与社会经济生活紧密关联的、实用性的。

2.职业教育方式、手段、途径的社会化

职业教育的实践性、实用性要求职业教育的教学必须与实践相结合,加强校企合作、工学结合或半工半读,为企业服务,为生产服务。通过企业实训实习、为企业提供技术支持、开发新产品等方式形成社会化学习网络。

3.职业教育要实行社区化办学

面向企业,面向行业,走进社区,开展职业培训、职业咨询和指导。美国的社区学院就是在地区、社区举办的教育机构,向社区提供职业教育和成人教育。

4.职业教育社会化将助推农村职业教育的发展

按照农科教相结合的原则，推进农村科学技术的发展，普及农业技术知识，通过建立农村技术培训机构、现代农业示范园区，开展农业科学技术培训，促进农村的发展与进步。

职业教育社会化还体现在教育的开放性方面，职业教育是向社会开放的教育，是任何社会个体都可以进入的教育。职业教育的开放性主要表现在：一是教育对象的开放性，职业学校教育的生源具有广泛性，任何人都可以接受职业岗位培训。二是入学条件的开放，职业教育接受来自社会各阶层和各层次的生源，在入学条件上不受限制。三是教育内容的开放，根据行业、职业岗位的需求，调整教育或培训的内容。四是教育模式的开放，根据实践教学的需要，灵活地开展校企合作、工学结合等多种教学方式。五是教育场所、时间的开放等。

（三）职业教育能力化

职业教育的本质特征决定了其在教育过程中注重能力培养，注重技术与技能的提高。职业教育培养人才，不仅仅是向他们传授知识，更重要的是培养他们的各种技术能力，尤其是创新意识和创造能力。通过“做中学”培养学生动手的能力、实践的能力，培养学生发现和获得新知识的能力，分析和解决问题的能力，交流与合作的能力，收集和处理信息的能力，培养出具有实际应用能力的人才。

职业教育能力化不等于能力本位的职业教育。能力本位的职业教育理念是20世纪20—30年代在欧美国家流行的一种职业教育观。能力本位职业教育（CBVE）指在教学之前，先确定从事某种行业所必需的知识、技能和态度，之后，根据这些确定的教学内容来教导学生，并且使每一个完成课程的学生都达到预定的技能水准。一个完整的能力本位教育通常包括以下几个步骤：（1）分析行业；（2）确定行为目标；（3）编写教材与计划教学；（4）实施教学；（5）评鉴教学结果。能力本位职业教育是基于岗位工种的“能力本位”

职业教育理念，是工业化大生产背景下“效率崇拜”的产物，难以适应劳动力流动加剧的变化，过于强调职业教育的工具价值，忽视了对人的内在精神和态度的培养。

职业教育能力化建立在以人为本的素质教育的基础之上，尊重人，尊重学生个性的发展，在教育过程中渗透价值教育理念。在教育过程中注重学生的主动性和创造性，经过教育使其身心得到自由的发展，培养学生具有良好的职业道德、专注工作的创新能力、良好的团队合作精神和社会交流能力。以人为本的素质教育包含基本素质、职业素质、工作素质和岗位素质。基本素质指工作的主动性，即有自发的愿望完成工作、达到目标，有饱满的热情和能力提出问题和解决问题；职业素质指了解职业需要，主动追踪工作的开展，完成专业任务；工作素质指要具有保证质量和节省资源的理念，创造效益，尽早完成工作目标；岗位素质指与培养目标对应的职业岗位所需要的专业理论知识、实践技术和专门技能。

二、现代职业教育的特征

（一）职业性

职业性是指职业教育为社会各行各业生产、服务的一线输送各级各类技术技能型人才的培养目标。它的目标是使受教育者学成以后能够在社会上顺利地实现就业，最注重的是职业技能教育。

1.培养目标的职业性

职业教育培养的各种人才适合于社会上成千上万的职业岗位。它的培养目标以职业或职业群为主体，培养人才直接针对职业岗位群的要求，办学宗旨即培养某岗位、某职业、某职业群所需要的人才。

2.学校办学的职业性

一般来说，不同职业学校都具备不同的办学特点，这也显示了学校培养学生的职业定向性。因为专注于不同的领域，具备不同的个性，因而不同的学校有不同的目标,从而培养出不同职业倾向的学生。

3.专业的职业性

学生自己所要学习的专业在入校时就已经选定,这也代表着基本选择了自己将来要从事的职业。在教学上,职业特色、地方特色、重视学生职业技能的培养等要素具体表现在专业设置、课程设置和师资、教材、教学方法等方面。

(二)实践性

实践性的意义是指职业教育学校将受训者放在真实的工作环境中去亲历实践教学、现场训练等,这个环节已成为学校教学工作中不可缺少的组成部分。

1.教学上的实践性

以学习普通文化科学和理论知识为主的普通教育和高等教育,其教学工作的基本形式是课堂教学。而职业教育与此不同,它在强调学生要掌握必备的科学文化理论知识的同时,更加强调要培养学生实际操作的技能,实践教学在职业学校教学工作中占有十分重要的地位。

2.技能上的实训性

技术技能教育是职业教育所关注的,职业教育的基础是帮助受教育者掌握专业技能。除了理论上教授受教育者基本知识外,帮助受教育者掌握该项职业的专项技能更为重要。只有这样,受教育者才能顺利获得从事某项职业的从业资格。“三百六十行,行行出状元”,这个状元的含义便是指从业之窍门、从业之技巧。因此,职业教育就要为学生多安排时间进行校外实践和训练,使他们充分融入现实社会之中。在日常生活中,通过实实在在的大量实际训练,使学生学习到不同职业、不同岗位的多样化职业技能。

3.培养上的实用性

在专业设置方面,社会、企业、学校共同参与的专业指导委员会由学校组建,通过调查用人单位,尤其是本地区企业对人才职业岗位能力的要求,以此确定学生毕业后所从事职业岗位的业务工作范围，并将其具体化为人才培养规范，确定所要设置的专业。在教学内容方面，要按照“实际、实用、实效”的原则来确定，讲授这部分课程的老师须聘请在此类职业中长期工作、经验丰富的优秀从业人员，把理论教学与实践教学两者相结合。在师资队伍方面，建立“双师型”师资队伍，方法可采用专职教师与兼职教师相结合，最重要的是有关职业培训的课程要以兼职教师为主，这样教学就会更加贴近实际。在实训基地建设方面，职业学校可以将自己的实训基地建立在一些有实力、有条件的企业中，让学生在真实的工作环境中顶岗学习职业技能。

（三）经济性

经济性是指职业教育是我国工业化、社会化、现代化发展的重要支柱，同我国的经济发展和社会进步相互促进、相互影响。

1.职业教育与社会经济相互促进、相互制约

社会经济发展水平和产业结构变化驱动和制约着职业教育的发展，职业教育必须服务于社会经济，适应社会生产力水平的不断提高，不断促进经济发展以及社会进步，只有这样，职业教育才能被赋予强大生命力。反之，社会经济发展和经济基础增强，可以为职业教育提供更加坚实的经济基础和发展保障。从我国职业教育的发展历程来看，在20世纪50年代前期、60年代中期和80年代中期之后这三个时期，发展状况表现为快速、稳定，和这三个时期经济上持续、协调发展的环境有着密切相关的联系。

同时，这三个时期的职业教育先后在我国的工业领域（20世纪50年代的中专、技校）、农业领域（60年代中期的农村职业中学）、第三产业（80年代中期之后的职业高中）的重点发展上做出了不可磨灭的贡献。因此，可得出经济发展与职业教育发展是形影相伴、唇齿相依的关系。

2.职业教育对经济发展具有更大的促进力

当人的知识和技能成为生产力发展的决定性因素的时候，如果知识和技能严重不足，无论资金多么充足，设备多么完善，想要在生产力上获得更

大的发展都不可能实现。因此，那些既掌握扎实的理论知识，又具备成熟技能的知识人，对未来的经济发展起决定作用，而这些知识人的培养主要依赖职业教育。在低附加值产品生产的阶段，存在的是众多的劳动密集型产业，此时尚未完全普及初等教育，社会整体教育质量较差，社会、家庭对高等教育的期望值很高，职业教育受人们鄙视。而在那个时期，传统的学徒制度是知识和技能的主要传承方式。到了工业化阶段以后，大量存在资本技术密集型的产业，广泛生产工业产品是当时的社会潮流。为了培养一线生产技术工人，广大生产企业也开始重视对员工的培训，而那些专门从事职业教育的学校也得到了快速发展。到了重工业化和高技术产业发展阶段，经济发展的主流变更到了知识密集型产业，发展趋势呈现高端化。此时，几乎所有的企业，在重视对员工的全方位培训的同时，也注重对员工培训实行专门化的管理。

3.职业教育和培训与国家发展紧紧相连

在发展中国家，职业教育与培训内容方式比较专门且单一，而发达国家的职业教育与培训的发展趋势呈复合化。职业教育学校希望在企业的帮助下，为学生提供丰富和积累实践经验的机会，所以力图建立同企业更为密切的联系。越来越多的大型企业创办了自己的培训中心，不断变换着课程内容和培训方式，以此来适应制造业、服务业和其他产业更高技能人才的需要。

（四）终身性

终身性是指职业教育是随着我国的经济发展和社会进步不断变化发展的，使每个人一生都在不断地接受职业教育、伴随职业教育，是职业教育发展的最终目标。

1.职业教育是不断变化和向前发展的

由于经济的发展和科技的进步，世界上任何一种教育形式没有一成不变的，职业教育也不例外。在党的十九大所确立的路线方针的指引下，各行各业局面又好又快地发展。在这样的新形势下，许多新的企业或经济组织不断涌现，而一些陈旧老化的企业被淘汰。总的来说，企业的数量越来越多，社会分工也越来越细化，也就会出现许多新的职业岗位。同时，许多过时陈旧的职业正在慢慢地消失，大量职工需要转岗。为了适应这种新变化，对我国职业教育进行改革势在必行。一方面，职业学校要加大力度进行全方位的改革，紧跟世界职业教育发展的脚步，大力兴办现代职业技术教育等，为现代企业多培养和输送高技能人才；另一方面，企业一定要更加重视员工的职业培训，加强领导和投入力度，通过开展针对性强的员工培训方案，不断提高员工的职业能力。

2.职业教育是终身教育

一方面，职业教育将把全面提高受教育者的素质定为着眼点，通过多种形式逐步建立一种同普通教育相互渗透和沟通的机制。现代教育体现的是既有分流教育，又包含综合教育，同时在中小学教育中，渗透部分职业教育的内容，在职业学校中加强基础文化教育建设。还可以打通中等职业学校毕业生被普通高校招收，以及职业学校吸纳普通学校毕业生的通道。另一方面，大职业教育将是未来的职业教育趋势。就学校职业教育来说，在中等职业教育阶段，就不同产业、不同行业、不同服务方向实施综合性教育，以便学生在学校学习时可以自由选择，构建复合型智能结构，使他们在就业时有更大的适应性和选择性；在高等职业教育阶段，为适应经济技术结构变动对高级技能型人才的需求，要向综合化、高级化方向发展，拓宽专业服务面，培养复合型人才。就企业培训来说，企业对员工的培训必须更加重视，因为企业员工职业变动、职业技能更新的加快。同时，为员工的职业生涯提供多种、多次接受职业教育的机会，员工培训要具有更大的灵活性、针对性和适应性。日本企业的职业培训帮助产业工人和管理人员适应技术和管理变化的要求，主要通过全员性、终身化、针对性的培训来实现，主要从职业知识、技能、责任、态度等方面进行，直接推动了日本产业部门对于引进技术的消化和移植，以及更新各类产业领域技术改造和工艺。日本企业的经验证明：

企业适应经营环境变化，有针对性地开展员工教育培训活动，使企业职业教育全员化、终身化是现代企业发展的最终策略。

总之，现代职业教育正在从“终结性”转向“终身性”，从单纯满足“就业需求”走向“创业需求”，职业教育的内涵从“职业预备教育”延伸拓展为“职业终身教育”。现代职业教育正日益成长为整个社会经济发展的重要基础，成为人类发展的重要手段和人生价值实现的重要途径。

第三节 现代职业教育体系

目前职业教育体制不断完善，工学结合、校企合作日益深入。中职与高职的衔接，高等职业教育内专科和本科甚至更高层级教育的通道正在构建，职业教育作为一种类型的教育得到社会的认可。但是我国职业教育的发展也存在一些问题，体制机制不够健全、行业企业参与不足、人才培养模式落后、层次结构不合理、专业设置与社会经济（产业）发展不够协调等，职业教育体系不能适应经济发展转型升级的要求。现代职业教育体系日益成为增强国家竞争力、促进产业经济发展的战略举措。因此，以现代教育理念和国际视野构建现代职业教育体系，是实现教育现代化，培养大批中高级技术技能型人才，提高劳动者素质，建设人力资源强国，推动经济社会发展的必然选择。

一、现代职业教育体系概论

教育体系一般指互相联系的各种教育机构的整体或教育大系统中的各种教育要素的有序组合。广义的教育体系，除教育结构体系外，还包括人才预测体系、教育管理体系、师资培训体系、课程教材体系、教育科研体系、经费筹备体系等。狭义的教育体系，仅指各级各类教育构成的学制，或称教育结构体系。现代国民教育体系包括普通教育和职业教育两类，初等、中等、高等教育各个层次，成人教育和继续教育各个阶段。职业教育的层次结构分为初等职业教育、中等职业教育、高等职业教育。初等职业教育主要在农村，现在已经较少存在；中等职业教育是我国职业教育的主力军，包括职业高中、职业中专、技工学校和中等专业学校；高等职业教育是我国职业教育的生力军，是我国高等教育的一个重要组成部分，目前主要是专科层次的教育，部分省市在试点本科层次的职业教育。

中国特色现代职业教育体系是一个服务于职前与职后以终身教育理念为特征和目标的复杂庞大的教育系统。首先以职前教育为在校生和未升学毕业生提供职业技能教育，这是现代职业教育的主要构成部分。这一段，包括初中高三个层次的技术工人、中等程度技术人员与管理人员、高级技术技能人才。其次是继续教育和终身教育，这是现代职业教育的重要组成部分。这一段包含城市职业技术培训和农村技术人员培训与农技推广，城市职业技术培训除在职员工的全员培训外，尤其要重视下岗、失业、转业人员的培训。

现代职业教育体系在重视学校教育体系建设的同时，还重视人才预测体系、师资培训体系、教育管理体系、专业与课程体系的建设。人才预测体系是直接关系职业教育发展规划，影响职业教育发展是否适应社会经济发展的基础工程。只有经过科学合理的人力资源需求预测，才能为劳动力市场提供各类符合需求的人才。师资数量与质量直接影响职业教育规模和人才培养质量，职业教育的职业性特征要求教师具备“双师型”素质，职业教育师资培养和在职培训及企业实践锻炼是一项系统性工程。职业教育师资的规划（预测）、培养、使用、发展与职业教育整体发展规模及社会经济发展需求密切关联，加强职业教育师资队伍建设，是现代职业教育健康发展的战略选择。

职业教育学制结构是职业教育体系构成的一个重要部分，职业教育学制是指一个国家或地区各级各类职业学校机构或组织的体系及其管理规则。早在1922年,职业教育就得到重视。该学制在初等教育高级段设立职业科,让小学毕业生掌握一定的生产技能。中等教育分为两段,均设有职业学校,高级中等教育除普通教育外,设有农业、工业、商业、家事等科,兼顾升学和就业。该学制增加了职业教育的分量,但在高等教育段没有专门设立职业教育,我国现行职业教育学制是在1995年《教育法》规定的学制基础上不断改革形成的,1995年《教育法》规定的学制还设有成人初等学校、成人中等学校(初中、高中),直至成人高等学校,成教系列完备。中等教育设中等专业(技工)学校,含五年制学历;同时还设有农业职业中学。高等教育段设高等职业教育,为专科学历,招收普通高级中学毕业生和少数优秀职业学校毕业生。在此基础上,现行学制力图在高等教育阶段实行分类办学,打通职业教育"中高本"的学历通道,使得高等职业教育也可以开展本科甚至更高层级的教育,并且中等职业教育的毕业生可以直接升入更高层次的职业教育机构进行深造。

二、现代职业教育体系构建

职业教育服务社会经济发展,服务区域产业转型升级,是通过培养适应发展需要的人才来实现的,社会经济发展对应用型、技术技能型人才的需求决定了职业教育发展的方向,也是确立职业教育体系和结构的根本依据。当前,职业教育还不能完全适应经济社会发展的需要,结构不尽合理。加快发展现代职业教育是党中央、国务院作出的重大战略决策。面向生产服务一线,培养高素质技术技能型人才,建立现代职业教育体系,是促进现代职业教育服务转方式、调结构、促改革的制度性安排。

为全面贯彻党的十八大精神,依据《国家中长期教育改革和发展规划纲要(2010—2020年)》和《国务院关于加快发展现代职业教育的决定》,制定《现代职业教育体系建设规划(2014—2020年)》。规划总体目标是"到2020年,形成适应发展需求、产教深度融合、中职高职衔接、职业教育与普通教育相互沟通，体现终身教育理念，具有中国特色、世界水平的现代职业教育体系，建立人才培养立交桥，形成合理教育结构，推动现代教育体系基本建立、教育现代化基本实现”。并要求2015年初步形成现代职业教育体系框架，2020年基本建成中国特色现代职业教育体系。

（一）现代职业教育体系的构成

现代职业教育体系是在现行学制体系的基础上，按照“加强统筹、分类指导”的原则，统筹发展各级各类职业教育，实现学校教育和职业培训并举，推进中等和高等职业教育衔接，优化高等教育结构，实现“中高本”职业教育一体化。《现代职业教育体系建设规划（2014—2020年）》对现代职业教育的层次结构、办学类型、学校教育与职业培训的协调进行了科学系统的规划。

现代职业教育的层次结构分为：初等职业教育、中等职业教育、高等职业教育。初等职业教育侧重在有需要的地方开展实用技术技能培训；中等职业教育着重开展基础性的知识、技术和技能教育，培养技能型人才；高等职业教育在办好现有专科层次高等职业（专科）学校的基础上，发展应用技术型高校，培养本科层次职业人才，高等职业教育规模占高等教育的一半以上，本科层次职业教育达到一定规模。这是我国职业教育发展史上一次重大的突破，系统构建了从中职、专科、本科到专业学位研究生的完整的培养体系，满足各层次技术技能型人才的教育需求。

现代职业教育在办学类型方面，提出了政府、企业、社会共为办学主体，构建公办和民办职业院校共同发展的职业教育办学体制，政府实行统一的准入制度。规划提出增加非全日制职业教育在职业教育中的比重，改革学制、学籍、学分管理，实行工学交替、双元制、学徒制、半工半读、远程教育等多种学习方式。职业院校可以同时开展学历职业教育和非学历职业教育。现代职业教育体系规划还构建了职业教育的终身一体系统。包括职业辅导教育、普通教育学校要为在校生和未升学毕业生提供多种形式的职业发展辅导；职业继续教育为劳动者终身学习，增强了职业教育体系的开放性和多样性。

（二）现代职教体系的产教融合特色

在我国全面推进职业教育现代化的进程中，产教融合、校企一体化充分体现出现代职业教育的本质特征，既是一种职业教育的方法，也是实现现代职业教育理念的实践平台。产教融合、校企一体化有机地将教学与平台、理论与实践、方法与内容紧密地结合起来，有效破解了职业教育校企合作、工学结合“两张皮”的瓶颈。一定意义上，产教融合、校企一体化的实践程度已成为反映一所职业院校办学现代化水平和内涵建设的重要因素。由于产教融合、校企一体化是一个主体多元化联合平台，受到学校内外多种因素的制约，在现代职教体系的实践中需要契合区域社会经济发展，突出区域特色、院校特色，使教育教学改革与产业转型升级衔接配套，校企协同，共同推进现代职业教育的发展。

按照《国务院关于加快发展现代职业教育的决定》（以下简称《决定》）要求，现代职业教育体系要“形成定位清晰、科学合理的职业教育层次结构”，每一层级都体现出鲜明的职业教育特征，贯彻产教融合的特色。例如《决定》提出：专科高等职业院校要密切产学研合作，培养服务区域发展的技术技能人才，重点服务企业特别是中小微企业的技术研发和产品升级；实行分类管理，举办本科职业教育，专业学位研究生教育，其中专业学位研究生的培养要求建立“以职业需求为导向、以实践能力培养为重点、以产学结合为途径”的培养模式。在办学机制方面大力促进行业企业参与职业教育办学，《决定》明确提出：深化产教融合，鼓励行业和企业举办或参与举办职业教育，发挥企业重要办学主体作用。以多种形式支持企业建设兼具生产与教学功能的公共实训基地；鼓励企业举办职业院校和职业院校自办企业或开展经营性活动，以“服务学生实习实训”。《决定》鼓励职业院校、行业企业、科研机构、社会组织共同组建职业教育集团，促进教育链与产业链的有机融合，这一举措是以组织方式使“产和教”、学校和企业结合为一个共同体，强化教育、学习、实训相融合，创新顶岗实习形式，有力地推进校企一体化育人。

第二章　职业教育产教融合的理论基础

第一节 产教融合的概念

产教融合、校企合作是中国现代职业教育体系中一项极其重要的内容，也是高等职业教育的特质体现。高等职业教育的实施是一个复杂的系统工程，其教育性与经济性的双重属性决定了其在实施过程中，要实现教育与产业发展的紧密对接，实现学校与企业的密切合作，这也是世界高等职业教育发展的普遍认识。综观职业教育发达的国家，其共同特点和成功经验无不是职业教育与产业相互融合、相互促进，企业在人才培养中起到重要作用。

一、高职院校

高职院校的全称为“高等职业院校”，其以培养高素质技术技能人才为目标。高职院校是进行职业技术教育的高等阶段，既不同于中等职业技术学校又不同于普通高等教育院校（包括普通的多科性学院和综合性大学）。

（一）高职院校在高等职业教育中起着奠基石的作用

从高等职业教育（以下简称高职教育）体系内的层次关系来看，高职院校是高职教育的奠基石。高职院校对接中等职业教育（以下简称中职教育）

的顶点，处于高职教育的起点。高职院校是初中、高中毕业生及中等职业学校学生继续学习从而接受高职教育的主要途径。《国务院关于印发国家职业教育改革实施方案的通知》（国发〔2019〕4号）指出："职业教育与普通教育是两种不同教育类型，具有同等重要地位。"职业教育作为一种教育类型，由中职教育和高职教育构成，高职教育又包括专科层次的高职院校、应用型本科、专业研究生教育等层次。目前，随着应用型本科建设工作的推进，职业教育体系日趋完善，高职院校也不再是高职教育的终点，而是作为起点，去连接应用型本科以及专业学位研究生教育，因而高职院校是高职教育的重要奠基石，为高职教育打下牢固的根基。

（二）高职院校在整个教育系统中起着承上启下的作用

从整个教育系统的宏观视角来看，高职院校起着承上启下的作用。目前，高职院校是大多数初中、高中毕业生及中职学生进入高职教育体系中的主要途径。同时，教育部等六部门印发的《现代职业教育体系建设规划（2014—2020年）》（教发〔2014〕6号）明确提出了针对健康服务、学前教育等特殊专业领域颁布五年制高职目录，完善五年制高职教育，这使得高职院校进一步与初中完成对接，成为基础教育与高职教育之间的重要纽带。《现代职业教育体系建设规划（2014—2020年）》反复强调中高职衔接和协调发展，目的就是要求高职院校发挥其在职业教育体系中特殊的地位，不仅要将自身做强，更要起到应有的"承上启下"的作用。

二、校企合作

校企合作是学校与企业建立的一种联合培养技能型人才的合作模式，利用学校和企业两种不同的教育环境和资源，采取课堂教学与学生参加实训工作有机结合的方式，培养适合不同用人单位需要的具有职业素质和创新能力人才的教育模式。这一人才培养模式源于国外的合作教育。1906年，美国俄亥俄州的辛辛那提大学工程学院赫尔曼·施耐德教授首次推出合作教育计划，27 名学生到 13 家企业参加实践学习，开创了课堂教学与工作实践相结合的学习模式，即最初的合作教育，标志着产学研结合模式的诞生。随后英国、日本、澳大利亚等国纷纷借鉴美国的经验，开展校企合作。

我国开展校企合作教育的历史并不长。最早是从 1958 年提出“教育必须与生产劳动相结合”开始的。20 世纪末，上海工程技术大学学习加拿大滑铁卢大学的经验，采用“一年三学期，工学交替”的办学模式进行产学合作教育试验，标志着我国校企合作引入阶段的开始。它的基本原则是产学合作、双向参与、互利互惠；校企合作实施的途径和方法是工学结合，顶岗实践；要达到的目标是提高全面素质，适应市场经济发展对人才的需求。

（一）校企合作的内涵

校企合作作为现代高职教育发展的基本途径，它的有效运行与实施是一项复杂的系统工程，涉及社会、行业企业、学校、学生等方方面面的关系和利益，最大限度地发挥校企合作功能，才能真正培养应用型技能人才。早在 2005 年，《国务院大力发展职业教育的决定》就提出要“大力推行工学结合、校企合作的培养模式”。广义而言，校企合作是指教育机构与产业界在人才培养、科学研究和技术服务等领域开展的各种合作活动。高职的校企合作就其核心内容而言主要是职业院校与企业在相关人才培养、培训中进行的合作，属于国际上通称的合作教育。因此，校企合作是以培养应用型技术技能型人才为目标，产学合作，校企双方共同参与，以工学结合、顶岗实践为形式的职业教育人才培养基本方式。通过校企合作，学校能掌握企业对高职教育的人才要求，有利于合理设计专业结构，改革课程体系，制定人才培养方案，并充分利用企业的实践平台，培养学生的实践操作技能，开展师资培养与科研合作；企业则通过校企合作解决企业的管理、技术等问题，获得企业需要的高技能人才，为企业的转型升级服务。校企双方在实践教学场所、师资力量、社会服务、信息资源等方面实现互利共赢，促进职业教育的内涵发展。

（二）校企合作的内容

校企合作的内容包括多个方面，但所有合作内容最终都指向学生的实践能力培养。通过合作将学生在课堂上的学习与工作中的学习结合起来，将理论知识应用于实践之中，遵照“实践——认识——实践”的学习规律，以“做中学”和“学中做”的方式，学习与生产劳动相结合。通过与行业企业的全面合作，提升教学质量，提高学生的实践能力和综合素质。

1.学生实践的合作

学校通过与企业合作的形式培养学生的实践能力。企业为学校提供实习实训基地、技术指导甚至资金支持，学校派出指导教师对实习全过程进行监控和指导，使学生在生产线将所学的专业理论知识转化为实际操作能力。

2.师资培养的合作

高职教师不仅要具备一个高校教师的基本能力，还须具备与职业教育相匹配的职业技能，既要传授理论知识，还要动手示范。因此，高职教师的基本能力要求是“双师型”的。但是目前职业院校教师的主要来源是高校毕业生，理论知识较为丰富，实际操作技能不足，缺少实际工作经历和行业背景。这就要求高职院校教师必须经历一个企业实践的过程，以提升教师的综合业务素质，校企合作是解决“双师型”师资的有效途径。让教师进入企业学习或挂职锻炼，扩大企业相关人员与学校教师的交流，实现教师专业化发展。

3.专业与课程设置的合作

高职教育的一个重要功能是服务区域社会经济的发展，企业是人才需求的主体，专业必须为产业服务，专业设置影响学校的发展，因此，学校应与企业保持紧密联系，充分调查，了解区域社会经济发展的需要、行业企业的需要，调查区域内的经济结构、人力资源结构、就业结构，才能科学合理地设置符合社会需要的专业。不仅如此，学校还需要根据专业市场和人才培养规格的需要，调整专业课程结构，与企业合作共同开发课程，以保证教材理论性与实践性的紧密结合，反映企业生产岗位最新生产技术。在专业与课程设置方面校企共同合作，制定专业标准和人才培养方案，企业专业人员参与教材的编写，承担与实践相关的课程教学等。

4.科研创新的合作

开展科研创新，实现科研成果的产业化是校企合作的又一个重要内容，学校拥有丰富的科研资源，企业则是科研成果的消费场所，校企产学研合作能加快学校的科研成果转化，直接融入市场和生产实践。

除此之外，校企合作的内容还包括利用高职院校资源对企业员工进行培训、校企共同办学（包括校内教学机构、校外培训机构等），校企共同举办实体，实行校企一体化实习实训等。

三、产教融合

从研究的视角看，“产教融合”可以追溯到1995年，江苏无锡市技工学校在《职业技能培训教学》（现改名为《职业》）发表文章《加强系统化管理 不断提高生产实习教学质量》，首次提出了产教融合。该校在探索提高学生实习质量的过程中，提出“产教融合化”，即千方百计寻求与生产实习紧密结合的产品，以提高学生的质量意识、时间观念及动手能力。这里的产教融合，“产”仅指产品，“教”仅指生产实习教学，概念和内涵比较狭窄，与目前提出的产教融合概念有较大区别。自从这一概念提出后，很长时间没有再使用。直到2007年，《中国职业技术教育》《中国劳动保障报》对紫琅职业技术学院、青岛技师学院等院校进行报道时，使用了“产教融合”这一概念，但没有阐明其内涵。自此之后，越来越多的研究人员开始关注、研究产教融合，研究成果逐渐丰富起来。

从政府的视角看，2011年，教育部在《关于加快发展面向农村的职业教育的意见》，首次提出“促进产教深度合作”的要求。2013年，党的十八届三中全会作出的《中共中央关于全面深化改革若干重大问题的决定》中提出：“加快现代职业教育体系建设，深化产教融合、校企合作，培养高素质劳动者和技能型人才”，建设以产教深度融合为导向的现代职业教育体系已经成为我国职业教育改革发展的根本目标，“产教融合”正式进入政府文件。

（一）产与教

“产”，即产业；“教”即教育，可特指职业教育。产教融合是基于产、教，是不同的两个国民经济部门而提出的。产业是在社会专业分工基础上形成的相对独立、相对稳定的行业或国民经济部门。产业有广义内涵和狭义内涵之分。从广义上讲，产业泛指一切提供劳务活动和从事生产物质产品的集合体，即从生产、服务、流通至教育、文化的国民经济的各行各业，小至行业，大到部门，都称为产业。从狭义上讲，产业是指生产物质产品的集合体，即工业部门。产业在世界银行等国际经济组织、国家宏观管理中被提到的往往是其广义内涵。在我国国家统计局印发的《三次产业划分规定》中，教育被列入其中。因此，从这个意义上讲，教育（含职业教育）作为国民经济的一个部门，也是一个产业。产教关系，实质上是除教育之外的其他产业与职业教育之间的关系。“产教融合”中的“产业”实质上是专指除教育之外的其他产业部门。从社会再生产的角度来看，由于社会分工，教育成了一个独立部门。同时，教育还是一个独立的经济部门，是从物质资料的再生产中独立出来的部门，这是生产力水平发展到一定阶段后的产物。教育与产业具有不同的社会功能。产业的功能是创造社会物质和文化财富，以满足人民不断增长的物质和文化需求。教育的功能是为产业在生产要素方面提供人力资源，也即企业是社会再生产中的主体，教育应为企业需求服务。职业教育作为教育的一种类型，肩负着为企业培养生产、建设、管理及服务的一线技术技能型人才的重担。职业教育与产业分别是社会再生产链中的一个部门，各自发挥不同的功能，承担不同的社会责任，同时又相辅相成、协同合作，并与其他部门一起共同推进社会再生产的协调有序发展。

（二）“产教融合”与“产业融合”

职业教育与产业属于不同的国民经济部门，具有不同的性质，这决定了它们的行为方式有所不同。根据公共经济学理论，职业教育属于准公共产品，具有较强的社会外部性，同时具有公益性，即职业教育不以营利为目标，旨在满足社会大众的需要。不同于教育产业，其他产业提供的是私人属性的物品，其生存发展的首要和必要条件是营利。由于职业教育与其他产业具有不同的性质以及行为目标与方式，这决定了"产教融合"与"产业融合"的性质不一样。

"产教融合"，即产业与教育（本书特指高职教育）融为一体，其基本标志是产生新的产教融合体。比如：高新技术及其相关产业，如数字技术、物联网、人工智能等渗透至职业教育和培训领域，形成新的产教融合体，如E2E（Educator to Educatee）教育平台和在线教育（e-Learning）。"产业融合"是不同的概念，欧盟对"产业融合"的定义是"产业联盟和合并、技术网络平台和市场等三个角度的融合"。比如：智能手机就是产业融合的产品，它将通信、物流、金融、文化等多个产业融合为一体。

（三）"产教融合"与"产教结合"

产教融合的中心词是"融合"，因而有利于区别"产教融合"与"产教结合"，两者的内涵有很大不同。在中文语境中，"结合"与"融合"是两个不同含义的词语，"结合"是指事物或人之间发生的密切联系，"融合"是指两种及以上的不同事物合为一体。《华阳国志·汉中志》中记载溶县"居水出屠山，其源出金银矿，洗，取火融合之，为金银"。也即，融合是指像熔化一样融为一体，即多种不同的事物融成一体。融合的结果是形成了新的增长点或新的融合体。a与b"融合"之后，既不会是最初的a，也不会是最初的b，而是产生了新的c。

"结合"与"融合"两个概念的不同含义，还体现在事物联系的深度上，"结合"是指相关的事物或人之间松散地联系在一起，并不一定会引起"质变"和"增量"，最多发生"量变"，这种"量变"可以因为一些共同的利益而存在一定的联系，也会因为外界环境的变化或共同利益的消失而随时中断或疏远；"融合"是指相关的事物或人之间发生"质变"，能形成新的融合体，这种新的融合体在内容和形式上大多有异于原事物,能发生质变而提升。

不过,两者之间又有共通性。不管环境如何变化,新的融合体都会与原事物之间产生丝丝缕缕的联系,都承担相应的责任。任何形式的“融合”,都是以“结合”为前提的,只有建立在良好“结合”的基础上,才能最终达到“融合”的效果。可以说,“结合”是“融合”的基础,“融合”是“结合”的深化。

(四)“产教融合”与“校企合作”

产教融合是在校企合作的基础上形成的。这种融合重在开拓和发展合作的途径,而不仅限于有一定程度的、局部的合作。它在合作内容上超越了校企合作的范围,实现了全方位合作;在合作深度上大大深化了合作内涵,在许多环节实现了深度合作;在合作渠道上实现了多元合作;在合作方式上不断开拓合作关系、创新方法。从教育教学过程对全部的教学环节进行考察可以发现,产教融合是将产业的诸多因素(如企业因素、岗位因素、职业因素、能力因素等)渗透职业教育教学的各个环节。如果说产教融合也是一种校企合作,那么这一合作关系与传统的校企合作相比发生了根本的变化。产教融合是一种高层次的校企合作,具有更加丰富的内涵、更加紧密的合作纽带,对教学和整个人才培养模式产生更加深刻的影响。

校企合作与产教融合的根本区别是,校企合作强调的是学校和企业两个主体的合作,产教融合则是强调企业因素向职业教育办学和教学的注入。在这一阶段,学校和企业之间在形式上的合作不再是主要因素,而是把企业的要求和因素融入学校教学、办学的全过程中。也就是说,即使在一些办学环节没有企业的直接参与合作,产教融合的特征照样可以凸显出来。例如,一些职业院校规划建设的校内实训基地,企业并不直接参与规划和建设,但学校会注意按照企业的生产组织形式和环境设计要求来建设基地,还会引入企业的运行方式来优化基地的运转,这样的建设思路和方法都强调了产教融合。可见,产教融合并不注重学校和企业在形式上、表面上的合作,而是注重在办学思想和教育教学实施的方法上强调企业的因素,是从思路和理念上关注生产与教育的结合，并把这些思想渗透实践中。

需要强调的是，校企合作是产教融合的前提和基础，没有稳定的、深度的校企合作，产教融合的基本渠道就会断裂。将校企合作与产教融合刻意分割，认为可以相对独立、互不关联的想法，是违背事物发展基本逻辑的。产教融合在以下几个环节表现得极为突出。

1.专业和课程建设

传统的校企合作对专业和课程建设产生一定影响，但并不产生根本性影响。产教融合与之相比有两个特点：第一，在产教融合层面上发生的校企合作是在专业和课程建设的始终，而不是在某一环节。在此层面，企业通过专业人员的参与、企业与学校合作项目的建设，直接形成从专业和课程开发环节到实施环节、保障环节的合作。在专业设置和课程开发伊始，企业的因素（如对岗位技术的要求、素质的要求、设备的影响、岗位迁移的趋势等）都已经作为专业和课程建设必须考虑的因素。企业人员直接参与专业和课程的设计与安排，保证了企业影响的有效性。第二，在产教融合层面，大量的企业岗位因素和环境文化因素进入课程。而传统的校企合作在这一环节上，一般通过增加一定的附属课程来实现。这些课程虽然充分体现了企业的影响，但这些课程本身游离在整个课程外，不对课程产生很大影响。

2.教学方式

传统的校企合作不对教学方式产生明显影响，因为在这一阶段，一些采用实践教学方法的课程是在课程主体系之外的附属品。在产教融合阶段，企业已经渗透教学的全过程，一些具有革命性的教学方法产生了重大影响。在专业课程中，以实践教学、学用结合为特征的教学方法占据了重要地位。这些方法在传统的校企合作阶段，在有限的课程教学中是不可能得到发展的。例如，在当前专业教学中经常采用的一些比较成熟的实践教学方法，都是在企业参与的直接推动下形成并趋于成熟的。团队式教学直接来自企业生产中的团队合作，可以说是来自企业的生产环境。任务式教学则直接来自企业生产环境下的师徒制教学方法，在一个任务的引导下完成教学任务——在任务实施的过程中、在解决问题的过程中学习知识和技能。课题式教学来自企业技术攻关，是带着问题研究的一种方法。学生是在知识不具备的情况下，通过对课题的研究、攻关来学习。可以说，只有在产教融合的层面上才真正实现了教学方法的革命。在此层面还实现了一项重大创新，就是在技能比武与竞赛中实施教学，这是一种针对关键目标集中进行实践教学的教学方法。这一教学方法也被大量运用在生产性实训教学中。

3.教学组织形式

在产教融合层面，教学组织方式的变革比传统的校企合作深刻得多。由于要根据企业的要求组织教学，大一统的教学组织形式就不再适合新的要求。根据企业的要求有针对性地进行人才培训，直接引发了订单班培养模式的产生。订单班是根据企业要求进行定位培养，即把一些学生组织起来，根据企业的要求进行培育，毕业后直接送到对口企业就业。这种订单制作、量体裁衣的方法打破了传统的统一教学管理模式，有利于把企业的因素迅速、完整、有效地吸收到教学中。在产教融合层面，也产生了一整套校内实训的组织与教学模式。在传统的校企合作阶段，学校也有一定的校内实训教学，但是一般采用学校传统的教学方式。而在产教融合阶段，由于企业的参与，可以把企业的环境、生产组织方式引入学校实训环境，这就产生了一些创新型的组织形式，如“三班制”“预顶岗”等。在这一阶段，还产生了适应企业需求的实习模式。在计划经济体制下，学生实习作为任务分配到企业，企业必须承担这一义务和责任。而在市场经济体制下，企业不再承担此义务和责任，学生到企业实习首先必须征得企业同意，这就要求学校根据企业的需求来安排实习，使企业和学生的利益都能得到兼顾。例如，在一些职业院校形成极富创新的实习模式；公路运输管理专业基于运输高峰周期的“旺入淡出，学做交替”模式；水运管理专业基于认知、见习、顶岗的“锯齿型”工学交替模式；基于物流企业真实生产任务的轮流顶岗实习模式；适应智能交通岗位职业能力的“进阶式”工学交替模式;适应电子企业岗位任务的“轮流顶岗,学做合一”模式等。

4.教师队伍建设

与低层次的校企合作相比,产教融合对教师队伍的要求是以实践教学、技能教学等具有职业教育教学特点的活动为出发点,在对教师素质和队伍结构新的认识基础上形成的,由于在普通教育领域是进行学科知识的传授,专职教师可以承担全部的教学任务,而在职业教育领域,实践知识和技能的要求使专职教师不容易承担全部的教学任务。所以,职业教师队伍的建设是通过产教融合的平台来完成的。从整体上看,产教融合与教师队伍建设的关系有两个方面:一是产教融合的程度是教师队伍建设的基础;二是教师队伍建设又是产教融合水平的重要条件。就第一个方面而言,有两个原因:其一,提高专职教师的技能素质和生产经验,主要途径是到企业的真实生产环境中进行学习、体验。而教师要进入企业完成学习任务,就必须以企业愿意接受教师进入车间并愿意提供相关技术岗位为前提。这一前提的实现取决于学校和企业的产教融合程度。其二,改变教师队伍的结构,使学校能够在教师队伍中保持一个稳定的、由企业技术人员组成的兼职教师比例。就此而言,几乎产学合作的一切重要项目,都要以教师队伍的建设为条件。如教学项目、科研项目的开发等,都需要高质量的、结构合理的教师队伍作为支撑。

5.实习实训环境建设

产教融合的教育教学把实习实训环境作为重要的外部条件给予特别关注,这是因为职业教育产教融合的本质是要培养具有高素质、高技能的职业人才。所谓高素质是指高水平的职业素质,所谓高技能是指岗位操作技能和管理技能,它们都需要在一个真实或仿真的环境中才能有所掌握。实习实训环境就是要在学校内或有条件的企业中建设一个用于实现职业教育教学目的的环境。同样,实习实训环境的建设也需要产教融合的基础,即只有企业与学校共同建设的实习实训环境，才有可能成为能够完成教学任务的优质环境。在这样的合作中，企业既可以通过参与共建把企业的岗位因素、技术因素、环境因素引入教学环境中，形成仿真的环境，也可以在自己的生产车间中提供一定量的技术岗位，与学校共建真实的实习实训环境。

第二节 产教融合的特点

产教融合在国内和国外经过了多年的发展取得了一些经验，在梳理国内外产教融合发展经验的基础上可以总结出所具有的一些特点。通过文献梳理和国际经验对比可以发现德国的双元制、美国的合作教育模式以及英国的工读交替模式都非常值得学习。我国在产教融合方面也取得了一些成绩，早期的产教融合以校企合作的形式存在，其中几个典型模式分别是“学院+创业中心区”“专业+大型企业”“专业+龙头企业+企业联盟”“专业+校办企业”“专业+行业协会”等。上述五种模式都是职业院校结合当地经济发展而创造出来的，具备了初步的产教融合特性。

这些模式都不同程度地促进了高等职业教育的发展和产教融合的深入，但主要侧重于产、学结合，结合的内容没有达到“产教融合”的广度，也没有体现高等职业教育的高度和校企合作的深度，整体生态不能达到“产教融合”的效果，其成功经验也难以推广和复制。为适应社会主义市场经济中产业结构的不断调整和变化，高等职业教育的“产教融合”必须是行业、产业、企业和高职院校等多方主体活动特点的融合和体现，并具有新的特质和功能。

一、立体式融合

社会主义市场经济追求的是多元化,产教融合服务于社会主义市场经济,所以其发展的路径也必然要受到社会主义市场经济的影响。产教融合在发展中也更加注重立体式的融合。立体式融合区别于平面融合,从融合的层次来说校企合作属于层次比较低的融合,也就是平面融合。产教融合是高层次的融合,可以说是立体式的融合,它打破了原有单一合作或双项合作的局限,在产、学、研三方面进行全面、深入的合作,融合后的组织结合了生产、教学和科研的特点,不仅自身是生产的主体,具有企业创造经济效益的功能,而且能提供产业发展需要的专业技术人才,为产业的可持续发展提供源源不断的智力支持。通过对比产教融合培养出来的人才与传统模式培养出来的人才,就可以发现二者存在着比较大的差异,产教融合模式下培养出来的人才具备更强的可持续发展能力。从另一个角度来说,企业的需求也能为学校的教育教学改革提供方向和目标,保证了高职教育能满足行业需要。融合的组织能科学配置内部资源并开展基础研究、应用研究和开发性研究,为产业发展提供有力的技术支持,为学校教育内容的更新提供最前沿的信息资源,保证了教育与时俱进。三者融合在一起,形成一个良性的循环体系,开展教学、科研、生产等服务活动,在促进内部发展的同时,不断向外辐射,发挥其更大的社会效应和作用。这种立体式的融合,对于经济发展和社会进步都有着非常重要的助推价值,反过来也促进了教育的发展和进步。

二、社会主义市场经济产业化发展的融合

社会主义市场经济产业化发展是指某种产业在社会主义市场经济条件下,以行业和企业的真实需要为导向、以实现效益为目标、依靠专业服务和产教融合的水平管理形成的系列化和品牌化的经营方式和组织结构。其基本特点是:面向市场、行业优势、规模经营、专业分工、相关行业配合、龙头

带动、市场化运作。

对于不符合市场需求的项目，要遵循市场进退机制，及时终止不必要的投入，避免产教融合运作过程中机制的片面性。所以，社会主义市场经济产业化发展的产教融合是一种面向市场需求的融合，在产、学、研三方面做大做强，分工合作，强强联合，能创造出良好的市场发展前景，具备其他组织无法复制的竞争优势，形成自己的品牌，在市场中具备核心竞争力，并且能形成一定的规模，带动其他合作项目不断深入开展，严格按照市场规律来开展活动。

三、以企业需求为出发点

教育是以培养人才为主要目标的，早期的教育在人才培养中不是十分注重与企业之间的对接，产教融合在培养目标方面领先于传统的教育，产教融合的出发点是企业的需求。企业参与到人才培养的全过程之中，能够将自身的需求以最大化的形式表达出来，并且在课程设计中逐个满足。传统的高职教育产教融合实践过程中，搞形式、走过场、学校“一头热”的现象并不少见，每所高等职业院校在产教融合实践中都会遇到这种现象。通过分析可以发现，导致这种现象出现的原因很多，主要是双方在合作的早期并未找到能够让彼此共赢的路径。而很多企业迫于政策的压力或是学校的单方意愿，在没有找到双方合作的需求点时就盲目开展形式上的校企合作，合作之前双方缺乏严谨的调研。

这样的产教融合违背了社会主义市场经济的需求导向，不可能产生有益的效果。真正实现产教融合的组织，能够以企业、学校和相关合作部门的需求为前提，结合各种市场正在发生的变化，明确市场的供需状况，确定各自的实际需求，寻求利益结合点开展相关合作，在满足自身需求的同时，能为市场的供给和需求的均衡做出一定贡献，并能根据供给和需求的均衡变化，调整自己的需求发展战略，这样不仅解决了合作的随意性、被迫性问题，也提高了合作双方的积极性与主动性。

四、多主体管理的融合

产教融合就是一个重新确立组织主体地位的过程，也是在社会主义市场经济条件下产教融合活动获得法治保障的关键要素。以往很多的校企合作活动难以实现产教融合的关键原因，主要还是在于没有明确各个主体之间的权利和义务关系，关系的不明确导致了合作的问题，从而影响了校企合作的发展。产教融合的主体正在悄然之间发生着变化，已经从学校转移到了企业和行业，这种变化既与当前的社会发展有关，也与教育的进步有关。正是基于此，在有效地产教融合组织中，学校、企业、政府、行业协会等分工合作、共同管理，在开展任何活动前，都应明确各自的权利和义务，并对其后果承担最终的法律责任。这样不仅可以增强企事业单位对此项工作的责任意识，发挥其主人翁地位，也可以让学校和合作单位在此项活动中的管理工作更为合法、有序，避免了产教融合管理工作的凌乱性。

第三节
产教融合的相关理论

一、陶行知的教学做合一理论

陶行知先生是我国现代著名教育家、思想家，在留学过程中师从杜威、克伯屈等美国最具影响力的教育学家。他在回国之后，便积极地将其在美国所学习到的先进教育思想与中国当时的国情结合起来进行了教育工作。

终于在1926年,陶行知先生开创了自己的生活教育理论。陶行知先生提出了三大教育理论,即“生活即是教育”“社会即是学校”“教学做合一”的教育理论。而“生活即是教育”则是重中之重。在陶行知先生看来,教育如果脱离了生活,那么教育就是死的,没有生活作为中心的学校教育是一种死的教育。他的生活教育理论在当时中国社会中的反传统与反对旧教育中具有非常重要的意义和作用。他的“教学做合一”理论深刻地批判了旧社会教育中所存在的不足之处,同时给出了相应的具体解决问题的办法和方式。这种教学理念的改革和践行对于当时的社会来说具有非常好的作用。同时,他还强调,教学应该同实际的生活方式结合起来,这就需要教师们运用好新的教学方式,根据学的方法来进行教学。教与学都应该以做为中心,做才能够让学生们获得全面的知识能力。陶行知先生的理论基础,在以市场需求为导向的产教融合培养学生的模式下同样适用。“生活即教育”用五个字明晰地体现出了知识结构与市场以及社会发展同步的理念。对当今部分地方职业院校的应届毕业生出现综合素质能力低下、职业意识缺乏、动手能力比较差的现象,解决办法是:在借鉴陶行知先生理论基础之上,使学校所传授的知识能够适应社会经济发展的需求。

“生活即教育”“社会即学校”和“教学做合一”是陶行知生活教育理论的三个基本命题,符合教育发展的趋势与规律。对当时及现在的教育都有着很强的指导意义,是一种实践教育学说及社会改革学说。

(一)生活即教育

“生活即教育”是陶行知生活教育理论的核心。在陶行知看来,教育和生活是同一过程,教育含于生活之中,教育必须和生活结合才能发生作用,他主张把教育与生活完全熔于一炉。“生活即教育”的核心内容是“过什么生活便是受什么教育”。陶行知认为,人们在社会上生活不同,因而所受的教育也不同,“过好的生活,便是受好的教育;过坏的生活,便是受坏的教育,过有目的的生活,便是受有目的的教育”。他还指出:“生活教育与生俱来,与生同去。出世便是破蒙,进棺材才算毕业”。可见,陶行知所说的“教育”是指终身教育,它以“生活”为前提,不与实际生活相结合的教育就不是真正的教育。他坚决反对没有“生活做中心”的死教育、死学校、死书本。

陶行知认为,“生活主义包含万状,凡人生一切所需皆属之”。“生活”不是人们通常狭义的理解,而是“包含广泛意味的生活实践的意思”。“生活”是包括整个自然界和人类社会生活的总体,是人类一切实践活动的总称。“生活即教育”就其本质而言,是生活决定教育,教育改造生活。具体讲,教育的目的、内容、原则、方法均由生活决定;教育要通过生活来进行;整个的生活要有整个的教育;生活是发展的,教育也应随时代的前进而不断发展。教育改造生活是指教育不是被动地由生活制约,而是对生活有能动的促进作用。生活教育的实质体现了生活与教育的辩证关系。陶行知认为:“在一般的生活里,找出教育的特殊意义,发挥出教育的特殊力量。同时要在特殊的教育里,找出一般的生活联系,展开对一般生活的普遍而深刻的影响。把教育推广到生活所包括的领域,使生活提高到教育所瞄准的水平。”

(二)社会即学校

“社会即学校”来源于杜威的“学校即社会”,是在对杜威教育思想批判的基础上得出的。陶行知认为,在“学校即社会”的主张下,学校里的东西太少,不如反过来主张“社会即学校”,教育的材料,教育的方法,教育的工具,教育的环境,都可以大大地增加,学生、先生也可以多起来。“社会即学校”是与“生活即教育”紧密相连的,是“生活即教育”同一意义的不同说明,也是它的逻辑延伸与保证。因为生活教育的“生活”是社会生活,所以“整个社会的运动,就是教育的范围,不消谈什么联络而它的血脉是自然相通的”。

“社会即学校”的根本思想是反对脱离生活、脱离人民大众的“小众教育”,主张用社会各方面的力量,打通学校和社会的联系,创办人民所需要的学校,培养社会所需要的人才。真正把学校放到社会里去办,使学校与社会息息相关，使学校成为社会生活所必需。因此“社会即学校”的真正含义就是根据社会需要办学校。从教育内容说，人民需要什么生活就办什么教育；从教育形式来说，适宜什么形式的学校就办什么形式的学校。“社会即学校”不是学校消亡论，而是学校改造论，改造旧学校以适应社会发展的需要。

（三）教学做合一

这是生活教育理论的教学论。“教学做合一”用陶行知的话说，是生活现象之说明，即教育现象之说明，在生活里，对事说是做，对己之长进说是学，对人之影响说是教，教学做只是一种生活之三方面，不是三个各不相谋的过程。“教学做是一件事，不是三件事。我们要在做上教，在做上学”。他用种田为例，指出种田这件事，要在田里做的，便须在田里学，在田里教。在陶行知看来，“教学做合一”是生活法，也是教育法，它的含义是教的方法根据学的方法，学的方法要根据做的方法，“事怎样做便怎样学，怎样学便怎样教。教而不做，不能算是教；学而不做，不能算是学。教与学都以做为中心”。由此他特别强调要亲自在“做”的活动中获得知识。

值得指出的是：“教学做合一”的“做”与杜威“从做中学”的“做”是有区别的。首先，陶行知所说的“做”是指“劳力上劳心”，反对劳力与劳心脱节。其次这个“做”亦是“行是知之始”的“行”。陶行知指出：“教学做合一”既以做为中心，便自然而然地把阳明、东原的见解颠倒过来，成为“行是知之始”，“重知必先重行”，他认为“有行的勇气才有知的收获”。可见陶行知的“做”是建立在“行”的基础上，是以“行”求知，强调“行”是获得知识的源泉。这些见解在认识论上具有唯物主义因素，因而“教学做合一”和主观唯心主义的“从保重中学”就有了区别。但是陶行知所说的“行”与我们现在所讲的实践还不同，他所说的“行”还只是个人狭隘的琐碎的活动。

陶行知特别重视生活教育的作用，他把生活教育当作改造中国教育、社会的唯一出路。在陶行知看来，有了生活教育就能打破“死读书、读死书、读书死”的传统旧教育；有了生活教育，就能“随手抓来都是学问，都是本领”，接受了生活教育就能“增加自己的知识，增加自己的力量，增加自己的信仰”。陶行知不把生活教育当作衡量教育、学校、书本甚至一切的标准。他说：“没有生活做中心的教育是死教育。没有生活做中心的学校是死学校。没有生活做中心的书本是死书本。在死教育、死学校、死书本里鬼混的人是死人。”生活教育理论在反传统的旧教育上具有一定的积极意义，它揭露并批评了旧教育存在的问题，同时提出了解决问题的具体办法，在当时的历史下，对普及识字教育、扫除文盲，在很多方面是适应的。如陶行知提出“教学做合一”，要求“教”与“学”同“做”结合起来，同实际的生活活动结合起来，这对教师就有了新的要求。要求教师尊重学生，注意教学之外的生活，指导学生在实际的活动中学好本领，培养他们的生活能力。从这个意义上讲，对当时的教学方法的改革有积极作用，对我们现在的教学方式也有启发之处。

二、杜威的从做中学理论

美国著名教育学者、专家杜威在教学的过程中会把教学的过程看作是一个做的过程。他认为：人们“做”的兴趣和冲动都是以人为主体的。人们对知识经验的来源基本上基于主体与客体经验的总结。正是基于此，他强调学校在教育的过程中应该设置成类似于锥形社会的地方，即开设好各类工厂、实验室、农场、厨房等，让学生们能够在学校这个“小型社会”环境之中学习好自己所感兴趣的专业和课程。为此，他还提出了在教学的过程中要安排和编创好实践生产场景的教学方式，即在场景教学之中，激发好学生们的创造性思维，根据资料策略从场景活动中入手，解决好学生们在场景活动中所遇见的问题。这就是杜威所提出来的“从做中学”的教学理论。

从杜威对整个教学的主张来看，他主张“从做中学”具有很好的创新性，缺点是在其开展的过程中有一定的局限性。产教的深度融合需要真正把产业与教学对接，强调了“做”与“学”相结合的重要性，杜威的“从做中学”理论贯彻了从做中学、从经验中学，要求以活动性、经验性的主动作业来取代传统书本式教材的统治地位。他的“做中学”理论贯彻到我国的教育方面，将对我国教育中的管理理念、师生关系、教学方法、教学的评估方式等都具有非常深远的指导意义。

现代美国教育家杜威以“教育即生活”“教育即生长”“教育即经验的改造”为依据，对知与行的关系进行了论述，并提出了举世闻名的“从做中学”的理论。其理论实质就是要加强对学生实际操作能力的培养，培养学生探究和解决问题的能力，培养学生从事和适应实际工作的能力，这也是我国高职教育所需要的一种理论，一种既定的培养目标。杜威从他的哲学观——实用主义哲学观出发，主张“实用”，并把它引入教育，形成了实用主义教育哲学。他主张学生亲历探究过程，建立与真实世界的关系，实现学生从一个被动的观察者到一个积极的实践者的转化，学生通过自己的活动，逐步形成对世界的认识，充分体现学与做的结合。

杜威认为，人类获得解决问题探究能力才是最重要的，而这种能力的培养应该通过科学方法的训练来获得。同时，他认为，教学活动的要素与科学思维的要素应当相同，并由此提出了相应的“思维五步”或“问题五步”教学，具体包括：其一，学生要有一个真实的经验情境，要有一个对活动本身感兴趣的连续的活动，即要有一个能实现“做”的情境；其二，在这个情境内部产生一个真的问题，并作为思维的刺激物，即要有一个可“做”的内容；其三，学生要占有知识资料，从事必要的观察以对付这个问题，即要有一个实现“做”的必要支撑；其四，学生必须负责一步一步地展开他所想出的解决问题的方法，即要有一个完整的“做”的过程；其五，他要有机会通过运用来检验他的想法，使这些想法意义明确，并且让他自己去发现它们是否有效，即有一个针对“做”的结果的检验。这里的“五步”教学表面上看完全是一个学生“做”的过程，在“做”的过程中却是对“学”的积累。

高职教育旨在培养生产、服务与管理第一线的高素质技能型专门人才，就是在基层岗位和工作现场做实事、干实务、实践性很强的实用性人才，也就是专门面向“一线”的高等技术应用型专门人才。而这种“一线人才”，不是单单依靠学历教育在学校里就能培养出来的，他们必须也只有在生产和工作的实践中获得能力、提高能力。正是基于此，高职教育应更注重有效培养学生的职业能力，在教学过程中强调与实践相结合，实现学生的“做”，从而完成学生的“学”，以提高学生适应职业岗位能力的要求，缩短从学校教育到实际工作岗位的距离。

结合杜威的“思维五步”，不难看出，“从做中学”理论在高职教育教学中的应用，具体体现在师生关系的准确定位以及教学方法的合理运用上。实施“从做中学”初期，常常会出现一个角色误区，认为教师是“做”的准备者，即为学生准备好所有资料和设备，而在学生真正“做”的时候，教师也不过是个旁观者。如果以这样的态度处理“从做中学”，其结果便是学生盲目地“做”却谈不上“学”。强调“从做中学”，并不是对教师的忽视，无论把课堂搬到实验室还是工厂，无论教学中采取什么方法，都不能缺少的一个人就是教师。只不过此时的教师不再是“一言堂”的主人，而是一个“方向标”。他的具体作用有三个，具体如下：

第一，为学生营造一个真实的经验情境，并提出一个能引发学生兴趣的问题。第二，是在学生实际“做”的过程中出现错误、疑惑、困难、有所发现、有争论时进行有目的、富于智慧地引导，当学生有操作经验之后进行提炼、总结等等。否则学生的操作可能是无效或低效的。第三，给学生创造一个可以检验其“做”的结果的机会。“从做中学”理论的中心是学习者本身，是学习者通过“做”，形成“思”，最终实现“学”，是学生通过自己的努力获取知识与培养能力的过程。在这个过程中，既少不了教师这根指挥棒的引导，更少不了学生自身的操作与思考，学生只有通过实际的动手与动脑，对问题进行分析处理，才能在“做”中体会知识的运用。

随着我国高职教育的发展，教学方法越来越注重其实践性，强调与社会相结合，与用人单位的需求相结合，突出学生实际动手能力的培养，但无论采取什么样的教学方法，在其具体运用的时候依旧落点到“教与学”上。

传统观念认为，所谓“教”，就是教师站在讲台前，通过语言、行为，再配合教具、多媒体课件等手段展示教学内容，而“学”就是学生坐在教室里去听、去看、去写。在这个观念的理解中，非得处于关系上位的教师做出教授、告知的行为才是“教”，否则教师就会被认为是偷懒，不负责任。这是过于关注“教”的行为表现。至于教师“教”的行为对学生的“学”是否有实际的效果就不在研究范围了。而“从做中学”却是对“教”的另一种更为人性化的诠释，“做中学”绝不意味着让学生“做”就行，而是必须在教师指导下富有意义的“做”与“思”。这其实是把“教”的过程融入实际的情境中，教师在学生“做”的情境中教。要达成“做”以成“思”，“思”建立在平等与对等的关系上，平等的价值高于对等，没有平等就无法谈及对等，平等是对等的前提。

三、福斯特的产学合作理论

英国著名学者、教育家福斯特在现代产学合作中具有非常重要的代表价值，他的产学合作理念对教育界的发展来说具有很高的战略性。福斯特认为，当前许多职业教育计划难以实现都是因为受训者缺乏必要的基础理论知识与基础技能知识。正是基于此，福斯特认为，产学合作的过程中应该首先从课程职业化设计出发，以理论基础为切入点，最终搭建就业化平台。同时，职业院校中中、低级人才的培养应该注重走“产学融合”的道路。正是基于此，学校在开展各种职业培训计划的过程中应该从以下几个方面进行培养和改造：第一，要控制好地方工科院校发展的规模，拓展学生能力的基础上要结合社会经济发展的现实状况。第二，要改革好地方工科院校的课程内容，多设置一些工读交替的“三明治”课程。第三，要控制好地方工科院校中生源的比例，有可能的话让在职人员成为地方工科院校生源的主要来源渠道之一。福斯特产学合作的理论对包括中国在内的发展中国家的教育来说具有很好的借鉴作用。

福斯特是当今国际职业教育理论界深具影响力的著名学者,多年来致力于职业教育理论的研究。他早年毕业于伦敦大学经济学院,曾经担任过美国芝加哥大学教育学和社会学教授、比较教育中心主任;澳大利亚麦夸里大学教育学教授兼院长;美国纽约州立大学教育学和社会学教授。福斯特以他的《发展规划中的职业学校谬误》一文而闻名于世。此文发表于1965年,其许多关于职教发展的重要思想即包含在此文中。福斯特职教思想的许多观点被世界银行借鉴,成为当今指导各国职教发展政策性文件的重要组成部分。

20世纪60年代,正是西方"发展经济学"盛行时期。这一理论提出:发展中国家的经济增长"可以让政府去发挥主要作用";可采用"集中的、非面向市场的计划模式"。受其影响,当时教育理论界有人提出了"人力资源说",即主张学校可以根据政府的经济发展计划和"长期性的人力预测"来提供一定数量训练有素的人力储备为经济发展服务。在教育发展战略上,这一学派主张发展中国家通过重点投资学校形态的职业教育和在普通学校课程中渗入职教内容来促进经济发展。人力资源说在当时得到了包括联合国教科文组织和世界银行在内的一些国际组织的支持,成为当时发展中国家教育与经济发展的指导理论。这一学派的观点以当时英国经济学家巴洛夫为代表。针对巴洛夫的主流派理论,作为长期致力于发展中国家教育理论研究专家的福斯特,以他多年来的研究成果为依据,写下了《发展规划中的职业学校谬误》这一名作,从教育发展的一些根本问题上系统地阐述了他的职教思想,提出了许多与巴洛夫为首的主流派不同的观点,从而在职教理论界引发了一场长达1/4世纪的大论战。最后,福斯特由少数派成为当今职业教育界最有影响的主流学派。我们可以对其主要思想和观点进行以下概括：

（一）职业教育必须以劳动力就业市场的需求为出发点

福斯特认为，受训者在劳动力市场中的就业机会和就业后的发展前景，是职业教育发展的最关键因素。正是基于此，职业技术教育的发展必须以劳动力就业市场的实际需求为出发点。

（二）"技术浪费"应成为职教计划评估中的一项重要内容

福斯特注意到，许多发展中国家的职教毕业生的就业岗位与其所受的专业训练不一致，从而他提出了职教中的"技术浪费"问题。他认为"技术浪费"通常是以下三个方面的原因造成的：一是国家为促进经济发展提前培训某类人才，但现有经济并不能利用和消化这些人才；二是市场需要这些人才，但被安排到与训练不相关的职位；三是市场需要这类人才，但职业前景和职业报酬不理想导致职业教育毕业生选择了与培训无关的职业。对这种"技术浪费"资源缺乏的发展中国家应足够重视，把它纳入职业教育计划评估，并作为其中的一项重要内容。他还认为尽管"技术浪费"现象在发达国家也存在，但在发展中国家更严重，而由于发展中国家的资源更加有限，所以，这种"浪费"更应该加以足够的重视。

（三）职业化的学校课程既不能决定学生的职业志愿也不能解决其失业问题

以巴洛夫为首的主流派认为，通过学校课程的职业化可引导学生的职业志愿，从而避免学生不切实际的就业愿望，减少失业。福斯特认为，学生的职业志愿更多地由个人对经济交换部门的就业机会的看法决定，学校课程本身对这一选择过程并无多大的影响；失业的原因并不简单是学校课程上的缺陷，很大程度上是劳动力市场对受训者缺乏实际需求。

（四）基于简单预测的"人力规划"不能成为职业教育发展的依据

20世纪60年代是"人力规划"最时兴的时期，大规模人力预测成果作为各级各类教育与人才培养的依据，对职业教育的影响尤为突出。福斯特对此持批评态度。首先,他对人力预测的准确性表示怀疑,他认为"经济交换部门的增长率是很难准确估计的"。其次，他对人力规划的后果表示担忧,因为,一旦经济增长率不足以吸收和消化人力规划所培养的人才,不仅会造成人力和物力浪费，还会加重社会上的失业状况。应当指出的是，在计划经济下大规模计划是行不通的,但与实际发展密切相关的小规模的培训计划还是应提倡的,福斯特反对的是那种脱离市场的"大规模的"人力规划,他支持那种"与实际发展密切相关的""小规模的"职业教育计划。这也是他所强调的"职业教育发展必须以劳动力就业市场的实际需求为出发点"。

(五)职业学校谬误论

巴洛夫等主张发展中国家用职业学校培养初、中级人才。福斯特从职校体制内部指出"学校形态"职业教育办学方式的局限性和一些自身难以克服的缺陷,具体包括:职校办学成本高;培训设备很难跟上现实要求;发展中国家职业学校学生不甘于放弃升学的希望,把职业教育课程作为升学的奠基石，学生期望与职业教育规划者志愿相悖；学校所设课程往往与就业岗位所需经验格格不入，所学技能往往与现实职业要求不符，职业培训与职业工作情景不相关;不易找到合适的师资等。另外,职校的学制较长,一般要三年左右,不能对劳动力市场做出迅速而灵活的反应。正是由于以上原因，福斯特认为，学校本位的职业教育最终难免失败的命运。正是基于此,就结果而言,职业学校只能是一种"谬误"。

(六)职业教育的重点是非正规的在职培训

"企业本位"的职业培训优于学校本位的职业教育。福斯特认为,发展企业本位的在职培训计划要比发展正规的职校"更加经济""更少浪费"。因为企业比职校更了解培训"产品"的标准和要求,而且企业有提供在职培训的良好条件。

(七)倡导"产学合作"的办学形式

福斯特认为，职校在人才培养上有规模效益，但鉴于职校本身一些难以克服的缺陷,必须对职校进行改造。最重要的措施是走产学合作的道路。如改革课程形式,多设工读交替的“三明治”课程;实践课尽量在企业进行,缩小正规学校职教与实际工作情景之间的距离等。另外,在生源方面,可招收在职人员。总之,职业教育和培训逐渐从学校本位走向产学合作。

(八)职教与普教的关系是互补关系而非替代关系

福斯特指出,成功的职教需要成功的普教作基础。随着社会生产力水平的提高,生产过程要求人才具有更为深厚的文化基础知识。学生具备扎实的文化基础也有助于提高其以后的继续教育能力和职业转换能力。正是基于此,要在扎实的普教基础上开展职业教育。

(九)反对“普通教育职业化”

巴洛夫主张除大力发展职业学校外,还要在普通学校增设职业课程,实现 “普通教育职业化”。福斯特认为在发展中国家不应采用这种形式的职业教育。他认为,“普通教育职业化” 既达不到普教的目的,也达不到职教的目的。

(十)农村职业教育要点

福斯特非常重视农村职业教育,对此提出以下主要观点:第一,农村职业教育的对象是农民而非学生。第二,农村职业教育的主要任务是向农民推广生产知识、新技术。第三,农村职业教育必须注意农民的求知积极性;农民非常注重实际,只有当他们看到科技带来的实际收益时,才会有学习的意愿,农村职业教育只有与当地发展和农民收益直接相关,才有可能获得成功。

福斯特长期从事职业教育理论研究,并在大量调查研究的基础上提出其职教思想,有着坚实的理论和实践基础。虽然福斯特职教思想主要产生于 20 世纪 60 年代中期,但其中的许多观点今天来看仍然具有强大的生命力。如职业教育必须以劳动力就业市场的需求为出发点、基于简单预测的人力规划不能成为职教发展的依据、要在扎实的普教基础上开展职业教育与培训等,被证明依然符合当前职教发展的实际。特别是福斯特认为,“对职业学校进行改造,走产学结合的办学道路”,更是一种先进的战略定位,因为职业教育不同于研究型的高等教育,它不需要太多的超前理论,而是更多地注重于实践知识的传授,技能重于研究,动手操作重于理论思维。所以,注重“产学合作”,加强对职业学校学生动手能力的培养是一个永恒的主题,也是当前世界范围内对职业教育的一个主流认识。福斯特职教理论主要是基于当时非洲几个发展中国家职业教育发展的实践得出的,难免有其局限性。其局限性的核心是几乎全盘否定了“学校形态”的职业教育。

福斯特对学校本位的职教持否定态度,显然是不符合我国的现实状况的,这一点已无须怀疑。学校本位的职业教育作为我国教育的一种基本形式,已经以职业教育法的形式规定,在现实中,职业学校仍然是我国职业教育中的办学主体。学校形态职业教育有其难以取代的优势,除了有人才培养的规模优势外,关键是在培养学生的文化基础、人文素质等方面是其他形式的职教不可比拟的。即使在发达国家,学校形态的职业教育仍是当今职业教育的主流。虽然,学校形态的职业教育有其局限性和一些缺陷,但是通过改革办学形式、课程体系、教学方式等手段可以加以弥补。再者,在多元化的社会,不同国家和同一个国家的不同地区,人们对职业教育的需求也是多方面的,应该提倡多元化的职业教育办学形式。

四、施奈德的教劳结合理论

关于“教劳结合”论,是在资本主义大生产后提出来的有关“教劳结合”(即教育与生产劳动相结合)的理论研究与实践探索。在相当长的一段时期内,人们把教劳结合的“教”大多理解为青少年儿童的基础教育、职业技术教育和高等教育,对成人就职后的教育及其与生产劳动的结合则基本没有涉及,这一点从对教劳结合理论作出过经典论述的马克思和恩格斯那里可见一斑。马克思、恩格斯曾多次指出:“从工厂制度中萌发了未来教育的幼芽,未来教育对所有已满一定年龄的儿童来说,就是生产劳动同智育和体育相结合,它不仅是提高社会生产的一种方法,还是造就全面发展的人的唯一方法。”在按照各种年龄严格调节劳动时间并采取其他保护儿童的预防措施的条件下,生产劳动和教育的早期结合是改造现代社会的最强有力的手段之一。马克思和恩格斯主要是从为工人阶级子女争取受教育权、从儿童的初等教育等角度来研究教劳结合的。

1906 年,美国辛辛那提大学工程学院教务长林尔曼·施奈德坚信,如果要把一个学生培养成一名工程师,就需要为这个学生提供工程师的实践机会。他创建的第一个合作教育计划,就是一种工学交替模式。施奈德创建的这种模式至今仍是世界各国校企合作教育最普遍的模式,它的基本特征是学习与工作相结合,其本质就是实用主义的“教劳结合”论,风行世界的“学工交替”在各个地区、各个学校虽有不同的表现形式,但本质却一致,人们广泛赞誉“学工交替”为合作教育的“经典模式”。

这种理论认为,教育不仅要与社会生产相结合,还必须要与社会生活相联系,这是教育发展的必然要求。教育与生产劳动相结合,也应该与受教育者的实际需求结合在一起。教育与生产劳动相结合的目标,就是更加有效地使学生为就业和自我教育做好准备,引导他们顺利地走向社会,完成向生产行业过渡的要求,并通过生产劳动获得经济效益。美国是最早提出合作教育的国家,如今已经有近百年的校企合作史,这也是一部职业教育生机勃发、欣欣向荣的历史。1983 年成立的世界合作教育协会,标志着合作教育已经是世界性的教育改革潮流。麻省理工学院实施本科生科学研究计划,明确规定大学生的学习内容除了课程学习之外,还应包括科学研究方面的学习和任务;德国所谓的大学教育的第二次革命,就是明确指出“教学与科研相结合”的过程;英国大学则实行“工读交替制”,大学生在学习期间要到与本专业有关的企业等部门工作一年或两年,并已经成为一项制度。实践证明,这些都是国际公认的培养创新人才的有效方式。

第四节
产教融合的作用

产教融合就是将生产与教育有机结合起来，实现理论知识的传授与实践知识传授的有机协调与融合，提高实践能力。通过产教融合、校企合作，能够为学生在理论学习之余，提供更多的实践机会，培养学生的岗位能力和实践水平。产教融合将企业、学校、政府、社会组织等结合起来，进行资源整合与优化配置，实现取长补短、优势互补，提高教师素质。产教融合对高职教师提出了新的要求和挑战，高职教师只有不断自我提升才能适应产教融合的教学要求。正是基于此，产教融合对提高教师产教融合的水平大有裨益，助推教学改革。产教融合是高职教育的新形式和新思路，是对高职教育的一种创新。在对产教融合教学模式进行探索与发展的过程中，高职的课程设置、教学内容、评价方式等都面临着调整和变革，进而助推高职教育改革的深入。产教融合的根本任务是通过创新教育形式、整合教育教学资源、提高教育产教融合水平，达到提高学生岗位技能和实践能力、满足社会需要的目的。同时，产教融合有利于企业的技术革新、生产水平和效率提升，促进企业的高速和高质量发展。由此可见，产教融合是实现学校和企业共同发展、全面提升的重要手段和有效途径，是高职教育价值、社会价值和经济价值的集中体现。产教融合促使高职按照企业的需求培养人才，并将理论学习与实践知识的传授和科学研究结合起来，为企业发展提供强有力的人才支持和智力支持，提升我国企业的综合实力，促进社会主义市场经济的高速和高质量发展。

高职院校所培养的人才合格与否,企业最有发言权;高职院校办学水平的高低要看其“产品”——学生是否受社会的欢迎。高职院校要培养高素质技术技能人才,就必须将教学过程与企业的生产岗位相结合,依托企业的技术、设备、生产、工艺和管理优势,把学校的教育功能与企业的生产需求相结合,使学校办学出特色、学生学有特长,走上健康的良性循环的发展道路。

一、产教融合是对高职教育产教关系内涵的提升

“工学结合”“校企合作”“产学结合”“产学研结合”“产教融合”等都是对职业教育中不同产教关系的阐述,也是不同经济环境背景下的产物,并在产教关系中有着长久的生命力。其中,“工学结合”最早提出,是从微观层面提出的一种教育理念,它以职业为导向,以提高学生就业竞争能力为目的,以市场需求为运作平台,其主要关注的是如何处理微观层面学校的“学习”与企业的“工作”问题,即两者在时间的安排、课程体系的设置以及教学内容的组织等方面如何衔接,而对企业与学校的多方合作或高层次关系没有提出要求。“校企合作”是从中观层面提出的教育理念,其侧重于学校与企业的多方合作,对两者的合作提出了多方合作、互利共赢的要求,但是这种模式处理的是企业和学校之间的问题,对于学校所处教育行业和企业所处的行业或产业部门并没有提出相关要求,缺乏宏观顶层设计,整体性和规划性不强。已有研究对“产学结合”“产学研结合”等概念开始的宏观层面的思考,主要是从产业发展需要的角度考虑如何将产业需求与学校教学或研究工作结合,还是缺乏全方位的视角,没有跳出中观理念的制约。“产教融合”则是采取了全方位的视角,立足产业和教育两大行业,从宏观层面提出了职业教育发展中需要处理的两大主体,即产业部门和教育部门,以及两者关系需要达到的理想状态——融合。其包含了产教关系的微观、中观和宏观问题,这种理想状态的实现不仅需要宏观的顶层设计,而且需要中观的组织参与以及微观的实践操作。相对于“结合”“合作”而言,“融合”在主体

之间的关系上更加深入。“结合”“合作”都是体现主体之间以契约或其他条件为基础而发生的组织活动，是存在于组织之外在的关系，随基础和条件的变化而变化。而“融合”则是主体之间我中有你、你中有我，密不可分，是发自主体组织内在需求的一种活动，是一种孕育着新事物产生的活动，在产教关系中有着从量到质的变化过程。因此，“产教融合”的提出是对职业教育产教关系内涵的提升。

二、产教融合是新形势下高职教育发展的价值取向

当前，我国高职教育正处在加快发展的重要阶段，大力发展高职教育是建设人力资源强国的需要，“以服务为宗旨，以就业为导向，走产教（学、研）结合的道路”是高职教育的办学方针。

高职教育主要培养技术技能人才。这样的人才培养目标决定了教育与产业结合、师生与实际劳动者结合、理论与实践结合是人才培养的基本途径。从封闭走向开放，教育与产业紧密合作是高职院校的发展战略。积极探索产教融合、工学结合的教育培养模式，推动高职教育从计划培养向市场驱动转变，从传统的升学导向转变为就业导向，全面提高学生的工作能力、就业能力、职业转换能力、创新创业能力等，建立和完善毕业生就业和创业服务体系，是目前职业教育最需要认真解决的问题。以就业为导向，推进产教融合、工学结合，是适应经济社会发展、提高毕业生就业率，满足企业人才需求，实现学校、企业双方受益、多方共赢的有效途径。产教融合不仅是高职教育的办学方式，更是高职教育的办学方向。落实以就业为导向的办学目标，要追求培养目标与岗位标准的“零距离”，必须要重视教育过程的“零距离”。在教学计划里，课程体系要遵循工作过程；在师资要求上，教学模式要符合工作模式；在教学过程中，教学内容要覆盖岗位能力；在教育评价上，教育考核要达到能力的综合检验。在上述教学过程中，没有产教融合，改革就难以完成。

对高职院校而言，走产教融合之路，争取并依靠企业的支持和参与，主动服务企业的需求，是培养高素质技术技能人才、实现高职教育又好又快发展的根本途径。一手抓规模、抓速度，一手抓质量、抓内涵，两手都要"硬"起来，高职教育就必须面向市场、开放办学、为企业服务。通过这些合作，学院可以开设供需对接的专业，推动课程改革，改善教师队伍结构，创新师资培训模式，建立稳定的实习实训基地，完善实践教学的条件，拓展教育和培训服务领域，提升教学质量，推进"双证书"制度，进而提高学校的知名度和竞争力。

产教融合大大缓解了高职院校资金匮乏、实习设备老化的困境。高职院校因为各种缘故，购置的实习、实训设备往往是社会上已经淘汰的机器，学生学习的专业知识、掌握的专业技术也跟不上社会上的技术更新。有很多学生到厂里工作时还得重新熟悉机器，从头学习系统，此时往往会被戏称为"慢三拍"，这也是社会企业对高职教育最真实的评价。高职院校通过把企业引到学校里来，或在校外企业挂牌成立实习、实训基地，让学生在上学时就到企业里去实习、实训，这不仅能让学生接触到最先进的设备，掌握最先进的技术，将来真正毕业时更快地融入企业的生产中，而且学校可以省去自己购买实训设备、建设实习基地等一大笔经费开销。

产教融合有利于建设一支过硬的师资队伍。目前，高职院校的教师大多是从本科院校直接分配的，他们专业水平高，理论知识丰富，但缺点是知识应用能力不强，实际操作水平不高，这也极大地影响了职校教学质量的提高。学校创设实习基地，兴办专业产业，为广大教师特别是专业课教师参加实践、提高实际工作能力提供了条件和机会，而且在实际工作中，教师把理论知识与生产实践相结合，把教学与科研相结合，这有利于提高自身业务素质，提高教学的质量，对高职院校建立一支过硬的师资队伍有着十分重要的意义。实践证明，产教融合是促进和谐社会建设的有益实践和重要举措。从学院角度，学院希望以产学合作关系为纽带，进一步加强与企业的合作，在产学结合上取得突破并实现学校与用人单位的合作“双赢”。

高职教育发展的基本规律和价值取向主要体现在高职教育与社会发展、人的发展作用中，尤其体现在社会发展中，与政治、经济、文化、科技等存在紧密的联系，且作用更直接。其中，在促进经济发展的进程中，职业教育与经济发展彼此相互促进、共同发展。职业教育为经济发展培养了各行各业所需要的人才，经济发展越来越离不开职业教育的支持，职业教育发达的国家，经济发展水平也相对较高。但经济与职业教育之间的关系也是辩证的：一方面，经济发展水平制约着职业教育的发展；另一方面，职业教育通过对大量高素质劳动者的培养推动着社会经济的发展，发挥着强大的经济功能。因此，处理好产教关系也是职业教育提高服务经济发展能力和水平的需要，“产教融合”正是为了满足此种需要而提出的，其核心在于处理好职业教育中产教之间存在的矛盾和冲突，让产业自觉承担起社会责任，即在培养社会经济发展所需人才活动中履行应有的责任和义务，让教育与产业需求紧密结合，真正实现人才培养与促进产业发展的目标。

三、产教融合有利于专业建设

产教融合、校企合作培养技术技能人才是国际职业教育成功国家的共同规律。呼唤和渴求产教融合、校企合作培育技术技能人才在我国有着深刻的教育和经济背景。企业和高校紧密合作，当社会经济发展的路径发生变化时，企业能够第一时间感知到，企业将所需要的人才培养标准及时传达给高校，高校及时作出响应，使专业定位始终跟上时代的步伐。从教育方面看，近一段时期以来，我国职业教育的一大特色是以职业学校为主体培养初入职的技术技能人才，经济领域行业企业相对脱离于人才的正规职业准备教育，出现了职业院校对产教融合、校企合作共同育人和研发的需求格外强烈，然而困难也格外多的情景。从经济领域看，我国正在进入工业化中期，努力实现产业升级转型、建立创新驱动的现代产业体系，对复合型和创新型技术技能人才的需求在倒逼行业企业做出变革。发展所面临的体制机制困境,保障技术应用和技能人才发展的实践问题,具有重大的研究意义与价值。

党的十八届三中全会指出,全面深化改革的总目标是完善和发展中国特色社会主义制度,推进国家治理体系和治理能力现代化。当前职业教育的体制机制不畅、承担和参与主体缺位、相关制度不匹配、政策措施不协调、发展动力不足等问题成为制约职业教育发展的瓶颈。推进国家治理体系和治理能力现代化,为解决上述职业教育的瓶颈问题提出了全新视角、顶层思路。职业教育作为与社会经济发展密切相关的一种教育类型,同时肩负着面向人人和培养高技能人才的重任,关乎国家的经济发展与社会和谐。职业教育治理体系与治理能力的现代化,是国家治理体系与治理能力现代化不可或缺的一部分,对全面深化改革,推进国家治理体系和治理能力的现代化具有重大意义。改革开放以来,在政府及各部门的积极努力下,职业教育的发展取得了巨大成就。但是,目前与我国经济社会的需求和人民群众的期盼相比,职业教育发展依然面临很多困境,许多问题表面看似乎在职业教育自身,而其实质是职业教育的外部制度、体制机制使然。“十一五”以来,我国职业教育的校企合作创设了“订单式”培养、工学交替、校中厂、厂中校、“政、校、企”三方联动等一批具有区域行业特色的校企合作人才培养实现形式,形成了“合作办学、合作育人、合作就业、合作发展”的校企合作人才培养理念,但是职业教育校企合作也遇到了较多的困惑、问题和困难,尤其是职业教育校企合作的国家制度、政策还不够健全,对职业教育在国家政策、制度层面的顶层设计改革有着较为迫切的诉求。实行校企合作、工学结合的职业教育人才培养模式,是技能型人才培养的有效途径,体现了职业教育的本质特点。职业教育所肩负的培养技能型人才的任务需要职业院校与行业企业共同承担,日益成为职业院校、广大企业和社会各界的共识。

从“单维”管理理念转向“多元”治理理念，在治理理论的指导下，借鉴国际比较经验，研究职业教育的多元治理主体的权责、实行管办评分离、多样化治理工具、完善的治理制度体系、治理指标体系、治理的制度包与工具包等，具有巨大的经济和社会意义。首先，完善职业教育治理体系、实现职业教育治理能力现代化，将有助于我国数以亿计的技术技能人才的培养和可持续发展，有助于职业教育突破上述制约瓶颈和困境，增强职业教育服务产业结构调整、经济发展方式转变的针对性和实效性。其次，对职业教育治理体系和治理能力现代化的研究，有助于促进我国社会民主与全面提升，增强人民群众学有所教、学有所用的终身学习途径和机会，依靠职业教育提升国民素质和发展能力，提升体面就业、幸福生活的民主和谐境况。党的十八届三中全会进一步指出：“加快现代职业教育体系建设，深化产教融合、校企合作，培养高素质人才和技能型人才。”

四、产教融合有利于课程建设

课程体系是学科发展的载体，企业岗位的各项技能都需要通过课程体系来实现，通过相应课程来培养对应岗位技能。职业院校的校企合作中既有老生常谈的旧问题，也有发展过程中的新问题，需要政府统筹考虑解决的办法，整体推进合作的发展深化。企业对岗位职责有比较全面的了解，能够对各工种工作任务职责作出详细规划，然后将岗位职责标准转化成课程标准，企业项目实例转化为课程教学的案例。我国职业教育校企合作存在政府、行业、企业、院校、学生五大层面的问题，这些问题是系统培养高端技能型人才以适应经济发展方式转变和产业结构升级的重大障碍，是当前中国职业教育宏观政策亟待破解的焦点问题。

职业教育校企合作中存在的问题主要是企业主体缺位、行业企业参与不够，反映出经济领域缺少支持产教融合的配套制度。产教融合不仅应该是教育制度，而且应该是经济制度、产业制度的组成部分。

五、产教融合有利于提升教师的社会服务能力

校企双方经常互派人员轮岗实训,企业派专业技术人员到校为师生讲学,有利于提高师生的实践操作水平。高职院校派教师下企业锻炼,在企业生产一线,教师实践能力能够得到比较大的提高。研究、探讨校企合作促进政策的制定和实施是一项重要的攻坚任务,需要深挖现存的问题,运用理论分析其原因,并将其放在国家宏观层面来思考解决的思路和办法。我国职业教育的主体是职业院校,主要由教育部门统筹管理,但教育部或者任何单一部门都无法有效地解决职业教育校企合作的跨部门、跨领域问题。2009年,《宁波市职业教育校企合作促进条例》开始施行,这是我国第一部地方性职业教育校企合作促进法规,为明确职业院校、企业和政府部门职责,预防学生在实习期间意外伤害事故,保护企业商业秘密等提供了法律依据,为宁波地区职业院校和企业合作培养高素质技能型人才,促进校企合作可持续、健康发展提供了法律保障,是完善我国地方校企合作法规的重要标志。职业教育实行校企合作和工学结合的人才培养模式,不仅是培养应用型、技能型人才的基本做法,而且符合我国关于教育同生产劳动相结合、培养全面发展的人的基本教育方针,为加快制定国家职业教育校企合作促进法规提供了宏观性的思想框架。鼓励地方先行先试,吸收地方创新经验。许多地方对校企合作的认识水平不断提升,认识到人才培养合作项目的收益与产品研发等合作项目的收益相比,回报较低而投入较大。高职院校教师所接触的理论知识较多,但实践方面的技能比较缺乏,大部分高职院校教师都没有太多的项目经验,通过产教深度融合可以提升师资水平。教师在企业真枪实干,掌握了好的技能后,再结合自身丰富的理论知识,就可以提出有创新性的想法,帮助企业解决实际问题。

正是基于此,需要国家统筹职业教育校企合作政策,进行顶层设计。国家从教育、经济和劳动三方面建立法律性框架。目前,《中华人民共和国教

育法》《中华人民共和国劳动法》和《中华人民共和国职业教育法》中关于教育与生产劳动相结合、教育为经济建设服务、经济建设依靠教育以及职业教育校企合作的规定，对于促进校企合作的发展发挥了一定的作用，但其条款大多是宏观性规定，相距建立良好的职业教育产教融合制度的需要还有一定的差距。国家应从教育、经济、劳动三个领域修改现有法律和新增相关的法律，为加快建立国家职业教育产教融合校企合作制度提供宏观性的法律框架。调查显示，企业所能为职业院校提供的资源中，提供实训设备、为学校提供资金等被排在末位，因而，参与职业教育的企业需要政府优惠、补偿政策的引导。

六、产教融合有利于产业竞争力的提升

提升产业自主创新能力是建设创新型国家的需要，产学研合作是产业自主创新和发展的必由之路。党的十七大报告强调："加快建立以企业为主体、市场为导向、产学研相结合的技术创新体系，引导和支持创新要素向企业集聚。"企业需要创新型人才和高技能人才，需要实用技术和科研成果的引进与转化，与高等教育和职业教育合作已逐渐成为企业的战略需求。而对高端、现代、新型、集约化的经济特点，企业必然要求高素质的劳动者和高质量的职业教育，也必然要依靠高水平人才进行技术创新。通过产教融合可使培养的人才更好地适应企业、行业、社会的需要，缩短就业"磨合期"，降低企业的培训成本和劳动成本，有力地提升企业的竞争力。

产教融合符合企业培养人才的内在需求，有利于企业实施人才战略。在职业教育中，技工教育处于企业需求最普遍的地位，与企业的关系尤为突出。企业积极参与举办技工教育，其核心动力则来自企业对应用型人才的不懈追求。建设一支极具企业自身特色的应用型人才队伍，并不断给以补充，是企业实施人才战略的核心。所以企业仅仅关注技工教育的发展还远远不够，因为极具企业个性特征的应用型人才通过"人才社会化"的渠道

是无法得到的，就是说，社会举办的技工教育无法直接为某一家企业培养和输送个性化的应用型人才。所以企业希望通过合作办学的方式，培养极具企业自身特色的应用型人才。这就是企业与技校合作举办技工教育的本质意义。企业这种参与举办技工教育的要求，随着社会经济发展会越来越强烈，也会成为越来越多的企业家的共识。

七、产教融合有利于学生知识、能力、素质的提升

职业教育培养的人才是经济和社会所需要的生产、服务、管理一线的高级应用型人才，这类人才的最突出特点是具有较强的实践技能。但长期以来，由于受到学校仪器设备、实习、实训条件和师资等方面的制约，绝大多数职业院校不具备培养技能型人才的实训条件，学生在学校里学到的更多的是理论知识，实际动手和操作的能力非常缺乏，毕业后不能很好地适应企业的要求，到工作岗位后的工作“磨合期”较长，影响到企业的生产和管理。加上企业随着市场的变化，生产工艺的改进、生产设备的更新速度非常之快，学校没有足够的财力和人力保证实训条件跟上企业改进更新的速度。另外，学校的氛围和企业的生产环境也有很大的差异，课堂教育和现场教育的效果有很大的区别。产教融合能为学生提供实习、实训场所，让学生有更多机会真正到生产第一线去学习、锻炼，使学生能亲身感受企业理想与文化，提高职业素养与能力，快速实现由学生向职工的角色转换，为学生就业提供一个缓冲平台，而且合作企业往往还能接受一部分学生就业。从国家就业层面上来讲，通过产教融合能够解决学生上学和就业两大难题，为众多家庭特别是弱势群体分忧解困，促进社会稳定与国民经济的发展。

（一）产教融合有利于培养学生的职业素养

职业素养是多种素质的综合品质，素质是内化了的心理品质，其中各素质之间相互制约、相辅相成，无论是道德素质、专业素质、人文素质、创新素质还是身心素质，都需要在相关知识传授的基础上，经历实践的磨炼才能形

成。敬业精神、责任心、质量意识、团队精神在学校的教育中很难培养，只有在企业的实践中历经锤炼和熏陶才能逐渐养成和内化。

（二）有利于激发学生创造力

职业院校加强产教融合，实行顶岗实习、半工半读，能够为学生提供身临其境的企业环境熏陶和必要的实习条件、难得的实践锻炼机会。生产实践过程也就成了教学过程和管理过程，学生在老师的带领、指导下，把理论知识运用到实践之中，并把在实践中的体验进行理论的对接，从而加深对理论的理解，增强应用知识和解决实际问题的能力。这样的实践活动能够激发学生的创造意识、创造热情和创新精神。

（三）有利于减轻学生的家庭经济负担

职业院校学生的家庭绝大多数为低收入家庭，在提供学费、生活费等方面，大多存在困难，需要政府和社会的帮助与扶持。虽然国家每年给予生活费补助，但这远远解决不了实际问题。产教融合、半工半读等方式能够在培养学生技能的同时，为这部分学生减轻经济负担，顺利完成学业。

（四）有效解决就业、招生两大难题

职业院校传统的教育模式是在对学生进行两年的素质教育之后，利用第三年的时间安排学生到企业顶岗实习。由于职业教育的专业教育层次浅，再加上学校设备的匮乏使得学生没能掌握专业技巧，学生被推荐到社会上受到众多企业的排斥，以至于最后学非所用，用非所学，只能转行或从最基层做起。这与家长和学生所抱有的期望相差很大，再加上高额的学费和生活费，职业教育一直受到学生和家长诟病，以至于最后形成“招生难、就业难，就业难、招生难”的恶性循环。学校通过“引厂进校”“订单培养”“联合办学”等多种产教融合方案，可以有效地解决职业院校的招生与学生的就业两大难题。

第三章　国内外职业教育产教融合的发展及启示

第一节 国外产教融合的发展

一、德国“双元制”产教融合模式

（一）德国“双元制”模式的概况

德国的“双元制”起源于18世纪末19世纪初，形成于手工业培训的恢复和进修学校的诞生时期，1920—1970年，在德国工业类型的学徒培训和职业学校的建立中，德国的“双元制”得到巩固，并伴随着德国社会经济的发展而不断发展。

1969年《职业教育法》生效以后，联邦德国“双元制”培训体系在职教法的基础上形成和发展起来，这个法律不仅将以前分散的培训立法综合到一起，还删掉了所有法律的不确定因素，允许具有合理性的培训体系进一步发展。在20世纪70年代初期，德国政府成立了专门的联邦职业培训研究所，这一研究所的成立使得德国的培训职业有了更加明确的社会地位和社会责任。该立法表明，联邦职业培训研究所的重要任务就是要负责培训领域的研究和发展，为培训事业提供指导和帮助。由于这一改变，德国的双元制职教模式迎来了发展高潮，各方面的研究和支持极大地促进了双元制职教模式的发展和创新,德国不仅在经济领域取得了极大的成就,在教育领域也取得了极大的突破,对世界领域的教育和经济事业产生了极大的影响和冲击。

2005年德国将《职业教育培训法》与《职业培训救济法》进行合并,并且2009年德国的各州教育部统一规定:凡是具有硕士学历或者技师专业证书的年轻人可以直接接受大学教育,不必接受入学前的职业能力测试。这一规定的提出,使得德国双元制职教模式更加地成熟和完善,扩大了生源市场,使得学历层次高的学生和年轻人可以通过教育提升自身的实践技能和实践经验,技能层次高而学历较弱的学生可以通过教育提升自己的阅历,完善知识体系,获得更高学历。这样根据学生的具体实际进行有针对性的教育培养,全面提升国民的整体素质,双元制教育模式的价值被充分地体现出来。同时,在这一时期,德国双元制职教模式也不断地向外移植和扩张,对世界教育格局产生了极大的影响。因此,在随后的发展中,德国的双元制职教模式引领着世界职业教育的发展潮流。

德国的"双元制"是职业教育产教融合形式的典型代表,是德国职业教育的支柱和核心。它是一种教育制度,更是一种重能力、重实践的职业教育思想。"双元制",其英文为" Dual System ",有的学者也译为"双轨制""双重制"等。

德国"双元制"职业教育模式中的"一元"指企业,另"一元"指学校,是学生在企业接受实践技能培训与在学校接受理论培养相结合的职业技术教育模式。这种教育模式以"学校+企业"为主体,政府、行业协会、企业、学校、学生等多元紧密合作,是一种将理论知识与实践紧密结合、以实践为主、培养应用型专门人才为目的的成功教育模式。

(二)德国"双元制"产教融合职业教育模式的内涵

"双元制"职业教育是指教育机构与企业联合举办职业教育,企业和学校、教师与企业培训人共同培养学生,学生同时具有双重身份,旨在最大限度地利用学校和企业的条件和优势，强化理论与实践相结合，从而培养既具有专业理论知识，又具有专业技术和技能以及解决实际问题能力的高素质技术人才的一种教育制度。具体而言，“双元制”的职业教育内涵表现在以下几个方面：

（1）两个培训主体。即企业和职业学校。

（2）两种教学内容。在企业主要是传授职业技能和与之相关的专业知识和职业经验；职业学校的教学内容除专业理论知识外，还包括语文、数学、外语、政治、体育、宗教、伦理等普通文化知识。

（3）两种教材。即实训教材和理论教材。培训企业使用的是联邦职业教育研究所编写的全国统编教材，以便确保达到统一的培训标准和质量；而职业学校使用的理论教材则是由各出版社组织著名专家编写的，没有统一的全国或全州统编教材。

（4）两种实施方式。企业遵循联邦职教所制定的培训条例来培训；职业学校则遵循所在州文教部颁布的教学计划组织教学。

（5）两类教师。即实训教师和理论教师。企业培训的实训教师是企业的雇员；职业学校的理论教师属于国家公务员。

（6）两种身份。即企业学徒和职校学生。

（7）两类考试。即技能考试和资格考试。技能考试是针对企业培训的，考试方式和内容以其在企业接受的实训内容为主，目的在于考核学生对所学技能和专业知识实际掌握的程度，一般由行业学会负责实施；资格考试则是针对职业学校的专业理论教学的，内容包括所学各科，方式包括笔试和口试，由学校组织实施。

（8）两类证书。即考试证书、培训证书和毕业证书。考试证书一般与学习和培训地点无关。凡通过相应的职业培训结业考试者，都可获得由行业协会颁发的为国内外承认的证书，技术工人证书、伙计证书和商务办事员证书等等。培训证书和毕业证书则是由培训企业和职业学校颁发的与培训和学习地点有关的学历证书。

(9)两种经费来源。在企业的培训费用完全由企业承担,企业除了负担培训设施、器材等费用外,还必须支付学徒工在整个培训期间的津贴和实训教师的工资等;职业学校的经费则由国家和州政府负担,通常是州政府负担教职工的工资和养老金等人事费用,地方政府负担校舍及设备的建筑与维修费用和管理人员的工资等人事费用。

(10)两个学习地点分别受两种不同类型法律的约束。企业培训受《职业教育法》约束,职业学校则遵循《职业义务教育法》。

可见,德国的“双元制”职业教育在整体的培养目标上是合二为一的,但在具体的教学过程中则又是一分为二的,表现出明显的双元属性的特征。借此最大限度地利用各自的条件和优势,既使学生在实训的氛围中获取有价值的实践经验,学会各种职业与社会的能力,又能通过在学校系统的专业知识学习,打下厚实的理论基础,培养敏捷的思维能力与掌握科学的方法,从而很快适应毕业后的工作。

(三)德国“双元制”产教融合职业教育的特点

1.企业发挥主导作用

德国“双元制”职业教育事实上是从学徒制度发展而成的,也就是说,随着工业化生产的发展,完全由企业承担的学徒制度吸收了学校教育作为补充而形成的职业教育制度。在这种合作教育中,企业把对职业教育的投资作为是对企业人力资源开发的投资,也即是对企业未来的投资。企业在其中发挥着举足轻重的作用,从职业教育的招生到受教育者的培训上,从职业培训岗位数目到培训计划直至培训的物资设备等的配备,基本上都由企业控制。可以说企业这一元是处于主体地位的,它直接决定着“双元制”职业教育的规模和质量。

2.突出职业性

“双元制”职业教育从专业的设置、培养目标的确定、课程的设计、教学的实施及考核都是以职业为本位。具体而言:(1)专业设置以职业分析为基础。德国职业教育所设置的专业不是学科体系的产物,而是在科学的职业分析的基础上获得的能覆盖相当数量社会职业的培训职业。(2)培训目标以职业能力为本位。职业能力既包括专业能力又包括方法能力和社会能力,专业能力即合格的技能与知识结构;方法能力包括独立工作和独立学习的能力;社会能力包括个体与他人打交道的能力以及个体的心理承受能力等。(3)课程设计以职业活动为核心。在课程的开发上非常注重课程的实用性,开发出以职业活动为核心的综合课程、目标定向活动课程等,以增强学生的职业适应性。(4)教学方法以受训者为主体。在职业教育的教学过程中,学生处于中心地位,教师更多地承担着咨询者、组织者的角色。(5)教学活动同生产实践紧密结合。"双元制"职业教育形式下的学生大部分时间在企业进行实践操作技能培训,而且培训在很大程度上是以生产性劳动的方式进行,这样有利于学生在实际的氛围中获取有价值的实践经验,有利于学生在培训结束后随即投入工作。(6)考试考核以职业资格为标准。在德国,职业教育考试从内容到形式正逐步从针对教育结构转向针对就业结构,职业教育的考试由经济界的行业协会主持,其试题也由行业协会拟定。试题内容既有专业理论知识,更有职业技能,总之把职业资格作为考试的基本准则。

3.严格的立法保障

德国以法律手段规定:凡是完成了普通大约10年的义务教育(四年制小学教育,六年制初中教育。初中阶段有三种形式:文理初中、普通初中、实科初中。小学毕业后进入后两类学校的人数占毕业生总数的65%)而没有继续读书的十八岁以下青年,必须接受义务职业教育。且1969年8月14日,德国联邦政府颁布并实施《职业教育法》,对各级各类职业训练、组织及考试等相关制度做了原则性规定,该法对职业教育研究工作也做了相应要求。作为德国关于职业教育最基本的法令,该法对德国的职业教育起到了极大的推动和促进作用。之后又相继出台了与之配套的法律法规，如:《职业教育促进法》《手工业条例》《劳动促进法》《企业基本法》《青年劳动保护法》等。为了确保高职教育和高职院校的健康发展，各州、各部门、各行业也颁发出台了既完善又利于操作的实施条例或办法。《萨克森州职业技术学院法》明确规定了从职业学院的办学层次、任务、法律地位、学院结构到学生考试毕业取得学历等所有相关条例。上述法律和法规，以律法的形式明确了企业、学校、行业协会在整个职业教育中的地位、作用、权利和义务，从而实现了职业教育的规范化、制度化和法治化。

4.德国职业教育与普通教育的等值

《联邦德国高等学校总法》规定，实施职业教育的高等专科学校合格毕业生授予与普通高等院校毕业文凭和学位同等地位及价值的学位证书，所享有的待遇也基本相同。1975 年各州教育部长联席会议通过决议，认可职业学院是“除大学以外的第三级教育设施”，高中毕业生在其中“获得的具有一定的科学和职业专门教育的证书，可与大学证书相比照”。1989 年巴符州教育部根据上述决议，正式认定职业学院的毕业证书与专科大学等值，从而确立了它在第二级教育中的地位。1993 年巴符、柏林等几个州决定：相互承认各自职业学院的学历和证书，并认定其与专科大学等值。这就为德国职业学院的毕业生在学术上继续深造拓平了道路。

5.严格的师资标准和质量考评体系

“双元制”职业教育对专业教师要求非常高，对职业学校教师、企业培训教师都建立了严格的资格准入制度。获得德国高等职业技术学院教师任职资格，不仅必须具有博士学位并取得教授资格，还必须有 3~5 年的社会工作经历，其中必须有 3 年在校外企业工作的经历。这些规定确保了德国高职院校“双师型”教师，既有教授的学术素养，又有工程师应具备的较强动手技能。在严把入口关的同时，各职业学校都建立了教师学习进修制度。规定专业课教师要经常到企业及相关部门进修，一般每隔 5 年要到州立培训中心进修学习，掌握最新技术和方法。德国的教师一专多能，工作量也很大，其中理论课教师每周至少有24学时，实践课甚至高达35学时，政府要求职业学院校长每周必须保证至少4学时的教学，以利于教学管理工作。另外，德国的高职教育质量考评还广泛吸收社会参与，法律规定的教育质量考评委员会由企业（商业）协会、学生和教授三方组成，每年各校进行自评，5年一次接受州组织的教育质量考评委员会的质量评估。以上措施使德国教育质量得到了根本保证。

二、英国"三明治"产教融合模式

（一）英国"三明治"模式的概况

"三明治"教育是对半工半读、"学工交替式"课程设置模式的一种形象比喻。早在20世纪初叶，英国桑德兰技术学院（桑德兰大学前身）为了有效地服务当地工商业的发展开启了"三明治"教育模式，开始"学工交替"教学模式的探索。随之，一些学校和培训机构也伴随着工业革命的发展，在自己的课程体系中增加新出现的应用科学和实用技术内容的教学，同时，强化与所在区域生产企业的合作，给学生创造边学习边工作，在实际工作中深化应用知识和实际技能的掌握。当时，这种课程在社会中的认可度还不高，学生参与的总体规模很小，人们将这个时期称作"三明治"教育模式的初创期。

20世纪中叶，发展经济、提升职业技术教育水平成为英国政府的重要议题。1945年，英国政府专门委托珀西议员组织一个专项调查组，对英国的职业技术教育进行诊断分析，并提出发展的建议。该小组提交的报告也就是英国教育史上著名的"珀西报告"。该报告尖锐地指出：英国高层次职业技术人才的缺乏，原因在于职业技术教育质量良莠不齐，未能使受教育者把当时的科学知识和使用技能有效地运用到生产实践当中；国家缺乏发展科学技术的有效措施和方法，产业界与教育界之间缺乏相互联系和协作，从而使得科学研究转化为生产力的周期过长。该报告还提出：应该在部分大学和高等教育院校开设与大学课程相近的全日制三明治式课程，建立一个以大学为核心的完整的科技教育体系，同时建立地区性和全国性职业教育协作和协调机构，以加强企业界与教育界之间的联系和合作。这份报告有力地促进了英国产学研结合和“三明治”教育模式的发展。此后，英国政府在政策、法律和机构方面都依据这份报告采取了相应的变革，成立了不同的推动“三明治”教育和产教结合的机构、咨询委员会；在政策的影响下，各类职业技术学院也积极寻求与企业界的合作，创造出了许多特色鲜明的产学研合作的教育模式和做法，成为“三明治”教育发展史上重要成长时期。

20世纪80年代到21世纪开启的数年中，英国“三明治”教育模式进入个性化与成熟阶段，具体表现为：一是成立了推进产学研结合的中间机构教学公司，负责组织由高校和企业共同参加的科技协作项目，使得继续教育学院和高等院校与企业界之间建立起比较稳固的合作渠道；二是建立和不断完善国家职业资格证书体系NVQ和GNVQ；三是成立了系统的组织机构，1972年成立了“三明治教育大学委员会”（CUCSC），1976年成立了“三明治教育多科技术学院委员会”（PCSC），1979年成立了“三明治教育与培训教育协会”（ASET）。1988年，英国政府在新颁布的《高等教育改革法》中提出，课程设置、教学内容要实现社会化与实用化；1992年开始，英国的原有多科技术学院分批逐步升格为大学。所有这些举措都有力地推动了英国“三明治”教育向纵深发展。有资料显示，2004—2005年间，英国全日制大学生中共接受“三明治”教育的学生达到10.68万名，占当时全部在校学生的11.32%。时至今日，“三明治”教育模式一直是英国众多职业技术教育院校和高等教育院校广泛采用的人才培养模式，受到社会的广泛认可，成为英国职业技术教育的一大亮点，在全球具有一定的影响力。

（二）英国“三明治”产教融合模式的内涵

“三明治”教育的实质是把理论知识的学习和实践技能的培训有机融合。一方面，学校根据社会经济的发展，科学预测社会所需人才，有针对性地设置专业和开设课程，专业理论知识的传授重在理论体系的学习；另一方面，企业参与人才的培养，通过接收学生在企业实习等方式，提高学生的动手能力，为学生提供理论知识的实践应用平台。“三明治”教育模式强调从理论到实践、再从实践到理论的交替学习过程，强调专业实践能力的培养。因其采用半工半读、学工交替式课程设置模式而被形象地称为“三明治”教育模式。

“三明治”教育模式通过产学研联合培养方式，结合学校和企业各自的优势特点，整合资源，有针对性地培养社会所需的各类人才，形成了一种拥有多元化培养目标、开设弹性化课程、具备全过程考核体系的成熟的人才培养模式。这种模式以市场需求为导向，以专业素质培训为手段，以提高学生就业竞争力为目的，通过产学研合作达到多方共赢。对学生来说，可以通过产学研联合培养，把理论知识和实践应用结合起来，学以致用，增强社会适应性；对企业而言，可以通过产学研联合培养为企业物色和培养新员工，使新员工提前进入工作角色，增强人才的实用性训练；对学校而言，通过和企业的合作，可以根据企业人才需求和企业用人的反馈信息，适时调整课程设置和内容体系，做到理论基础的传授和社会实践能力培养相一致，增强学校培养人才的针对性和实用性，提高学校的社会服务水平。

目前，“三明治”教育在英国高等职业学校的发展相当广泛，英国大部分的高校都提供“三明治”课程供学生选择。“三明治”课程按照入学和教学类型可分为以下四种：

（1）学生接受职业技术教育和工作训练的时间各为半年，交替进行。

（2）接受四年制课程的学生，两年接受正式学校教育，两年接受工作训练。

（3）在四年制课程中，安排学生第二年或者第三年到企业单位实习。

（4）在每年的教学计划中安排 9 个月的学校正式教育和 3 个月的实习，或是先进行一年的工作训练，接着实施两年的正式教育，再配合一年的工作实习。综观“三明治”教育的发展历程，它的出现始于技术院校对社会需要的回应。“三明治”教育从未经认可的个别院校行为，到产业界的积极响应和参与，从多科技术学院的特色培养模式，到各种类型高等职业学校普遍实施的一种人才培养模式，其在一百多年的发展历程中逐步由稚嫩走向了成熟，英国政府在“三明治”教育发展中的作用功不可没，在“三明治”教育发展的每一次转折点上都发挥了重要作用。在“三明治”教育的发展过程中，英国政府定位合理、措施有力。英国政府从引导者和管理者的角度出发，秉持“有所为、有所不为”的制度设计理念，从宏观层面入手，采取“顺时引、逆时推”这一规范监督和鼓励引导的双重策略，为“三明治”教育提供法律政策引导、教育费用投入和组织机构协调三重保障，从而为“三明治”教育的跨世纪高速和高质量发展营造了良好的制度环境，在助推“三明治”教育模式快速扩张的同时，保障了“三明治”教育实施产教融合的水平。

（三）英国“三明治”产教融合职业教育的特点

1.英国政府积极推动、强化教育与政府、企业的合作

在英国“三明治”教育模式走向成熟的过程中，英国政府发挥了极其重要的作用。英国政府始终扮演着引导者和管理者的角色，明确自己的职责范围，以有所为、不越界为原则，开展“三明治”教育制度的设计，在具体管理事务中坚持“顺时引、逆时推”的双重策略，通过不同的手段，保证“三明治”教育获得法律政策方面的引导，将财政经费投入落到实处，在组织机构方面协调运作。在政策支持方面，政府发挥自身优势，在社会中积极引导学习对象参加职业技术学习，通过政策和宣传提升职业技术教育在整个社会中的地位，颁布“产业培训法”“1988 年教育改革法”“面向 21 世纪的教育和训练”等政策法律，为“三明治”教育模式推广提供强大的法律政策支持。在组织保障方面，由政府出面先后成立“三明治教育大学委员会”“三明治教育多科技术学院委员会”“工业和高等教育委员会”等组织机构，强化高等教育与政府和企业的合作。在经费支持方面，2005 年开始的“国家雇主培训项目”，以雇主需求来主导培训；采取“培训券”制度，一方面为低技能工人和中学后青年提供免费培训，另一方面通过由学员选择学校和课程这一行动，把经费带入质量高、学生喜欢的学校和课程，促进学校和培训机构努力提高自己的水平和质量；再如 2006 年的“有培训就有收获计划”是一项由国家制定，专门针对成人学习者的“学习即获利”计划，为成人学习者提供

实际工作场所的培训以满足雇主在操作层面的用工需求，合作企业在这个合作过程中也可以通过接收项目学员而获得学费500%的培训经费补助。

2.十分重视核心能力的培养

早在1979年，英国继续教育处在一份题为《选择的基础》的文件中首次提到了核心能力的概念，具体包含读写能力、计算能力、制图能力、问题解决的能力、研究能力、处理事务的能力、独立能力、动手能力、个性的和道德的修养、物理环境和技术环境。进入新世纪，英国教育与就业部、英国工业联盟和资格与课程署共同将核心能力进一步浓缩为六项，即沟通、数字运用、信息技术、与人合作、提高自我学习和增进绩效以及解决问题的能力，这也成为当前英国国家资历标准框架体系中的六项核心能力，成为英国"三明治"教育培养过程中的必备内容。许多英国高等职业教育机构甚至大学都将这种核心能力纳入自己的课程体系，把它作为基础教学的必修内容。此外，英国还设立了专门的核心能力考核认证机构，职责是依照核心能力标准的要素分等级实施对学习者的核心能力考核。

3.与国家职业资格标准接轨

英国"三明治"教育模式使用国家职业资格标准，培养出来的学生所获得的资格证书纳入国家资历证书框架体系，接受类似于其他职业资格证书教育和培训的同等的质量控制，成为国家教育体系中一个不可或缺的组成部分。"三明治"也从"能力、技能、态度和价值"几个方面审核课程的培养成效，通过完整的培养计划、学生的学习日志、操作评估记录以及企业经理、学生和指导老师共同参加的现场能力测评，保证教学和培养水平。

4.合作模式多样化

根据在生产现场工作实践的长短不一，"三明治"教育分"厚"和"薄"两种。"厚三明治"教育一般学制4年，第三年安排一年时间在生产现场工作实习，最后一年返回学校修满学业；"薄三明治"则将前往生产现场的工作和实习分解为2～5个时间较短的阶段，根据课程的具体情况在不同时间安排。英国董事联合会和大学联合会的一项调查结果显示,2010年,英国74%的中小企业与国内的大学或高教机构拥有校企合作的项目;中小企业的专业开发和研究中有9%的中小企业委托高校进行定向研究,12%的中小企业与高校一起开展合作研究。除此之外,高教机构一年中为中小企业提供大量的继续教育课程服务,37%的中小企业参与了高校组织的各种演讲课程、大会或公众活动,12%的接受了大学为其单独提供的中小企业专业提升服务,还有7%的中小企业依靠高校为他们的新职工进行职前专业技术培训。在校企的密切合作中,有27%的中小企业对所录用的新毕业生或研究生进行测评,向高校回馈信息,18%的中小企业向高校提供产业实习机会或三明治学习岗位,10%的中小企业甚至将自己的业务作为高校课程的组成部分共同加以运作。在这些参与同高校合作的中小企业中,仅与一所高校建立合作关系的企业占总数的33%,与3个以上高校建立合作关系的占30%,与5所以上的高校进行合作的占9%;所有校企之间的合作中,36%的中小企业是跨区域进行合作。

三、美国"社区学院"产教融合模式

(一)美国"社区学院"模式的概况

美国社区学院开始于美国肯尼迪总统年代,旨在为高中毕业生提供方便和价廉的职业教育,是美国教育体系的重要组成部分,一般由州立大学某个部门或州政府所属部门开设,学制为2年。社区学院除了正常招生教学以外,还提供短期技能培训、公共项目学习,包括英语、技能再培训、社会文化活动等。美国社区学院的职能主要包括转学教育、职业教育、普通教育、补偿教育、社区教育五个部分。

促进地方经济发展是美国举办社区学院的主旨。美国社区学院建立之初,只是以转学教育为主,自1940年以来,逐渐转变为以职业教育为主,如今职业教育在美国社区学院的教育中占有非常重要的地位,提供职业教育已经成为今日美国社区学院的主要职能。社区学院注重的是教学的内容与形式，强调的是教师对学习者的责任和义务，提倡的是创新的学习和能力素质的培养。

从美国职业教育发展的历程来看，大致可以划分为四个阶段：思想萌芽期（19 世纪中后期—20 世纪 20 年代），初步创立期（20 世纪 20 年代—40 年代中期），迅速发展时期（20 世纪 40 年代中期—80 年代），新发展时期（20 世纪 80 年代后）。

（二）美国“社区学院”产教融合模式的内涵

美国民众将社区教育视为社区生活的重要组成部分，对其有较强信任度和依赖度。因为美国社区教育内涵丰富，惠及民众广泛，能够体现出教育社会化与社会教育化的本质。美国社区教育发展至今，处于世界领先地位，其内涵可概括为学校教育社区化、社区活动教育化及公共事务群众化三个方面。

1.学校教育社区化

学校教育社区化就是开展学校与社会的合作，创造机会将学校的教学资源和教育功能为社区民众共享。首先，学校资源包括体育、音乐、文化、娱乐等教学设施，在教学时间以外，可以作为社区成年人继续教育的条件与场所，其作用得以社区化发挥。在美国，利用学校资源开展社区活动是经常现象。另外，学校教育目标的设定、教学内容的安排、教学对象的分析和教学形式的计划等教育功能可以为社区成人教育实施提供借鉴和参考。1856 年美国辛辛那提市面向成人开办夜中学，一战后为大量涌入移民专门开设英语课等，都从社区的公立中学获得教育经验和协助。目前，美国各地公立中学还为社区成人教育提供职业课程和娱乐兴趣课程，其教育功能进一步延伸。在杜威教育思想的影响下，学校普遍重视体验和实践，鼓励学生在生活和社会中获取知识、才能和情操，使得美国学校与社会的联系较为紧密，学校教育都会自觉、直接地为社区建设和社区民众服务。

学校教育社区化有两种情况：依附公立学校开展社区教育和直接创办

社区学校(院)。美国公立学校在晚间或假期向社区民众提供教育服务,包括开设教学课程、研修讨论、讲演咨询、文化展览、体育活动等,多达47类200余种项目。这种情况下的课程内容广、种类多,学分制项目修满学分可获得文凭,非学分制项目则以提升职业技能或者培养家政、娱乐、品位为目的。专门服务于社区教育需求而创办的社区学校或社区学院与公立学校结构体系不同,其教育目标多样,教育对象广泛,教育内容宽泛,教育管理灵活。其中社区学校提供中等层次教育,社区学院提供高等层次教育,它们共同服务于社区教育需求,面向社区实际,效果卓越。

2.社区活动教育化

社区活动教育化是社区通过教育的形式组织活动,以期提升民众的文化水平、道德素养与工作能力,进而解决诸多社会问题,如贫困、医疗、戒毒等。这种意识来自社会福利组织的实践经验;美国福利事业发达,各类福利组织或机构以社区为单位提供各类服务和募捐筹集资金。社区活动在初始阶段更为突出服务性质,如济贫、助医等。伴随福利事业的不断发展和福利活动的增加,工作人员逐步意识到,单纯的服务工作无法从根本上解决众多的社会问题,社区民众文明程度的提升才是根本,随后社区活动的教育性质得以重视和推进。

社区活动教育化主要有两种途径。一种是社区机构借助某些组织,在社区活动中心为该社区居民提供有关医疗、保健、卫生、生理、心理健康等教育服务内容。这种教育服务主要是为了维护种族关系,帮助就业,保护环境,防治公害,抵制犯罪和保护公民权益等,以此协助社区培养居民环境适应和优化的能力,及时解决社会问题。这种教育的受众多是教育程度低、生活困难的人群。另一种是由工商企业单位和工商人士在社区内组织开展的社区教育服务。教育内容主要涉及教授工商管理方法、训练职业技术技艺、培养人际交往能力、组织休闲活动等,主要受众是会员、雇员、顾客等。这类服务的目的在于从整体上提高民众素养,同时也能发展公共关系,扩大企业的社会影响，进一步开拓业务。

3.公共事务群众化

公共事务群众化是指政府在推行涉及民众利益或习俗观念的各项公共事务政策时，为了提高民众的接受度和配合度，以便政策更好地造福于民，会对此类公共事务政策进行广泛的教育宣传，争取更多民众的理解和支持。这是因为美国移民众多，来自不同文化地区的移民种族、宗教各不相同，很难树立形成一致的公民意识。为此，宣传教育是关键，美国也在该方面积累了丰富经验，其中最为有效的方式便是通过社区教育推动政策实施。

公共事务群众化的实施通常是联邦政府机构或地方政府机构为了配合其推出的公共政策的具体内容和要求，以直接或间接的形式提供相关教育服务。因为公共事务涉及教育、卫生、消费、治安、福利等诸多方面，教育服务人员也需要接受培训，了解相关公共政策的制定、推行和实施全过程，以便引导民众更好地理解和接受。以社区为单位组织培训教育方便及时，对于美国颁布的政策法规都收获了良好的推广效果，因此在《训练就业综合法》《经济机会法》《示范城市法》等法规中都强调社区教育的有效性并规定以此为主要途径贯彻实施。

（三）美国“社区学院”产教融合职业教育的特点

1.重视立法工作，为产教融合提供法律保障

20 世纪 50 年代开始，美国政府出台了一系列法律制度明确规定了学校与企业之间的合作受到法律保护，并成立专项资金促进社区学院开展产教融合的相关项目，同时制定各种优惠政策鼓励产业部门参与社区学院的职业教育。联邦政府在促进社区学院产教融合方面，除了硬性的法律规定，还有相应的鼓励政策，给参与产教融合的企业一些优惠政策，增强了企业参与社区学院职业教育的积极性。社区学院地位得到提升，规模相应扩大，社区学院职业教育的功能得到强化。美国企业在政府政策鼓励参与社区学院的职业教育下，双方的合作关系日渐深入，输送了大量满足当地企业需

求的优秀人才。

2.依托“项目群”合作,以服务地方为目的

遍及全美的社区学院产教融合“项目群”,是系统化、规范化的产教融合项目体系,分为全国范围内大型的产教融合项目以及区域性的产教融合项目。如复制“P-TECH”(Pathways in Technology Early College High School)办学模式项目、学徒制办学项目、全美制造业者协会主导的“制造业者协会授权职业技能认证体系”项目、兴建制造业创新中心和制造业共同体几大类,比较成功的主要有:“校企协作专项资金”资助项目、“为美国未来奠定技能之基”促成项目、“从学院到职场”项目等。扎根于美国基层的社区学院,以服务地方经济为目的,立足于社区,服务于社区,其课程设置都是结合地方经济的发展需求,培养学生的职业技能。学生去企业进行实地参观与学习,能够了解行业企业的发展现状及推行的主流价值观,有利于学生进行正确的职业选择。

3.完善的董事会制度,搭建产教融合平台

美国社区学院实行董事会制度,董事会主要负责制定社区学院的发展方针,合理分配研究经费,接收居民的反馈意见以及协助院长处理相关事务。董事会的成员来源于各个行业领域,包括拍卖行、博物馆、建材、银行等,并接受各方面的监督。重要会议邀请社区成员参加,增加信息公开程度,是联系社区、学院、企业的桥梁。董事会当中的企业成员还能通过参与社区学院管理,获得更多产教融合项目的信息,扩大产教融合项目的规模,推动成立更多产教融合项目,促进企业与社区学院在各方面的合作。

4.以小企业服务中心为桥梁,产教融合形式多样

美国很多社区学院成立了小企业发展中心。例如雷恩社区学院的小企业发展中心,为企业提供应用型人才、专业技能培训以及信息咨询服务。社区学院设有经济学、财会学、物流管理学、领导学、企业管理学、办公技术、市场营销学等专业,涵盖小企业从创建、运营到管理一系列过程的相关课

程，为那些立志进入小企业工作的人才提供全方位的专业服务。

美国社区学院以小企业服务中心为桥梁，产教融合形式多样化，主要包括企业参与社区学院人才培养项目；社区学院师生参与企业的管理或者实际生产过程；企业管理人员进入学校董事会分享管理经验；企业中拥有高超职业技能的员工可以成为学校的兼职教师；社区学院帮助企业进行员工培训；企业捐助社区学院实验设备或者提供资金支持；企业为学院提供就业岗位促进学生就业等方式。

四、澳大利亚“TAFE”模式

（一）澳大利亚“TAFE”模式的概况

澳大利亚“TAFE”职业教育模式的全称是技术与继续教育（Technical and Further Education），为提供职业技术教育和培训的专门机构，简称TAFE，它由澳大利亚政府直接经营和管理，是一个提供全国性职业教育和培训的教育系统，涵盖职业教育、培训、继续教育，统筹劳动力培训、职业资格标准、职业教育，它与基础教育和普通高等教育衔接，相当于中国的职业学校、技校、中专、高等专科学校的综合体。自1973年，澳大利亚联邦政府成立了技术与继续教育委员会（Committee of Technical and Further Education）后，明确了要把技术教育与继续教育结合在一起，把学历教育与岗位培训联系起来，实行柔性的教育培训方式，专门从事技术员的学历教育。如今经历40年的动态发展，TAFE已经成为澳大利亚教育体系中的重要支柱，澳大利亚的6个州和2个领地均设有TAFE的院校，为全国各地学生提供统一完整的职业和非职业课程培训，且具有一定的规模，每年培养出一百多万有技能的学生走上社会或进入大学，以满足各行各业及每个学生的需要，是澳大利亚一直引以为荣的独特教育系统，也成为世界各国争相效仿的模式。

澳大利亚职业技术教育的专业和课程设置以行业组织制定的职业能力标准和国家统一的证书制度为依据，具体内容和安排由企业、专业团体、学院和教育部门联合制定，并根据劳动力市场变化情况不断修订。澳大利亚在TAFE系统就读的学生约127万，毕业后由澳大利亚政府颁发相应文凭，所有TAFE文凭资格全国互通和承认。其教学普遍坚持以能力为本位的指导思想，其培养目标更注重培养学生的职业能力，使他们能较快适应社会职业岗位的需要。该教学模式强调学生的主观能动性，教学组织方式极为灵活，学生可以按照自己的情况进行学习，学生不分年龄大小和学历层次，也不分职前职后。学生从TAFE学院毕业后可直接就业，也可进入大学继续学习相关专业。

（二）澳大利亚"TAFE"模式的内涵

和大学一样，"TAFE"模式是澳大利亚高等教育的一部分，而且是非常重要的一部分。其主要目的是培养具有较高专业知识和技术的人才，课程的设置注重专业和实用性，教学内容是教学工作与课堂教学的有机结合。"TAFE"教育不仅可以提供证书、文凭，还可以提供与大学相关的衔接课程。它可以为学生继续攻读学士学位甚至更高的学位提供良好的条件。因此，它在澳大利亚非常受欢迎，是未来职业发展的趋势，拿到"TAFE"文凭的毕业生可以直接进入每个行业当中大显身手。

经过先后几十年的不断研究、探索、实践和发展，该体系不断完善，目前已经形成统一的技能认证体系。该体系由澳大利亚资格框架——AQF（Australia Qualification Framework）、培训包——TP（Training Package& mutual recognized endorsed courses），以及澳大利亚质量培训框架——AQTF（Australia Quality Training Framework）三部分组成。

AQF（Australia Qualification Framework）是指澳大利亚资格认证框架，共分12级，规定了初等与中等教育、职业教育与培训、高等教育（大学）的分立与贯通，各类证书、文凭、学位之间相互沟通与衔接的具体标准等。中等教育、职业技术教育和高等教育之间是彼此衔接的，特别是职业技术教育的四级证书、文凭和高级文凭也得到高等教育的承认，在TAFE学院获得资格证书后，毕业生如果想继续进入大学深造，可以获得相应的学分豁免，即原先的 TAFE 学分可以折算成大学一年至一年半的课程。

TP(Training Package),即培训包。培训包由行业培训顾问委员会(ITAB)制定,经澳大利亚国家培训局批准后,行业培训顾问委员会向全国发布统一培训计划,明确了行业的资格体系和具体的技能标准。培训包主要由两部分组成:一部分是国家认证部分,主要包括能力标准、资格证书和评估指南等三项内容;另一部分是非国家认证部分,包括学习方法指导、评估材料和专业发展资料等三方面。培训包是澳大利亚国家职业技术教育培训体系的重要官方文件,也是 TAFE 学院开展职业教育和培训的"指南"。

AQTF 是指澳大利亚质量培训框架,是由澳大利亚国家培训局(ANTA)下设的国家培训质量委员会(NTQC)组织开发,并与州、领地的职业教育与培训管理机构和行业紧密合作,经部长委员会于 2001 年 6 月批准颁布的一套全国标准。根据社会发展和行业需求,国家对该框架定期加以修改和调整,最近一次是 2012 年 4 月。

AQTF 的目标是提供一套国家统一的高质量 VET 系统的基本标准,以确保已注册的培训组织(Registered Training Organizations)及其所颁发的资格证书得到全国的承认。AQTF 主要包括注册培训机构 RTO 的标准以及国家和地区注册及课程认证机构的标准。这两个标准又分别由若干个标准文件组成,从不同角度对 RTO 的资格标准、自我评估、课程开发、审核方法和要求等都做出了详细的规定,以确保培训的质量。

(三)澳大利亚"TAFE"模式的特点

澳大利亚"TAFE"模式具有以下几个明显的特点和优势:

1.政府牵头建立全国统一的资格标准体系

从职业技术教育的初建阶段开始,澳洲联邦政府及各州就一直致力于扮演政策协调和通过采用财政拨款等非强制性的行政手段来保障培训质量的角色,建立全国统一的资格标准体系,参与 TAFE 学院的布局设置、资金划拨以及培训实施等方面的管理;建立相应的部门和机构以加强职业教育和行业之间的紧密联系等,有力地推动和保障了职业教育的良性发展。

2.办学方式灵活与多样化

办学方式灵活与多样化主要体现在以下三个方面:

(1)学制和培训对象方面。学院的招生没有年龄上的限制,它突破了传统的一次性教育局限,建立了"学习——工作——再学习——再工作"的多循环的终身教育模式。

澳大利亚的TAFE课程包对学制和培训对象没有任何规定。学制从三个月到两年不等,根据培训的需要来具体确定,以修满规定的学分,具备相应的职业技能为准。同时,培训对象不受基础、年龄的限制,也没有严格的入学考试制度,只需接受过12年的基础教育就可以入学。因此,在TAFE学院,学员的年龄跨度很大,经常可以看到不同年龄层次的人一起学习,最小的只有十几岁,最大的可能已有五六十岁。但是攻读相同等级的学员一般在基础知识水平方面没有明显的差异,都处于同一"起跑线"。

此外,学生可以根据自己的时间表自由选择培训或学习时间。例如,有工作的学生可以选择离开培训、在职培训(计划学习和工作相关)或者分离培训和在职培训相结合。在校时间可以是全日制(Full-time)的,也可以是兼职学习(Part-time)的,可以根据管理信息系统由老师和学生自由选择,TAFE老师也可以根据公司要求的时间授课。

(2)课程设置和教学方式方面。TAFE的课程可以为不同年龄和行业的社会群体提供各种社会和行业改革的知识和技能。在课程安排上,提供分阶段和连续的课程,方便学生根据不同时间和不同需要选择课程。部分课程还可以提供学分减免、课程转换、与大学学位衔接等功能,为学生提供证书、文凭、行业技能培训等多功能立交桥教育培训平台,为学生提供终身学习的良好平台。TAFE的教学内容以培训包为标准,一般没有统一的教材,由各学校和任课教师自主选择教学内容,多以讲义和辅助资料为主,这也要求老师在授课的过程中与实际需求紧密结合。

TAFE课程采用多种灵活的教学方法和手段，以多种方式进行教学，如教室、工作场所、模拟工作场所、网络等。由于班级规模一般较小，平均人数约为20人，学生有很多机会在课堂上讨论和发言。教师的教学方法也很灵活。通常，学生是中心，实践是主要手段，职业技能是为所有愿意接受教育或培训的人提供有效服务的教学方向的核心。

（3）考核方式方面。TAFE课程采用多种考核方式，但是理论考核要求宽松，以实践能力的考核为主。每个培训包课程都有最低的能力考核要求，教师在建议的12种标准测试方法中至少选择两种以上的方式进行考核。这12种考核方法是：观测（Observation）、口试（Oral questioning）、角色扮演/模拟操作（Role-play/simulation）、第三者评价（Third-party report）、证明书（Portfolio）、面谈（Inter view）、自评（Self-evaluation）、案例分析（Case study）、工件制作（Product）、书面测试（Written test）、录像（Video）和其他（Others）。评价体系注重过程考核和结果考核相结合，但过程考核的比例高于结果考核。教师在授课前应明确告知学生进行课程评估的方法和具体时间安排。每门课程至少使用两种评估方法，每一种评估方法将最大限度地涵盖课程的学习内容。每个要素必须至少评估两次，这些方法能够全面、客观地考查课程的重点，强调学生平时的学习和数据积累，注重实践能力的培养。

课程考核的方式和手段要求符合有效性（Validity）、可靠性（Reliability）、灵活性（Flexibility）、公平性（Fairness），教师在遵循有效（Valid）、公平(Fair)、可靠（Reliable）、充分（Sufficient）、真实（Authentic）和现实（Current）等原则下收集相关资料，最后确定学生的考核结果。

因此，对于一些课程的考试，学员必须从一开始就认真准备材料，并在学习过程中注意培养和提高自己的实践能力。综合运用这些方法更有效地培养了学生的能力，考核结果更能准确地反映学生的实际能力。

3.行业主导，产学研一体化

强调与行业的紧密联系，充分发挥行业的主导作用，是澳大利亚职业技术教育的另一大特色。在职业教育改革探索的多年中，逐步形成了以产业为主导的职业教育体系，极大地支持和促进了TAFE的可持续发展，形成了产学研一体化的良好局面，也成为TAFE备受青睐和称赞的主要原因。

行业的主导作用具体表现在以下四个方面：

（1）主导有关宏观决策。在澳大利亚，国家和各州管理TAFE的组织机构，主要由来自行业内并代表行业意愿的人员组成。例如，代表澳大利亚联邦政府管理TAFE的澳大利亚国家培训管理局（ANTA）由来自政府、工业界和教育界的代表组成，其中大多数来自澳大利亚的支柱产业。其他重要机构，如联邦和州TAFE的行业和培训咨询委员会以及州TAFE服务部门大多由行业人士组成。这些机构在适应就业市场、满足企业需求、争取经费投入等TAFE发展的重大问题上作出的宏观决策，充分体现了行业的主导作用。

（2）参与办学的全过程。在TAFE学院的整个办学过程中，行业参与办学的全过程，具体表现在以下四个方面：制定学校办学操作规范、直接参与学校管理、丰富高校教师队伍和支持培训基地建设，为TAFE教育提供强大的动力和有效的保障。

（3）负责教学质量监督和评估。行业还负责定期对教学质量进行监督和评估。除每年对学校教学质量进行评估外，国家行业培训咨询委员会还经常对用人单位就职业教育和培训的满意度进行调查，企业会积极参与这种调查，提供对职业教育和培训的意见和建议。1999—2000年，对6000家公司的雇主进行的调查显示，83%的雇主对TAFE感到满意，74%的雇主认为培训的价值已体现在员工素质和生产力的提高上。

（4）政府立法规定企业用于员工培训的资金。从20世纪90年代中期开始，澳大利亚政府就通过立法规定企业必须拿出相当于工资总额2%的资金用于职业培训，从时间上来看，其实一般企业都已大大超过了这个比例。企业培训一般由企业先提出员工培训的需求和目标，或者由企业采用招标方式来进行，TAFE派人与企业内专职培训教师共同研讨、制定培训项目数，包括课程设置、课时安排、教材选取、考核与评估、时间、场地、费用等，经公司认可后，由 TAFE 照此实施。

各州还设有行业培训委员会作为培训机构顾问，发挥桥梁和纽带的作用。产业培训理事会一头连着产业，另一头连着国家培训管理局、各州教育培训部及其 TAFE 学院。以这种方式开展的职业教育和培训，使 TAFE 学院与企业相互依托、相互支持、共同发展。一方面，行业根据用人单位的特殊培训需求，将培训分配给 TAFE 学院。据估计，该行业每年在各种形式的培训上花费约 25 亿澳元。另一方面，学院也必须依靠企业，为企业"雇主"服务。

五、日本"产学官"产教融合模式

（一）日本"产学官"产教融合模式的概况

日本产教融合被称为"产学官"合作模式，被世界公认为当今职业教育成功的典范。从明治维新初期开始萌芽，它经历了一个长期的演变过程，经过多年的探索和发展，已取得举世瞩目的成就。

日本"产学官"合作模式经历了三个阶段：第一个阶段（二战后初期至 20 世纪 70 年代初）为"产学官"合作政策从管制转向缓和的阶段。第二个阶段（20 世纪 70 年代中后期至 80 年代末）是支持"产学官"合作政策开始出台阶段。从 20 世纪 70 年代开始，日本实行国家项目管理制度，促进了以个人参加为主的"产学官"合作。1980 年日本提出技术立国战略之后，"产学官"合作发展更加迅速。第三个阶段（20 世纪 90 年代初至今）是"产学官"合作体制、机制规范化阶段。自 20 世纪 90 年代初开始，为适应社会和产业界对"产学官"合作的要求，日本政府于 1995 年颁布了《日本科学技术基本法》之后针对如何促进"产学官"合作提出了若干对策，比如 1996 年的第一期科学技术基本计划和 1998 年文部科学省的《21 世纪的大学和今后的改革的对策》等。从产学合作的萌芽到进入 21 世纪以来，日本"产学官"合作模式始终坚持以政府为主导的模式，"日本政府对职业教育起着绝对的宏观调控和管理作用"。

（二）日本“产学官”产教融合模式的内涵

我国学者在研究日本“产学官”合作问题时，对于“官”的内涵阐释有三种观点：第一种观点认为“官”是指国立研究机构，其主要作用是承担周期长、风险大、费用高的研究课题；第二种观点认为“官”包括政府管理部门以及国立研究机构，除了国立研究机构的作用外还要承担制定“产学官”合作的政策措施与战略方针等重任；第三种观点则认为“官”只包括政府部门，而国立研究机构应归属于“学”这一主体。前两种观点多受我国以企业、大学、科研院所构成的“产学研”合作三方主体的影响。在科技行政体制改革前，国立研究机构归属于科技厅管辖、大学归属于文部省管辖，这种状况下确实存在国立研究机构作为“官”的一部分来发挥作用的情况，但随着2001年科技厅的解体，大学与国立研究机构的“学”由文部科学省管辖，“产”则由经济产业省管辖，“官”指政府职能部门的“产学官”三方合作主体得以形成。

（三）日本“产学官”产教融合模式的特点

1.日本政府立法保障“产学官”合作

日本政府高度重视相关立法工作，通过中央和地方立法机关制定法律法规，使产教融合有章可循，有法可依。有关产教融合的法律主要有《职业介绍法》《职业安全法》《雇佣对策法》《工厂法》《职业训练法》《产业教育振兴法》《职业教育法》《学校教育法》以及《社会教育法》等。1985年，日本政府修订了《职业训练法》并将其更名为《职业能力开发促进法》。该法的出台成为日本职业教育产教融合基本法的一个标志。其目的是实施职业培训和技能鉴定以促进发展，提高专业技术人员的能力，为经济社会发展做出贡献。

2006年日本政府出台了“实习并用职业训练制度”，并将其写进了新修订的《职业能力开发促进法》，同时配合修订了《中小企业劳动力确保法》，以确保政府对实施“实习并用职业训练制度”的中小企业及事业团体提供资金、政策等方面的支持。政府还制定了《创造性科学技术推进制度》《科学技术基本法》《产业技术力量强化法》《研究交流促进法》等法案来促进校企合作。

日本高等职业教育立法经历了一个不断发展和完善的过程。这些法律不仅体现在产教融合的具体环节,而且体现在产教融合的责任以及实习生的劳动报酬和劳动保障方面。法律法规具有约束力,从制度的角度保证了日本产教融合的顺利推进,促进了日本职业教育乃至日本产业的发展。

2.提供财政支持推进“产学官”合作

从日本高等职业教育产教融合的发展来看,政府提供财政支持推进了“产学官”合作的成功发展。从某种意义上说,日本的财政支持也是最有效的教育政策。日本职业培训经费由国家、地方政府和企业共同承担。其中公立学校的职业培训经费50%来自国家资金的支持;企业办学的职业培训经费占学校办学经费的三分之一。

《科学技术基本法》《产业技术力量强化法》等政策规定了政府对校企双方合作应尽的职责,为合作企业提供了优惠政策。《职业能力开发促进法》中规定实施“实习并用职业训练制度”,招募年轻人开展职业技能培训,可以获得“能力开发助成金”,其额度为内部培训成本和职业教育机构培训成本的一半,但每个公司最多不超过500万日元;实施“实习并用职业训练制度”的中小企业和企业集团可以在高职院校招收学生并进行试用,均可获得额度每人每月4万的“试行雇佣奖励金”,最多可支付3个月;同时,还对接收实习生的企业给予相应的税收优惠政策等。

2003年颁布的《特别共同试验研究税额扣除制度》规定,企业可以与高校、公共科研机构联合研究或委托研究,共同减免相当于研究开发总成本12%的税收。《增加试验税制的适用延长期》中规定,企业可以延长减免额的期限,也可以根据实际情况灵活选择减免额的时间。

3.创办中介机构支持“产学官”合作

日本政府的一系列优惠政策和财政支持,鼓励和促进了社会各界特别是企业界积极支持和参与职业教育,形成了良好的校企合作驱动机制。为了促进产学研合作，日本政府主导成立了许多中介组织和机构。文部科学省技术研究所和三菱综合研究所的联合统计显示，日本近90%的国立大学、60%的公立大学和40%的私立大学都建立了产学研合作窗口。1999—2004年，各高校科研机构共建立了354个产学研合作窗口。

为了改善日本公司、企业与高职院校之间相对封闭的状态，日本政府建立了“科学技术振兴事业团”，逐步建立了开放的产学研合作网络体系，为校企合作搭建交流与合作平台。同时，学校牵头组建了由政府部门、教育部门、企业专家、中介机构等组成的校企合作评估机构，定期监测和评估校企合作项目的运作过程和成果，确保产教融合的有效性。同时，这些监督评估机构也对学校的财务分配进行监督，具有独立制定行业标准和学校标准的权力，在产学研合作中发挥着重要作用。

六、新加坡“教学工厂”模式

（一）新加坡“教学工厂”模式的概况

新加坡职业教育体系是一体化模式，新加坡有5个理工学院，相当于我国的高等职业教育范畴。新加坡“教学工厂”教育模式即把教学和工厂紧密结合起来，把学校按工厂模式办，把工厂按学校模式办，将实际的企业环境引入教学环境中，在学校环境中营造一个企业环境，让学生通过生产，真实与客户有业务往来，学到实际知识和技能。可以说，“教学工厂”教育模式就是新加坡式的“双元制”职业教育模式。在他们的教育模式中，课程是以学年而不是以学期安排的。新生入学先选择院系，学生第一年为基础课，让学生掌握宽广的基本理论知识；第二年根据自己的兴趣及成绩再选择专业；第三年分两个半年，一个半年学习应用性课程，另一个半年搞工业项目设计。具体做法如下：理工学院一、二年级学生，学习基本专业课程后进入基础技能训练，同一系的学生在前两年的课程是一样的；三年级学生依照自己的专业方向进入有关“工业项目组”实际生产操作，这种“工业项目组”实际上就是由社会行业企业与学校联合办的生产车间，其目的是教学和技能训练，即"教学工厂"，学校从生产厂家承揽工业项目，生产厂家以提供或借用的方式在学校装备一个和实际工厂完全一样的生产车间，学生在教师和企业师傅的指导下训练，进入实际生产操作。对于工业项目的取得，可由学校统一承揽，也可由学生自选课题，但都必须能够充分运用所学的理论知识，通过实际生产学会毕业后所从事职业岗位必须掌握的基本技能。工业项目生产活动紧紧围绕着专业目标，不以营利为目的，但必须进行成本核算，以微利为原则。

（二）新加坡"教学工厂"模式的内涵

什么是"教学工厂"？新加坡的"教学工厂"并不是我们传统意义上的教学实习工厂，而是将教学和工厂紧密地结合起来，即"把学校按工厂模式办，给学生一个类似于工厂的学习环境，让学生通过真实的生产和实际的项目设计，直接学到实际的知识和技能"。其具体做法是："学校从生产厂家承揽工业生产项目作为学生毕业设计的课题。生产厂家以提供或借用的方式在学校装备一个完全与实际工厂一样的生产车间，学生在教师（组织项目并讲课）和工人师傅的指导和训练下进行实际生产操作。"因此，"教学工厂"教学模式不但能让学生巩固所学的理论知识，而且通过实际生产，学生可学会未来上岗所必须掌握的基本技能，真正做到了"学以致用"。学生所做的项目是企业当前最需要开发的实际项目，学生在"教学工厂"里所生产的产品是企业正在生产和销售的产品。从某种意义上说"教学工厂"是真正意义上的产教融合机制。

国内有专家认为，"教学工厂"模式不只是"学生毕业设计的课题"，而是贯穿整个职业学校的教学过程。

"教学工厂"是20世纪80年代初由南洋理工学院院长林靖东提出的一种教学模式，它是把教学和生产实际紧密结合，使学校工厂化，给学生一个生产环境，让学生通过实践学到实际知识和技能。其具体做法是：理工学院三年级和工艺教育学院二年级的学生按专业方向进入有关"工业项目组"

进行实际操作，项目可由学校统一从厂家承揽或由学生自选，生产车间由厂家在学校装备，学生在教师和师傅指导下实际操作。这种模式与我国教学实习的区别在于：一是强调学生的独立操作；二是项目的完成过程必须进行成本核算，以不蚀本并有微利为原则，使学生得到真正的生产经营训练。

新加坡南洋理工学院通过短短的17年办学时间，就形成了“4C”的特色，即组织文化（Culture）、创新理念（Concept）、专能开发（Capability）及校企政联系（Connection），在职业教育领域取得了卓著的成效，很多方面值得我们借鉴和学习，其中“教学工厂”模式是其办学理念的精髓。

（三）新加坡“教学工厂”模式的特点

1.强调实践性教学

非常重视学生的实践教学是“教学工厂”的基本教学思想。学校在同一学年的任何一个学期，都有学生和课程与学期项目对接的机会，所谓学期项目就是指实践项目。在与学期项目对接后，学生能够参与和进行工业项目的开发与研究，从而保证将学生技能培养贯穿于教学的全过程。一般理工学院的学生每学期有8周时间到工厂企业去实习，且工厂企业对每个学生都会有考核评估，还会对毕业生的工业项目设计进行为期6个月的指导。在第三年的6个月中，学生每周用40小时做工业项目，周六下午要去工厂实习。在整个3年在校期间的课程设计中，实践部分占比70%，理论部分占比30%。在新加坡工作的民众都要接受职业技术培训，这是新加坡政府明确规定的。在政府任职方面，新加坡逐步以技术专家取代政治鼓动家；在企业管理方面，企业雇主十分重用那些经过培训的技术高手和管理能人。

2.注重校企深度融合

新加坡职业院校适应职业教育规律和国家行业发展需要，紧密融合企业，甚至让企业深度介入学院的日常管理和教学业务。在“教学工厂”教育模式中，新加坡倡导企业为职业院校提供宽裕的资金和先进的教学设备，直接在职业院校建立实验室和实训基地，便于学生快速熟悉和充分利用这些设备。为了学生尽快实现人生角色转换，学生也可到合作企业实习，企业还给予学生一定补贴。另外，由职业院校负责企业对市场需求的项目、业务、工作任务，为了更有效地锻炼学生的工作能力，学校会安排专业教师或导师指导学生实施和完成，既减低企业的人力成本，又为学生提供真实的工作场景和实际任务。企业还直接参与职业院校的专业建设、课程改革、科技开发、社会服务等，并按企业的人才需求，与校方共同制订教学计划和培养目标。

3."双师型"教师素质扎实

新加坡职业院校对教师的选拔、培训十分严格，普遍重视"双师型"教师队伍建设。职业院校招聘时要求专业教师至少有3年以上在企业工作的经历，大学本科以上学历等，所以大部分的专业教师都曾经是企业的业务主管或技术骨干。同时，职业院校重视教师的知识更新，鼓励教师研发科技项目，让教师不断领受社会或企业的业务。一般教师被录用后，每年还要参加各种教学业务培训，专业教师每2~3年就要到企业接受6个月或一年的培训。院校同时采取各种措施吸引校外工程师或行业内的技术人员到校担任兼职教师，充实学校的师资队伍。学院采用学生集体评议方式来评价教师的教学质量，学校根据学生评议情况进行核查，经过核查考评不合格教师将会被解聘或转岗，这些措施都保证了职业教师的专业素养和教学质量。

4.教学方法灵活

新加坡"教学工厂"职业教育模式遵从以能力为本位的教育理念，教学过程中普遍突出"以学生为中心"的教学理念。教师在教学组织过程中不依赖教材，而是根据学生的特点、需求来制订教学计划和内容，教学目的在于培养学生的职业能力和岗位素质。其中"双轨制"教学组织模式使教学设备、师资和企业得到充分利用，灵活安排课程，使综合效益最大化，随时可以保证学校与企业合作，进行项目开发与研究，确保企业项目的完成和企业实习岗位的连续性，培养了学生的项目研究能力，使他们在毕业时能达到企业的需求。新加坡职业教育强调学生的实际操作能力，在教学过程中，往往要求学生先进行技能操作，再学习理论知识，这种“先会后懂”的教学方法，实质上突出了“理论从实践中来”，有助于学生深入浅出地领会理论。从重视教法转变为重视学法，注重对学生的指导，辅导课和实践课人数一般在20人以内，这样就最大限度地保证了对学生个性化指导的质量，这是新加坡职业教育的一个突出亮点。

5.国家高度重视职业教育

新加坡十分重视职业教育工作，把教育培训和技能发展摆在显著位置。首先，新加坡通过立法全面推进职业技术教育。全国设有一个严格的考试制度，想要从事技能职业就必须通过技术职业考试取得相应的证书，职业技术水平和待遇挂钩。新加坡把员工培训纳入国家的教育系统培训，规定一级技工证书相当于大学毕业水平，以此来鼓励员工参与培训。另外，新加坡在行政领导、经费投入等方面保证了职业技术教育的重要战略地位。政府对工艺教育学院大力扶持，每年拨款1亿新币作为行政办公费用，每年投资1000多万新币的年度拨款用于职业培训。例如，1994年至2005年，新加坡的教育开支从33亿元(新币)增加至61亿元(新币)，增幅近1倍。在61亿元(新币)中，超过10亿元(新币)投资在理工学院及工艺教育。

第二节 国内产教融合的发展

职业教育与产业之间的联系是相伴而生的，它们之间的关系不仅是产业细化的需要，也是产业细化逐渐专业化发展的必然结果。产业细化在很大程度上促成了职业教育作为独立教育类型的出现，也提高了职业教育的效率，但是专业化分工也在一定程度上造成了教育与产业之间天然联系的断裂，职业教育逐渐游离出产业环境，并且有愈行愈远的趋势。为拉近两者的距离，并让其在新的发展阶段重现先天融合的状况，必然需要社会力量的助推，尤其是政府与相关部门的政策支持，将成为必不可少的主导助推力。然而，目前已有政策，对于提升职业教育中产教融合的效果并不明显。无论是中观的校企合作还是微观的工学结合，都没有达到预想的效果。正是基于此，研究已有政策的历史变迁、分析政策产生的脉络及其存在的问题，对于完善产教融合的政策支持系统具有十分重要的意义。

"产"就是对"产业"的简称，从传统意义上来说，产业主要是指经济社会物质生产部门，随着产业细化和生产力的不断发展，产业的内涵不断充实，外延也不断扩展，产业是指利益相互联系、具有不同分工的各个相关行业所组成的业态总称，泛指一切生产物质产品和提供劳务活动的集合性组织；"教"即"教育"，在此特指职业教育，是指人类产业细化发展到一定程度后，为满足社会再生产发展，产业对人才素质提出的专业化要求而产生的独立部门，其目的主要在于为社会各行各业培养所需要的人才；"融合"指的是两种或多种不同事物合成一体，是指相关事物之间主要发生质的变化，并成为一种新事物，这种新事物在形式、内容方面可能不同于原有事物，产教融合的水平有所提升和改变正是基于此。"产教融合"是指职业教育与物质生产、社会服务等行业共同开展生产、服务和教育活动，并且形成不同于单纯的教育与产业的另一种组织结构。此组织的核心是从事教育、物质生产或社会服务工作，并为产业部门提供合格、成熟的人才。其不同于校企合作中用人单位和高校权、责、利的分配，而是必须形成一个具有不同于学校或者企业功能的新的组织。这个新组织承担起学校毕业生顺利走向工作岗位且能胜任工作的重任，是学校和产业之间有效衔接的桥梁。正是基于此，制定适合此组织发展的支持政策，对于产教融合组织的形成和发展具有十分重要的意义。

一、我国产教融合的历史发展

（一）洋务运动时期（1860—1911 年）

中国近代工业化进程发端于洋务运动。19 世纪 60 年代开始，工业化大生产、技术进步、民族资本主义产生以及急剧转变的社会形态在不断寻求技能人才支撑的过程中，催生了中国产教结合的萌芽。当时产教结合的结构、功能、内容架构在理论和实践探索中蕴含着现代产教结合的基本元素。该阶段的产教结合在模式上主要通过工学并举、勤工俭学的模式展开；在内容上开始有组织、有规模地传授工业化生产知识和技能；在组织管理上以实业学堂、实习工场为主要实施形式。

这一时期的产教结合注重了理论与实践的双重探索，学校形态的职业教育开始出现，相关制度开始建设，实业教育教育思想产生。洋务运动伊始，伴随着洋务实业的创办，大量实业学堂兴起，以弥补近代工业化进程中实业人才的匮乏。该阶段涌现出一批比较有代表性的思想家、实业家、政治家。张之洞、张謇、周学熙等本着"实业兴国、教育兴国"理念开展了丰富的实业教育探索与思考，为中国产教结合的肇始做了萌芽性的探索。

表现为：一是"讲习与历练兼之"的产教结合。代表人物为张之洞、张百熙等。张之洞认为实业教育是振兴农、工、商各项实业的重要途径。1904 年在丰富的实业学堂实践基础上，张之洞与张百熙等人拟定完成了《奏定学堂章程》（史称癸卯学制），其中《实业学堂通则》明确规定"通商繁盛之区，宜设商业学堂；富于出产之区，宜设工艺学堂；富于海错之区，宜设水产学堂"，将学校选址与区域主要产业布局密切结合。教学上规定，各学堂都应配备实习场所和实习器具，包括高等农业学堂的"肥料制造场、农事实验场、各种实习室、农具室"；高等工业学堂的实习工场；高等商船学堂的"练船坞及实习练船"。

二是“实业与教育互相为用”的产教结合。代表人物为张謇。张謇致力于“国泰民安”的政治理想，一边广办实业，一边大力发展实业教育，还参与创立中华职业教育社。他认为实业和教育二者之间有着“至密至亲”的关系，强调“苟欲兴工，必先兴学”，“夫工业发达，工学终效之征也，则工学之构成，亦工业历试之绩”，“以实业辅助教育，以教育改良实业，实业之所至即教育之所至”，并指出“教育必资于经费，经费惟取诸实业，所谓实业为教育之母也”。在具体教学模式上认为“若农工实业皆有实习，皆须致力理化”，要求“凡毕业学生，春季实习及旅行参观实业发达区域工厂、公司、学校等以资借鉴”。

三是“工学并举”“相辅而成”的产教结合。代表人物为周学熙。周学熙认为兴学为“振兴工商之基”，“工艺非学不兴，学非工艺不显”。他先后成立了实习工场、劝业铁厂、高等工业学堂等，主张“工学并举”，“工厂之设与工业学堂联为一气”，“以工场为工业学生试验、制造之所，而学堂各科教习，即可为工场工徒讲课之师，相辅而行，收效甚速”。强调教学做合一，“既习其理，又习其器”。

（二）“中华民国”时期（1912—1949年）

民国初年政府鼓励发展实业，面粉业、纺织业等轻工业发展迅速，但由于技术的落后，重工业发展缓慢。民族工业对技能型人才的迫切需要为职业教育发展提供了契机。民国初期在“教育救国”理念指引下，同时受国际上杜威实用主义教育理念影响，职业教育经历了短暂的黄金期，产教结合的理论内涵有了较为系统的体现，实践中强调“实利”和“民生”，注重教学过程的做学合一。

1927年后革命根据地出现，把农业生产放在第一位，还兴办了一些军用工业和民用工业，红色政权的巩固需要大量懂生产、有知识与技能的人才，边劳动边学习成为该时期的主要特色，在另一个侧面为产教结合从劳动与教育结合角度做了新探索。

20世纪以来受半殖民地半封建局面加剧的影响，中国早期现代化进程受到延滞，国家陷入民穷财尽状态，一批批仁人志士投身于救国救民大潮。陆费逵、黄炎培、陶行知、毛泽东、徐特立等一批教育家、政治家为中国产教结合做了不同的探索。

一是基于“实利主义”的产教结合。重视职业教育在改善生计、养成人格方面的功能。代表人物陆费逵。陆费逵没有直接提及产教结合，但他的实利主义教育思想推动了民国初年实业学校的兴盛，都蕴含了建立在当时工业基础上的产教结合宗旨和功能。他的《民国教育方针当采实利主义》一文将实利主义作为“教育救国”的“对症之药”，以防范出现“他国之实业，将充斥于吾国”的忧患。他认为“国民生计之赢绌，恃职业教育”，如果只宣讲世界观教育、美育等，“则如惰农之治田，不知耕锄，不知培植”。陆费逵寄希望于通过实利主义教育沟通“劳心”与“劳力”两个阶级，“使普通人民具生活之知识技能，俊秀之士备智慧监督之才”。他认为人格的养成也依赖于实利主义教育，“举凡一切为人德义，实利主义之教育无不含之”。

二是基于“有业”“乐业”的产教结合。重视产教结合对增进生产力的作用，倡导产教联办，做学合一，代表人物黄炎培。黄炎培提出职业教育要“使无业者有业，使有业者乐业”，要为个人发展、谋生、服务社会、国家及世界增进生产力做准备。认为职业教育应该“理论与实习并重，知识与技能并重”，“职业教育的目的乃在养成实际的、有效的生产能力”，指出了教育与增进生产力关系。黄炎培强调“手脑并用、做学合一”的原则，他发起的中华职教社在全国举办各种层次职业教育机构100多所，明确“本校特重实习，生徒半日授课、半日工作，务期各种技能达到熟练的程度”。倡导“产教联办”，职业学校都办工厂（场）、农场、商店、蚕场、林果场等，为师生提供实践场地。1935年中华职教社还与荣氏兄弟（荣德生、荣宗敏）企业合作，在无锡申新三厂办理劳工自治区，对工人施以文化技术教育，树立了校企合作办学模式的范例。

三是基于“生利主义”的产教结合。探索了产教结合中“生利”的内涵，师资的产业经验、设施的职业界来源，重视课程上的教学做合一，代表人物陶行知。陶行知在其《生利主义之职业教育》提出，“职业以生利为作用，故职业教育应以生利为主义”。“生利有二种：一曰生有利之物，如农产谷，工制器是；二曰生有利之事，如商通有无，医生治病是。前者以物利群，后者以事利群。”大致界定了产教结合中“产”的内涵。他重视生利主义教育的师资、设备、课程。认为“经验、学术、教法三者皆为职业教师所必具之要事，然三者之中，经验尤为根本焉”，蕴含了“双师型”师资要求，并偏重产业经验。他提出职业教育“必先有种种设备，以应所攻各业之需求”，“有生利之设备，方可以教职业”。“职业学校之生利设备可分为二种：一自有之设备，二利用职业界之设备”，探讨了职业教育基础设施的意义及来源。在产教结合内容上，陶行知始终强调“教学做合一”，在晓庄师范学校校内设有农艺馆、工场、畜牧场、合作社等，还办“晓庄茶园和木匠店”。他认为，“职业学校之课程，应以一事之始终为一课”；要设立“职业实习科”，“包含农工商及其他业之要事于一课程，凡学生皆使躬亲历试之”。

四是基于“生产劳动与工农相结合”的产教结合。将产教结合与根据地区域的发展战略、革命需要相结合。代表人物是毛泽东、徐特立等。1927年开始，共产党开辟了革命根据地。在根据地里倡导工农教育，以实现“知识分子劳动化”和“劳动人民知识化”。1939年，毛泽东赞扬延安等地学校青年实行生产劳动与工农相结合的做法，提出了“一面工作，一面生产，一面学习”，“发展人民的与机关部队学校的农业、工业、合作社运动”。徐特立主张培养“劳力与劳心并进，手和脑并用”的一代新人，“使学校同生产劳动密切联系起来，在教育教学过程中，要使学生参加劳动、勤工俭学和半工（农）半读”。这些主张中既从宏观战略上重视产教结合，又在微观教学方面把握了产教结合中教育与生产相结合的基本原则。革命胜利后，重视教育与劳动相结合的产教结合思想得以延续。

（三）新中国成立至1977年（1949—1977年）

新中国成立后，中国工业经济在探索和调整中实现了跨越式发展，1949—1977年，产教结合初步进入国家教育战略部署，探索出了有中国特色的“半工半读学校制度”。

新中国成立后，国家实行优先发展工业战略，为适应经济建设发展对有知识和技能的迫切需求，刘少奇提出“两种劳动制度、两种教育制度”的主张，要求大力发展半工（农）半读职业技术学校和业余学校。1958年毛泽东在《工作方法（草案）》中要求，“一切中等技术学校和技工学校，凡是可能的，一律试办工厂或者农场，进行生产，做到自给或半自给，学生实行半工半读”。1958年2月，一届人大五次会议上《关于1958年国民经济计划草案的报告》正式提出“今后要有步骤地实行半工半读的教育制度”。首次从国民经济规划层面明确了产教结合的具体实现制度。同年5月，全国第一所厂办半工半读学校在天津建立。随后，刘少奇发表《我国应有两种教育制度、两种劳动制度》的讲话。自此，全国各地半工半读学校开始发展起来。1958年9月，中共中央、国务院发出《关于教育工作的指示》，要求“国家办学与厂矿、企业、农业合作社办学并举；全日制与半工半读业余学校并举”；周恩来也曾指示“工交财贸系统的厂矿、企业单位和大农场、林场办，国家也要直接办，军队也可以办一点”，指明了产教结合的办学主体。“大跃进”运动初期，半工半读制度时断时续。1964年8月，刘少奇在党内报告会和广西壮族自治区干部会议上继续呼吁实施半工半读。但“文化大革命”期间，半工半读制度遭到批判，出现了以生产劳动取代学校教育的局面，偏离了产教结合思想的初衷，产教结合进程停滞甚至倒退，与国民经济的发展需要严重脱节。

（四）恢复发展时期（1978—1995年）

1978—1995年，这段时期为产教政策探索发展初期，这段时期是从1977年我国恢复高考制度至1996年《中华人民共和国职业教育法》（以下简称

《职业教育法》)颁布之前的一段时期。1978—1995年,我国职业教育(职业大学)经历了从恢复到发展,再到停滞的不同历程。从现代职业教育体系的构成来看,这一时期可以归于我国职业教育探索发展的初期,国家政策以推动中等职业教育的市场化为主。1978年后,中共中央、国务院等相继发布了一系列文件,表明了对发展职业教育的重视。

1980年,国务院批转教育部、国家劳动总局《关于中等教育结构改革的报告》(国发〔1980〕252号),提出改办普通高中,同时鼓励各行各业举办职业(技术)学校,有条件的大中城市还可以试办职业技术教育中心,这明确规定了中等职业学校的发展途径。政府通过给学校拨款以及给予社会力量相关优惠政策等途径来支持职业院校的发展。比如:1983—1985年,中央财政共划拨了1.5亿元的职业教育补助经费以支持职业教育的发展;且减免校办工厂的税收,鼓励企业投资职业教育;同时也充分发挥社会中介组织的力量,使中介组织成为学校和社会衔接的桥梁,将学校招生就业工作与市场产业很好地衔接起来。此时,政府是职业教育政策的主要制定者和推动者,其目的在于确立职业教育的合法地位,从社会吸收办学资源,并将毕业生投放市场,为国民经济社会发展服务,带有很强的计划培养特点。

1991年10月,国务院发布了《关于大力发展职业技术教育的决定》(国发〔1991〕55号),明确提出职业教育要为本地经济服务,在农村要重视办好直接为农林牧业服务特别是与发展粮棉油生产有关的专业,在城市要根据国家产业政策加强技术工人的培养,而且要积极办好适应城市商业与各类服务业发展需要的职业技术教育。

1993年2月,中共中央、国务院印发了《中国教育改革和发展纲要》(中发〔1993〕3号),提出"必须坚持教育为社会主义现代化建设服务,与生产劳动相结合,自觉地服从和服务于经济建设这个中心,促进社会的全面进步。必须充分发挥各级政府、社会各方面和人民群众的办学积极性,坚持以财政拨款为主、多渠道筹措教育经费。必须从我国国情出发,根据统一性和多样性相结合的原则，实行多种形式办学，培养多种规格人才，走出符合我国和各地区实际的发展教育的路子。这些主要原则，需要在今后的实践中进一步丰富和发展”“要使高校真正成为面向社会自主办学的法人实体”，标志着高教政策由国家本位向市场本位的演进。

1994年7月，国务院印发了《关于〈中国教育改革和发展纲要〉的实施意见》（国发〔1994〕39号），指出中心城市的行业与每个县，都应该办好一两所适合本地区发展特点的中等骨干职业学校或培训中心，并与大量形式多样化的短期培训相结合，形成职业技术教育的网络，并充分调动各界的积极性，形成全社会兴办多层次、多形式职业技术教育的局面。

由于这一时期职业教育发展处于从停滞状态走向恢复的时期，职业教育本身还存在许多问题，自身难以吸引产业参与，同时对产业的敏感度也不高。因而这一时期产教结合主要依靠政府的主导和安排，政府对职业学校实行拨款以及给予社会力量优惠政策等以推动职业学校的发展。这一时期也可以称为“政府主导的产教融合政策时期”。这种国家本位政策在当时的社会经济发展水平之下是有其存在的理由的，也曾一度取得了产教结合的良好效果。这一时期中等职业学校的招生人数持续上升，1996年达到了188.91万人。中等职业学校毕业生与用人单位的要求较为吻合，很受市场欢迎，一度出现了争抢和提前预订的局面。但政府导向的政策制度也存在弊端，即职业学校对政府形成了强烈依赖，在政府政策及相关配套改革工作滞后的情况下，20世纪90年代后期职业教育发展开始出现停滞甚至衰落的状态，招生数量持续下滑，1998年我国中等职业学校约2200所，除普通中专约1200人外，其他几类学校校均规模只有500人左右。产教联系逐渐脆弱，职业教育发展难以适应产业发展步伐，职业教育陷入了前所未有的困境。

（五）探索改革时期（1996—2009年）

1996年开始，国家针对职业教育中出现的问题颁布了一系列政策以促进职业教育的改革和发展。1996年5月，国家颁布了《中华人民共和国职业教育法》(1996年5月15日中华人民共和国主席令第69号)，并在第二十三条中明确规定：职业教育应当实行产教结合，确立了产教结合的法律地位。为贯彻这一法律，1998年3月，国家教育委员会、国家经济贸易委员会、劳动部联合颁布了《关于实施〈职业教育法〉加快发展职业教育的若干意见》(教职〔1998〕2号)，这一文件对贯彻产教结合进行了工作部署。文件用大量文字阐明了贯彻产教结合的原则，明确提出"企业要依法承担实施职业教育的义务""在实施职业教育的过程中，坚持教学与生产劳动相结合，切实加强生产实习、职业技能训练和实践性教学环节，使培养的人才更加适合企业与社会的需要"，并对"支持职业学校和培训机构发展校办产业"等进行了工作部署。

1998年8月，国家颁布了《中华人民共和国高等教育法》(以下简称《高等教育法》)，标志着市场本位政策的正式确立，高等教育的管理权限从中央向地方转移，高校自主办学权力逐渐扩大，由此也意味着高等教育体系的内部环境发生了深刻变化，学校与政府、行业、企业的关系也发生了深刻变化。随着经济体制的改革发展，国家开始对高校管理体制与运行机制进行改革。首先，政府的教育职能逐渐缩小，确立了市场治理模式，对高等教育的直接投入逐渐减少。根据中国教育统计年鉴中的相关数据，1999—2005年，高校生预算内经费支出从2962.37元降至2237.57元，许多学校都曾一度面临严重的经费问题。数据显示，中等职业学校办学经费虽有增加的趋势，即从1999年的228.58元增加到了2005年的336.66元，但从生均支出数额上可以看出，国家政策更加倾向于普通本科高校，其生均开支将近中等职业教育的1倍，职业学校办学经费困难。其次，许多学校脱离行业、企业的管理，成为独立的办学主体，同时行业部门、企业组织对于职业教育发展的职能也被弱化，行业指导、企业参与职业教育的活动也越来越少，产教结合的良好势头也没有得到进一步发展，市场对于职业教育的认可度也逐渐降低。最后，随着《高等教育法》的实施，高等教育体系中引入了市场机制，所有学校都需要在市场中获取办学资源，尤其在其他高等学校自身实力不断提升的情况下，职业教育生存和发展的空间受到了来自教育体系内部的挤压而逐渐缩小。另外，职业教育自身办学力量薄弱，社会地位不高，职业教育体系中缺乏上下贯通的发展道路，社会认可度进一步降低，在市场竞争中总是处于劣势地位，无法获得政府和产业部门有效的政策支持，产教之间缺乏有效衔接的桥梁，产教结合也由此陷入困境。

2002 年，国务院颁布《关于大力推进职业教育改革与发展的决定》（国发〔2002〕16 号），明确指出：企业应与职业学校加强合作，鼓励有条件的企业独立举办或与学校联合举办职业教育。

2004 年，教育部颁布《关于以就业为导向深化高等职业教育改革的若干意见》（教高〔2004〕1 号），指出高职教育应走产学研结合的发展道路。

2005 年，《国务院关于大力发展职业教育的决定》（国发〔2005〕35 号）明确指出：职业教育应积极推行“工学结合、校企合作”的人才培养模式，推进职业教育与企业的紧密结合，并对相关企业给予税收优惠政策；同时第一次在政策层面对行业提出了“指导职业教育办学和职业培训”的要求。

2006 年，教育部、财政部联合颁布《关于实施国家示范性高等职业院校建设计划加快高等职业教育改革与发展的意见》（教高〔2006〕14 号），明确指出在“十一五”期间实施“国家示范性高等职业院校建设计划”，资助一批基础优良、发展前景好的高职院校深入推进人才培养模式创新和教育教学改革，提高人才培养水平和服务社会能力，引导高职院校形成自身的办学特色，形成差异发展，并发挥示范作用。2006—2008 年，国家先后分三批确立了 100 所国家示范性高职院校建设项目，并分批进行了终期评估验收。在项目建设过程中，各示范院校普遍开展了基于工作过程的课程开发，探索并建立了各具特色的工学结合人才培养模式。

这一时期，国家从法律层面确立了职业教育的合法地位，并明确提出了

“工学结合、校企合作”的产教结合政策，同时积极推行职业教育改革，政府设立大量职业教育人才水平评估和重点建设项目，各高职院校顺应国家政策，大力推行办学模式、人才培养模式等改革，高职教育与产业的关系越来越紧密，产教结合取得了一定效果。政策导向层面期待职业教育向“政府主导，行业指导、企业参与”的产教结合方向发展，但是在实践中合作的深度和广度还不够，产教结合往往浮于表面。

（六）合作深化时期（2010—2016 年）

2010 年，《国家中长期教育改革和发展规划纲要（2010—2020 年）》出台，要求制定校企合作办学法规，不断推进校企合作制度化。同年，教育部、财政部联合颁发《关于进一步推进“国家示范性高等职业院校建设计划”实施工作的通知》（教高〔2010〕8 号），决定进一步推行“国家示范性高等职业院校建设计划”，新增 100 所左右骨干高职建设院校。根据文件精神，骨干高职院校建设的主要目标有三个：一是进一步推进办学体制机制改革，增强办学活力；二是进一步深化教育教学改革，提高办学水平和人才培养质量；三是进一步改革内部管理运行机制，增强高职院校服务区域社会产业发展的能力。骨干高职院校建设项目是示范高职院校建设项目的延续，既一脉相承，又不完全雷同。与示范校建设相比，骨干校建设更加注重顶层的系统设计，关注点由自身转向更多利益相关方，需要解决的问题也更为深层、更加复杂、综合性更强，最大的不同就在于骨干校建设的重点由人才培养模式转为校企合作体制机制的创新。

2014 年，《国务院关于加快发展现代职业教育的决定》（国发〔2014〕19 号）提出“深化产教融合、校企合作”，这是第一次在国家层面的文件中出现了“产教融合”的要求，是对产教结合要求的进一步提升。从产教关系的发展历程，可以看出国家对于行业、企业参与职业教育的要求及其在职业教育活动中的角色变化。这不仅为产业部门参与职业教育作出了相关指导，也明确了产业部门在职业教育发展中的地位和作用。这些文件完善了“行业企业部门参与职业教育的宏观（产教融合）、中观（校企合作）和微观（工学结合）的要求”，且极大促进了高等职业教育规模发展，形成了中等和高等职业教育并重的良好势头。

2014年6月，教育部等六部委联合印发《现代职业教育体系建设规划（2014—2020）》（教发〔2014〕6号），进一步提出以“产教融合”为主线建立政府、企业、行业、院校和社会各方协同参与的制度创新平台，随后工业和信息化部、农业部、交通运输部、旅游局等部门也各自出台了加快相关行业职业教育和人才规划与发展的意见，行业的指导作用也逐步显现。

这一时期，国家政策加强了顶层设计和统筹规划，深化了高职院校与企业的合作，不断探索职教集团、混合所有制等校企合作模式。但是这一时期颁布的文件并不是与《职业教育法》配套的下位法律文件，它们的稳定性和权威性有限，对于产业部门参与职业教育的行为并不具有约束性，且政府对于自身在其中应该发挥的主导作用缺乏清晰的认识，对于参与主体的职责分工并不明确，导致职业教育部门与产业部门在处理产教融合的相关事务中缺乏明确的指导，政策执行效果并不明显，国家本位政策失灵现象比较普遍，产教融合缺乏良好的前期基础。

（七）发展完善时期（2017年至今）

2017年10月，党的十九大报告提出“完善职业教育和培训体系，深化产教融合、校企合作”。同年12月，国务院办公厅印发《关于深化产教融合的若干意见》，产教融合成为国家重要的教育政策和产业政策。该文件提出健全多元化的办学体制，用约10年的时间构建教育和产业统筹融合发展格局，并对教育部、发改委、人社部和各省级政府及有关行业协会等进行了重点任务分工。这预示着我国职业教育产教融合政策将走向完善时期，但还需进一步细化和落地执行。

2018年，教育部、国家发展改革委、工业和信息化部、财政部、人力资源和社会保障部、国家税务总局六部门联合颁布《职业学校校企合作促进办法》(教职成〔2018〕1号),这是我国首个关于职业教育产教融合的法规性专项文件,为实施产教融合、校企合作提供了法律保障性依据和具体操作性措施。职业院校产教融合将会在此文件的指导下获得进一步发展。

2019年1月,国务院印发《国家职业教育改革实施方案》,进一步强调"深化产教融合、校企合作,育训结合"。

2019年4月3日,国家发改委发布《建设产教融合型企业实施方法(试行)》,这是对深化产教融合战略中以企业为重点的体现,在方法中提出:纳入产教融合型企业建设信息储备库的建设培育企业,省级政府要落实国家支持企业参与举办职业教育的各项优惠政策,实行定期跟踪、跟进服务,确保落地。

2019年10月9日,国家发改委发布《国家产教融合建设试点实施方案》,这是对深化产教融合政策的探索与落实,方案中明确提出:通过5年左右的努力,试点布局建设50个左右产教融合型城市,在试点城市及其所在省域内打造形成一批区域特色鲜明的产教融合型行业,在全国建设培育1万家以上的产教融合型企业,建立产教融合型企业制度和组合式激励政策体系。

2020年9月3日,国家教育部、发改委、工信部、财政部、人社部等九部门联合发布《职业教育提质培优行动计划(2020—2023年)》,在计划中针对产教融合方面提出:巩固职业教育产教融合、校企合作的办学模式。一是建立产业人才数据平台,发布产业人才需求报告,研制职业教育产教对接谱系图,指导优化职业学校和专业布局,促进人才培养和产业需求精准对接。二是建好用好行业职业教育教学指导委员会,全面推行现代学徒制和企业新型学徒制,建立覆盖主要专业领域的教师企业实践流动站、实体化运行的示范性职教集团(联盟)和技工教育集团(联盟),建设一批具有辐射引领作用的高水平专业化产教融合实训基地,深化校企合作协同育人。三是支持行业组织积极参与产教融合建设试点项目,鼓励地方开展混合所有制、股份制办学改革试点，推动各地建立健全省级产教融合型企业认证制度，健全以企业为重要主导、职业学校为重要支撑、产业关键核心技术攻关为中心任务的产教融合创新机制。

2021年10月，中共中央办公厅、国务院办公厅印发了《关于推动现代职业教育高质量发展的意见》（以下简称《意见》），《意见》从三个方面提出完善产教融合办学体制的举措。一是优化职业教育供给结构。推动形成紧密对接产业链、创新链的专业体系，推进部省共建职业教育创新发展高地，持续深化职业教育东西部协作，启动实施技能型社会职业教育体系建设地方试点。二是构建政府统筹管理、行业企业积极举办、社会力量深度参与的多元办学格局。健全国有资产评估、产权流转、权益分配、干部人事管理等制度，鼓励各类企业依法参与举办职业教育，鼓励职业学校与社会资本合作共建职业教育基础设施、实训基地。三是协同推进产教深度融合。各级政府要将产教融合列入经济社会发展规划。建设一批产教融合试点城市，打造一批引领产教融合的标杆行业，培育一批行业领先的产教融合型企业。

2022年5月1日起，新修订的《中华人民共和国职业教育法》正式施行，这是该法自1996年颁布施行26年来的首次大修。新法完善了产教融合的制度支撑，强调职业学校、职业培训机构实施职业教育应当注重产教融合，实行校企合作；同时提出对深度参与产教融合、校企合作的企业给予奖励、税费优惠等政策激励。

国家法律法规和政策文件的多次强调，极大地促进了高职院校产教融合的发展，也取得了显著成效。

二、我国产教融合的主要模式

（一）"订单式"人才培养模式

"订单"是高职院校与用人单位就人才供需与培养所达成的契约或合同关系。它不仅是一张"用人数量"的预"订单"，更是对专业设置、课程建设、教学实施、考核鉴定等整套人才培养模式的规定。所谓“订单式”人才培养模式，是指人才需求方(通常是企、事业单位)与人才提供方(主要是学校)经过协商，由人才提供方根据人才需求方所需人才的数量、知识水平以及职业技能等要求，在规定的时间内向人才需求方提供相应数量与质量人力资源的合约式人才培养模式。即学校与用人单位根据培养对象今后的工作岗位需要，共同制订人才培养计划，签订用人订单，双方共同参与人才培养全过程的管理，学生毕业后直接到订单用人单位就业的一种人才培养模式。

1.“订单式”人才培养模式的内涵

一是企业全程参与“订单”培养。在“订单式”人才培养过程中，企业全程参与，这与委托培养和传统“订单”培养模式有着本质的区别。企业可与学校共同探讨人才培养的规格、数量、期限等相关事宜，与学校一起制定人才培养方案。企业与学校共同选拔学生，共同利用双方的有效资源培养人才，评价考核学生。最后，录用合格毕业生到企业就业。另外，企业还要为学生提供实习场所，指导学生实习。

二是双方深度合作共同培养人才。“订单式”人才培养是为企业培养人才。所以，企业应积极为培养人才创造学习条件，提供各项支持。学校可以利用优秀的智力资源、实验、实习设备和良好的教育环境培养人才，而企业为人才培养提供实习场地、实习设备，为学生提供实习岗位，全面培养学生的实际操作能力和实践能力。另外，企业的优秀技师还可以为学生的实训提供指导和意见。双方利用各自现有的有效资源，共同培养人才。

三是“订单式”人才培养具有很强的针对性。高职院校首先根据高职教育培养目标，再结合企业的人才需求规格，结合市场经济发展的需要制定人才培养目标，“订单式”人才培养就是为企业“量身定做”人才，来满足企业的人才需求。“订单式”人才培养是以就业为导向、岗位(群)能力为根本的产学结合人才培养模式。

四是企业安排合格毕业生就业。其中就业是“订单式”人才培养区别于其他产学结合人才培养的一大特征。“订单”学生完成学习任务，经过学校的专业考试，通过用人单位的考核合格后，然后用人单位安排合格学生就业。

五是在“订单式”人才培养模式中，学生也是主体。学校、企业、学生都是主体，在签订三方协议时，首先要将学生作为其中的一方，尊重学生的意愿。如果忽略学生的主观意愿，就是忽略学生的学习主动性，就会影响培养效果。“订单式”人才培养模式建立在校企平等互信、密切合作的基础上，为双方搭建了一个合作平台，为企业注入了活力。“订单式”人才培养模式不仅增强了学校的市场意识，重视学生职业能力的培养，还提高了办学质量。企业节约了人力资源成本，学生也实现了就业，是学校、企业、学生的“三赢”。

2.“订单式”人才培养模式的特点

（1）“订单式”人才培养模式促进学校招生、教学和就业工作。首先，“订单式”人才培养模式促进学校的招生工作。我们常说“出口畅”才能“进口旺”，这个道理想必各高职院校也深谙其道。在高职院校实施“订单式”人才培养的过程中，学校首先获益，从目前许多招生状况良好的高职院校的招生数据可以看出，有些高职院校的招生分数甚至可以达到普通高校（二本）的招生分数线，而这类高职院校大多数都可以很好地解决就业问题，这样的招生形势令这些职业学院明白了就业问题对高职院校生存的重要性。目前，就业是人们求得生存的第一手段和获得进一步发展的必要条件，所以绝大多数人都是带着功利的目的考虑是否要接受某种教育，对于大多数人来说，选择高职院校与否要充分权衡个人的天赋能力、支付能力以及机会成本。如果高职院校无法提供稳定、持续的就业机会，人们自然会避而远之，反之，人们就会趋之若鹜。其次，“订单式”人才培养模式促进了学校的教学工作。由于“订单式”人才培养模式是按照企业的订单培养，因此学校的教学工作可以根据订单需求灵活进行，原有的教学计划、课程设置、教学组织、教学过程都可以根据企业订单的需要进行调整、灵活处理。在教学方法上，以培养学生实践能力为主，将应该学的内容学扎实，而对于在实践中用得较少的理论点到为止，将需要掌握的必要技能练会练熟，这就极大地促进学校搞好教学工作，培养出社会用得着、企业用得顺的人才。最后，"订单式"人才培养模式促进学校的就业工作。其实这个问题是"订单式"人才培养模式中一个最核心的问题，也是我们一直着重提出的问题。"订单式"人才培养模式实际上就是学校为企业"量体裁衣"培养人才，因此为使培养出来的人才符合职业岗位的工作要求，学校方面要进行教学改革等努力，同时企业也要按照协议约定安排合格的学生到企业工作，解决学生的就业问题。有了校企双方的共同努力，才能培养出能够学以致用、为社会创造价值、为企业接受的优秀人才，这样才能达到"订单"的效果，促进学生就业，提高就业率和就业质量。

（2）"订单式"人才培养模式促进企业用人质量的提高。对企业而言，在"订单"模式下，学校和用人单位共同制定人才培养计划，共同参与人才培养过程，这样企业引进的人才才是所需的。在接纳学生实习的过程中，企业有机会挑选高质量的实习员工，节省了大量岗前培训费用，同时，企业利用外部获得稳定的资源比内部提供大量的培训专员成本更低，也更加实际。接受过大量顶岗实习实训的学生的社会适应性和岗位适应性也更强。"订单式"人才培养有助于企业提前招聘到需要的人才，以此保证有稳定的人才供应，并且降低了人才引进的风险，促进了企业用人质量的提高。

（3）"订单式"人才培养模式能够加强学生学习的主观能动性。高职学生是"订单式"人才培养的实践者和最终受益者，拥有着"双重身份"，在校学习期间作为学生学知识，在企业实践时作为员工学技能，实现了"工学"的统一与结合。在"订单式"人才培养模式下，"学校+企业"的模式是学生接受教育的氛围，这是对学校教育氛围的延伸，可以使学生接受教育的内涵和品质得到发展，在理论课上遇到的疑惑也可以在实践中得到验证，有利于学生提高学习效用。“订单式”人才培养为学生解决了就业问题，减轻了学生的就业压力，正因为学生有了这种今后就业的保障，降低了他们学习的盲目性，增强了学习的目的性和针对性，学生才可以更加合理地安排自己的学习生活，由“要我学”变成“我要学”。在这种模式下，绝大部分学生在毕业后可以直接就业，实践教学经历使其能很快适应岗位要求，迅速成长为一名合格的员工。

（二）“2+1”人才培养模式

“2+1”人才培养模式是在我国高职高专教育中开展的合作教育模式，是产学研紧密结合的具体形式。这一模式将学生三个学年的时间分为“2”和“1”两个阶段，前两年在学校学习专业理论知识和生产实习，最后一年到企业顶岗实习和毕业设计。校内教学以理论为主，以实验、实习为辅；学生在企业的一年以顶岗实习为主，同时辅学部分专业课，结合工作实际选择毕业设计题目，并在学校、企业指导教师的共同指导下完成毕业设计。

1.“2+1”人才培养模式的内涵

“2+1”人才培养模式不是简单的一年、两年的叠加，作为时间概念，它注重对学生的动手能力、综合素质及解决问题的能力进行培训。该模式的实质是借用校企两个培育人才的主体和环境来对学生进行培育，以市场经济和高等职业相互融合为主要目的，实现人才培养与现实需要相匹配。

国务院在2002年针对职业教育的发展和改革进行了规划，在“十一五”期间，进行了国家级示范院校及骨干院校的建设，而各省市也对此进行了模仿并建立了省级的示范院校。借助国家和地方政府的资金和政策优势，优质的高职院校得以建设，进而对其他高校进行示范和引领，以上行为可以推动整个高职教育领域的健康发展。

国家对骨干及示范性高职院校的投资，自2006年开始到目前为止已建立完成200所。经过4年的建设和完善，2010年校企合作和工学结合的改革模式已经逐步建成。将课堂植入车间，校企共建人才培养机制；将能工巧匠和行业技术骨干聘作教师；让传统的教学人才培养方式走出校园，并以此引领中国1400多所高职院校共同取得和谐、持续、协同的发展。

经过改革，绝大多数高职的教育专家认为，校企合作机制的有效性是实现高端技能型人才培养的基础，加长实践教学的学时，对学生实践教学的质量进行提升。据此，“2+1”的人才培养方式在中国高职院校中得到认可，并开始进行试点教学。

人才培养的“2+1”模式具体是以学生就业作为指导方向的教育活动，需要通过学校与企业一起努力完成，并制定统一的合作计划纲要，密切结合工作实践场所来达到完整教育的目的。借助合作计划纲要，能够构建起高校和社会之间的沟通关系，让大学生在课堂学习之外还可以增加实际的工作本领，掌握实践中的生产技术，以此来增加日后在社会上的竞争资本。

具体目标如下：第一，根据社会对人才的需求和要求，优化人才培养方案；第二，针对教学内容、方法、手段、组织形式以及考试等进行深化改革，有效提升教学效率以及实际效果；第三，积极整合校企资源，实现教学资源的优化配置，提升资源利用效率，使得社会投资能够得到效益回报；第四，主动适应社会人才发展需求，大力培养个性化、复合型人才，使其具备良好的创新能力；第五，大力培养适合高职教育的“双师型”教师人才队伍；第六，构建校企合作的长效机制。

2.“2+1”人才培养模式的特点

（1）企业与学校共同育人。“2+1”模式是校企合作的一种重要的表现形式，它的教学主体必然是学校与企业双方，学校先将理论知识传授给学生，使其具有丰富的基础，然后将学生送入企业实习，企业指导学生将所学的理论知识正确地应用于工作之中，并进一步发展完善，使学生各方面都具备企业发展所需的要求。在这一过程中，学校与企业的作用都十分重要，需要两者共同培养，缺一不可。

（2）培养目标以职业能力为核心。“2+1”人才培养模式将学校与企业联系起来，串联起学生的学校学习与企业实训，实现学生的理论知识与实践能力的紧密衔接，目的就是避免学生在理论和实践上出现偏颇，促使学生将理论知识与实践能力高度融合，以理论促实践，再以实践检验理论。除此之外，学校的课程除了基础文化课、基础理论知识课、实践课，还会开设一些就业指导课、心理课等，在企业实习的一年，除了在工作岗位上实践锻炼，企业还会在工作实践中培养学生的管理能力、择业能力与应变能力等，因此，“2+1”人才培养模式以培养具有健全综合职业能力的人才为目标。

（3）提高职业教育的人才质量。学生的实践经验和专业技能是职业教育中人才培养最为重视的，所以职业教育的重心就是培训职业能力。“2+1”人才培养模式在企业和学校合作培养的基础上，给学生创造实践和学习的机会。在教育时，不断引进企业资源，使得教学具有针对性，保证了学生所学知识的实用性，优化课堂知识教学结构，极大地激发了学生学习的积极性和主动性。另外，由于企业参与到学校日常教学过程中，企业把真实项目和实践平台引入学校，为学生提供了更多的锻炼机会，将学生所学与实践相结合，提高了他们的专业动手能力。顶岗实习做完后，部分实习单位会直接和学生签订劳动合约书，学生就能继续在原本的实习岗位上工作，既帮助学生解决了就业难题，也帮助企业得到了想要的人才。

（4）促进专业建设和课程改革。“2+1”人才培养模式，是企业和学校全面参与人才培养的过程。学校和企业在专业建设时，要一直关心行业的发展动向，让专业建设向科学性和实用性靠拢。另外也要凭借有关企业的帮助，常常听取他们的建议，及时改善教学计划和教学目标，让学生学到有用的、科学的技能与知识。学校雇佣合作企业的经理、技术专家组及主管等优秀人员一起成立专业指导委员会，以此指导学校专业建设和教育整改等工作。委员会的专家参加研究专业的关键教学整改方案，帮助决定专业的改变和开发，评测专业教学计划，这样校企双方的合作就涵盖了教学的整个过程，有利于推动专业教学内容的整改。首先，根据必要和够用的准则，学校按照企业的需要对教学内容和教学方式进行明确，在很大程度上促进了学校教学内容整改的深入。另外，专业老师引导学生到生产第一线，直接和新技术、新工艺进行接触，知道专业技术发展的最新需要，可以在得到更多信息量的前提下，提升教学内容和方法的科学性、有用性和目的性。

总体说来，根据我国国情的“2+1”人才培养模式是为适应市场经济发展的需要而产生的一种高职人才培养模式，它有独特的优越性，充分体现了高职教育的双重属性，证明了它是一种可以广泛采用实施的培养模式，但也存在着一些不可忽视的问题和缺陷，需要我们更多地研究和实践，来进一步完善和发展。

（三）现代学徒制人才培养模式

学徒制作为一些发达国家已经应用多年的职业教育人才培养模式，被证明是推动行业企业全面参与职业教育人才培养过程，实现专业设置与产业需求对接、课程内容与职业标准对接、教学过程与生产过程对接、毕业证书与职业资格证书对接、职业教育与终身学习对接“五对接”的人才培养模式。

“现代学徒制”是将学徒培训与学校教育相结合的一种校企合作职业教育模式，是现代职业教育制度的重要组成部分。中国特色现代学徒制是现代学徒制在中国社会经济环境下的本土化实践。作为国家人力资源开发的重要制度安排，加快发展中国特色现代学徒制，培养高素质技术技能人才，是适应我国产业转型升级、办好人民满意职业教育的迫切要求，也是增强我国在全球产业链、供应链、创新链中安全性和影响力的战略之举。

近年来，我国大力推进现代学徒制在职业院校和企业的实施。教育部从 2015 年起，先后遴选三批 562 家试点单位，并验收了两批。从试点公布的验收报告来看，现代学徒制的实施取得了一定的成效，尤其是在学徒制的本土化、特色化、项目化等领域，产生了一批优质品牌。《国家职业教育改革实施方案》（以下简称《方案》）也明确，要总结现代学徒制和企业新型学徒制试点经验，校企共同研究制订人才培养方案，及时将新技术、新工艺、新规范纳入教学标准和教学内容，强化学生实习实训。2019年，《教育部办公厅关于全面推进现代学徒制工作的通知》重申了要在职业院校和企业全面推广和实施现代学徒制。深刻总结现代学徒制试点的成效，挖掘发展的制约瓶颈及探讨发展方向，对全面建构中国特色现代学徒制具有重要意义。

1.“现代学徒制”的内涵

在现代学徒制中，职业院校的学生较早地进入企业，在企业真实的工作实践中学习，获得专业技能、知识和综合职业能力；学生、学校和企业通过签订学徒协议等方式建立稳固的师徒关系，并各自承担相应的责任和义务；学习以正式、系统的方式在学校和企业之间交替进行；学徒期满后，学生通过考核获得从业认可，并具备基本的职业认同感和职业道德，这些都是现代学徒制的基本要求和特点。一些新发展起来的职业教育教学模式如“订单培养”和大师工作室等，尽管有现代学徒制的成分，但是严格意义上还不能算是现代学徒制。

进入20世纪末期，世界范围内掀起了一场现代学徒制重返现代国家法制管理范畴的潮流，学徒制成为许多国家，特别是发达国家人力资源开发战略的重要组成部分。从现代学徒制发展较好的国家如德国和瑞士的经验看，现代学徒制在管理体制建设方面有以下特点：第一，建立全国和地方统一协调的法律规章体系，包括《职业教育法》《劳动法》和相关经济法律法规，为职业院校和企业合作开展人才培养提供制度化保障；第二，设有专门机构承担学徒教育的组织管理和协调工作，如行会、学徒中心或相关的公共机构；第三，利益相关者，如政府部门、企业、职业院校和职教机构，都能深入参与到职业教育的对话协商中，形成行之有效的协调机制；第四，政府部门组织开发全国统一的专业教学标准，但各职教机构在课程实施过程中有相对的自主权，从而保证既满足不同企业的个性化要求，又能得到行业和社会的认可，如澳大利亚的培训包和德国的《职业培训条例》。

经济学研究的“技能形成理论”从国家整体技能竞争力形成角度解释现

代学徒制。据此,技能形成有三种模式,即“国家主义”“市场主义”和“集体主义”模式。现代学徒制是典型的集体主义技能形成模式,它采用校企合作的双元制模式,职业院校和培训企业分工明确、相互协调,学校提供理论知识教学,企业负责实践技能培训。此外,现代学徒制可以较好地协调教育体系和就业体系的关系,它降低了年轻人从“学校到工作世界”迁移时所遇到的“门槛”阻力,这一方面大大降低了青年失业率,另一方面也提高了企业特别是中小企业对优秀人才的吸引力。现代学徒制发展较好的国家,其制造业等实体经济一般具有更强的竞争力,职业教育和技术技能型人才也有较高的社会地位。

2.“现代学徒制”的特点

(1)现代学徒制之一体化。目前,我国现代学徒制试点以中职和高职专科为主。职业本科现代学徒制也已进入探索发展阶段,国际上多个国家高层次学徒制的实践探索为我国提供了可借鉴的经验。在我国构建现代职业教育体系的背景下,建设中职、高职专科、职业本科一体化的学徒制人才培养体系尤为重要。

(2)现代学徒制之制度化。现代学徒制的实施涉及政府、行业协会、企业和职业院校等多方部门,应建立跨越学历教育、人力资源管理等多个相关部门的协调机制,进一步完善企业参与学徒制的激励和约束机制。

(3)现代学徒制之标准化。根据企业需求、技能体系和院校实践,国家相关部门要组织协调行业协会、企业、职业教育机构等利益相关方共同研制科学、规范、统一的专业教学标准、课程标准、企业标准、导师标准、评价标准,构建国家层面的现代学徒制标准体系,保障现代学徒制的实施。

(4)现代学徒制之信息化。在知识经济时代,尤其是互联网智能化时代,要运用“互联网+”思维和现代信息技术建设数字化课程、“空中课堂”等,同时实现学徒实践能力培养过程可视化。完善现代学徒制试点工作管理平台,向社会公开发布院校和企业的有关现代学徒制政策、学徒岗位申请、教学管理与评价等信息。

（5）现代学徒制之本体化。中国特色现代学徒制承载着探索统一培养与个性发展的时代新任务，通过师傅带徒弟的教学方式更适合职业技能的培养和工匠精神的传承，更强调学生发展的本体性，实现学生的个性化精细培养。

第三节 国外产教融合发展的经验借鉴与启示

多年以来，西方国家由政府主导，健全法律制度保障，因地制宜地开展产教融合，对教育的投入力度不断增大，工程教育与科技水平长期居于世界领先地位。这些成功的经验对我国实施产教融合具有很好的借鉴与启示作用。

一、健全的法律制度保障了产教融合育人环境

从国外发达国家先进的产教融合发展模式可以看出，每一个国家在产教融合推进的过程中都结合国家宏观层面上的经济发展状况，制定出一系列既符合国情又能够促进产教融合的政策法规。例如英国通过立法促使企业参与教育，德国《职业教育法》规定了企业进行职业培训的责任，澳大利亚的国家认证体系和培训包是办学必须遵循的教育法规。学校的教学和培训工作就是在这些国家制度的保障下展开的。使学校在产教融合的过程中可以做到“有法可依”“有章可循”，在保障企业与学校双方合法权益的基础之上，为产教融合的持续化、科学化发展提供规范性的引导工作。

同时，随着市场经济的不断发展以及社会的不断变革与快速发展，在校企合作过程中，矛盾总是不可避免的，健全的法律体系与严格的执行效力，让产教融合的各参与方消除了后顾之忧，全身心地投入产教融合人才培养合作当中，一定程度上提升了校企合作各方的参与主动性和合作积极性，从而保障了产教融合的育人环境和育人质量。

二、政府主导保障了产教融合有效开展

从国外发达国家先进的产教融合发展模式可以看出，政府部门在产教融合的过程中普遍起着非常有效的助推作用。在此过程中，政府采取更加务实的做法，主动推广和宣传校企合作的重要性和意义，而各级政府部门相互协作，减少了学校与企业的合作阻力。例如德国要求企业接受学生实习，一些国家税收可能会被免除，澳大利亚要求企业提供教育和培训的总工资等。政府的不断努力，使校企合作得到了社会的重视和认可，使校企合作的发展方向更加清晰。政府部门制定各类发展规划和政策法规，促进了校企产教融合。为了保证校企合作产教融合的水平和效益，政府加大基础设施建设，逐步形成政府、企业、科研院所、高校参与联合研究和开发的产业体系。政府不仅高度重视发展规划，而且十分重视对科学合理规划的研究和开发，对学校企业合作项目绩效的评价和管理也十分关注，而这一方面正是在我们目前校企合作中相对比较缺位的。

三、因地制宜的合作模式促进了校企产教融合

从国外发达国家产教融合成功的教学经验可以看出，在别的国家成功的产教融合模式是不能够照搬照抄的。每个国家都有独具的经济发展特点以及对人才的需求。因此，每个国家只有立足于本国的基本国情，结合经济发展的特点，制定出符合自身经济发展规律的产教融合政策，才能够让产教融合培养模式发挥其应有的作用。例如德、英、美、澳等国家并没有受限于某一种成功的校企合作模式，而是根据各自国家的现实状况，在不断

完善的基础上进行创新，因地制宜地选择适合本国国情和社会经济特点的产教融合模式，细致地发挥了合作方各自的优势，保证了合作方各自的利益，实现了资源共享、优势互补，保证了校企合作效果，进一步促进了产教融合，这一点值得我国借鉴和学习。

四、校企深度对接可以保证产教融合进程

通过对以上国家产教融合模式的分析可以看出，在整个校企合作中，学校从最初的专业设置、人才培养目标的制定，再到教学师资队伍的组建、课程教学内容的编排设计、教学条件建设等，一方面主动走向市场进行调研，另一方面行业企业的全程参与，保证了学校在学科专业设置上与市场的紧密对接，实现了课程内容与职业标准的紧密对接，促进了教学过程与企业生产过程的紧密对接。校企双方在合作中的深度对接，既促进了产教进一步融合，又助推了校企合作的良性发展，从而有效地助推了本国的产教融合进程。

第四章　职业院校产教融合的利益相关者分析

利益是人类行为动力的根源。司马迁在《史记·货殖列传》中曰："天下熙熙，皆为利来。天下攘攘，皆为利往。"利益是人们一切活动的出发点和归宿，"是人们各种行为和行动的内在推动力"。利益不仅仅指金钱或物质，它是人在生存和发展中产生的对一定对象的某种需求，有物质利益与精神利益、经济利益与政治利益、当前利益与长远利益、个人利益与集体利益等。利益是影响人类行为动力的核心因素，充足的利益激励和和谐的利益关系是人类进行合作的关键。因此，能否为产教融合主体提供足够的利益激励并协调好不同主体间的利益关系，直接从源头上决定着职业院校产教融合动力的大小。

第一节　政府的利益分析

一、政府关注民意和经济社会发展

政府代表人民利益并关注民意。从社会契约论看，政府是人类为维护自身利益自由契约而成的。人类最初所处的状态是每个人自由、平等地由自然法统治的状态。在这种自然状态下，个人可以按照他们认为合适的办法决定他们的行动，处理他们的财产和人身，而无须得到任何人的许可或听命于任何人。然而，这种自然状态主要通过战争和强力分配资源，缺少一个衡量是非的共同标准和一个公正的裁判者，因而是不稳定的。人们为了克服自然状态的这些缺陷，更好地保护自己的人身和财产，便同意自愿放弃自己的某些权利，交由他们指定的人来行使，于是便产生了作为公民权利代理者的国家。由此可见，公民选举产生政府，政府代表的是有益于所有让渡权力的选民的意志。

从马克思主义看，政府是社会生产力发展到一定阶段后社会分工的产物，它起源于社会公共管理的需要并以这种需要为其活动的边界。政府有两大职能：一是社会管理职能，主要解决社会自身无力解决的问题，比如政府管理宏观经济；二是政治（阶级）统治职能，政府掌握并使用国家机器对被统治阶级实行统治，以维护统治阶级的利益。在社会主义社会，无产阶级（工人阶级）应成为统治者，领导人民组建政府并履行政府职能。在建立社会主义初期，政治统治和武装斗争是政府的主要职能。随着社会局势的稳定，社会管理职能应成为政府的主要职能。

政府的职能是不断变化的。政府、市场和第三部门既是资源配置的三种不同方式，也是社会治理的三大制衡主体，这三大主体的权力边界以及力量对比，共同决定着政府在某一时空中的职能。以世界范围内的政府和市场的关系在理论上的演化为例，15 世纪到 17 世纪末的重商主义经济学，认为财富即金银且来源于对外贸易顺差，主张政府重视管理经济并积极开辟世界市场。18 世纪到 20 世纪初的古典主义经济学指出，政府应充当“守夜人”，尽可能不干预经济活动。20 世纪 30 年代，为化解经济危机等市场失灵问题所引发的灾难，凯恩斯主义主张，政府积极干预经济，鼓励政府刺激投资和消费，实行赤字财政。20 世纪 70 年代，政府干预出现了政府失灵（主要表现为经济“滞胀”），新自由主义开始提倡削弱政府在经济活动中的作用，市场化改革成为时代潮流。虽然，关于政府与市场关系的经济理论与经济的发展不是严格对应的，但这些理论基本上反映了历史上不同阶段世界经济活动的总体趋势。

现阶段我国政府的职能主要集中在经济社会的宏观管理。改革开放以来，经济社会管理成为政府的职能重心，积极转变职能，放松对经济活动的管制，建立社会服务体系，成为政府职能转变的趋势。十八届三中全会审议通过的《中共中央关于全面深化改革若干重大问题的决定》明确指出，经济体制改革是全面深化改革的重点，核心问题是处理好政府和市场的关系，使市场在资源配置中起决定性作用和更好发挥政府作用。必须积极稳妥从广度和深度上推进市场化改革，大幅度减少政府对资源的直接配置，推动资源配置依据市场规则、市场价格、市场竞争实现效益最大化和效率最优化。政府的职责和作用主要是保持宏观经济稳定，加强和优化公共服务，保障公平竞争，加强市场监管，维护市场秩序，推动可持续发展，促进共同富裕，弥补市场失灵。

关注民意和管理经济社会，是政府推动职业院校深化产教融合的重要缘由。可以说，政府推动地方普通本科高校向应用型转变的直接缘由是解决大学生就业难问题和经济转型问题。2005 年开始，高校扩招效应开始凸显，大学生就业难成为社会焦点问题。近年来，高等职业教育人才供给与劳动力市场的人才需求脱节问题突出，社会反响大，引起了政府的重点关注。2012 年开始，中国 GDP 年增长率降落到 6% ~ 8%的中高速增长阶段，中国经济进入了新常态阶段。新常态下，继续保证国民经济持续稳定发展，必须转变经济发展方式，调整经济结构，加快产业优化升级，坚持创新驱动发展战略，推进教育领域的综合改革。

二、政府官员倾向于追求个人效用最大化

从经济学角度看，建立政府的作用是生产公共产品和建立秩序。一方面，根据社会产品的消费形态和使用情况，可以将其分为私人产品、公共产

品和混合产品（也称准公共产品或融合产品）。私人产品具有消费的排他性和竞争性，仅靠私人或私人部门的私心便能避免外部效应和“搭便车”行为，提供或生产能满足社会需求的私人产品。公共产品具有消费的非竞争性和非排他性，如果由私人或私人部门通过市场供给，则会产生外部效应和“搭便车”问题，造成公共产品供给不足或公共资源配置的低效率。因此，通过一系列政治契约或以强权的形式建立政府，由政府代表公众利益或集体理性生产公共产品，有利于提高公共产品的供给效率。

另一方面，个人大致通过两种方式最大化自己的利益，建立在力量优势上的掠夺或建立在分工基础上的自愿交换。自愿交换是人类最伟大的一项发明，也是最有效、最理想地增进人类福利的方式，因为掠夺最终会走向相互掠夺并形成两败俱伤的结果。为防止人们相互掠夺并鼓励人们相互交换，必须建立一种“秩序”，包括界定产权、防止外部掠夺和内部掠夺，而以一定群体为边界建立政府是建立这种“秩序”的前提条件。当然，从某种程度上看，“秩序”也是一种公共产品，其有效供给也需要人类的集体行动，只不过，相对于其他公共产品，“秩序”的地位更为基础和首要。

但是，现实中的政府由追求个人效用最大化的经济人组成，政府行为的动机并不一定追求公众利益，其结果也不一定实现公共产品的有效供给。传统的理念认为，政治家和官员是受一种高尚的道德伦理制约，自觉地根据全体公民的利益提供所需要的公共产品。然而，以詹姆斯·布坎南（James M. Buchanan）为代表的公共选择论者则尖锐地指出，政治家和官员追求的不是公共利益，也不是公共产品生产的最大效率，而是其个人效用的最大化。人就是人，人的利己本性不会因为时空的改变而改变。在经济领域中追求个人效用最大化的经济人和在政府领域中被赋予代表公众利益期望的人是同一种人甚至同一个人。我们没有理由相信，经济领域的人受成本、收益理性计算的支配，而政治领域的人受不计报酬的献身精神支配，尽管政治领域中存在一些具有奉献精神的官员。从整个政治过程看，选民、政治家、官员都具有经济人的本性。选民的利益是提供能使个人最大效用的公共产品，政治家的利益在于获得选民的支持，官员的利益是从公共产品生产中获得最大的个人利益。

政府官员追求个人效用最大化，是造成公共政策失误、政府低效和寻租等政府“失灵”现象的重要原因。第一，政府政策实际上是由一些个人作出的，追求效用最大化的个人在制定政策的过程中，会照顾自己的偏好和利益，还要尽量权衡各方面的利益。所以，公共政策经常成为提高政府官员政绩或满足部分集团利益的工具，从而给社会的发展造成负面效应。第二，政府的资源是纳税人缴纳的，政府的行为结果是非市场化的产品，这种产品本身很难准确衡量，所以政府缺乏利润最大化的约束，不会主动降低生产成本，提高资源的配置效率。同时，为扩大政府官员的利益，政府通常会选择扩大权力并增设政府机构和人员，从而增加政府层级间的协调成本，降低政府的办事效率，引发教育政策制定和实施的“失灵”。第三，政府官员为增加自身利益，可能接受个人和利益集团的寻租或行贿，寻租是资源的转移，不创造任何社会价值，还会使政府的行为偏离社会的公共利益。一些政府官员还可能主动设租，诱使利益集团向其寻租，从中谋取利益。

三、政府的利益获得和产教融合动力随其层级降低而减弱

就总体趋势看，政府推动职业院校深化产教融合的动力，从中央政府到省级政府再到市级政府呈现出依次递减之势。其主要原因在于，随着政府层级的下移，各级政府从推动职业院校深化产教融合中获得的利益剩余是依次递减的。由于分工和职责的差异，其他行政部门（包括财政、发展和改革、人力资源和社会保障、商务等部门）推动职业院校深化产教融合的动力弱于教育行政部门。

中央政府及其教育行政部门（教育部）推动职业院校深化产教融合的动力非常充足。一方面，中央政府及其教育行政部门是职业院校深化产教融

合的策源地。2014年发布的《国务院关于加快发展现代职业教育的决定》将产教融合确立为发展现代职业教育的总体要求和基本原则。在中央政府及其教育行政部门的推动下,深化产教融合逐渐上升为职业院校的核心目标、关键途径和重要内容,也成为新常态下国家产业结构优化升级和经济社会发展的助推器。另一方面,中央政府及其教育行政部门围绕产教融合采取了一系列措施。在政策方面,发布了一系列强调和推动深化产教融合的文件。

省级(省、自治区、直辖市)政府及其教育行政部门(教育厅或直辖市教委)推动职业院校深化产教融合的动力相对充足。在国家出台《国务院办公厅关于深化产教融合的若干意见》(国办发〔2017〕95号)后,多省积极响应中央政策,出台符合地方经济特色的深化产教融合的实施意见。

多数市级政府(市、直辖市的区)及其教育行政部门推动职业院校深化产教融合的动力不太充足。很多职业院校坐落于非省级政府所在地的市区,这些职业院校发展并深化产教融合,首先考虑的是服务所在市区的产业发展和经济社会发展,其次才是服务所在省区或者周边省区,因为所在省区的其他市区和其他省区也有相应的职业院校。

第二节
行业企业的利益分析

行业是经济统计使用的术语。2011年中国国家统计局修订的《国民经济行业分类》将我国的国民经济划分为20个行业门类:农、林、牧、渔业;采矿业;制造业;电力、热力、燃气及水生产和供应业;建筑业;批发和零售业;

交通运输、仓储和邮政业；住宿和餐饮业；信息传输、软件和信息技术服务业；金融业；房地产业；租赁和商品服务业；科学研究和技术服务业；水利、环境和公共设施管理业；居民服务、修理和其他服务业；教育；卫生和社会工作；文化、体育和娱乐业；公共管理、社会保障和社会组织；国际组织。《国民经济行业分类》主要按照实体所从事的生产性活动对其进行分类，并不区分市场与非市场活动，所以很难根据行业分类分析行业企业的目标和利益。

从社会组织的角度看，可以将从事生产性活动的行业组织分为政府、企业、非政府组织（NGO）三大类。政府是行使国家公共权力的全部机构，包括立法、行政、司法机关以及国家元首等。政府不以营利为目的，立足于国家和社会的整体利益，行使公共权力，提供公共产品或兼具公共产品属性的产品，其主要涉足的行业有：教育；卫生和社会工作；文化、体育和娱乐业；公共管理、社会保障和社会组织。企业是把人的要素和物的要素结合起来的、自主地从事经济活动的、具有营利性的经济组织，其涉及的行业几乎包括除国际组织以及公共管理、社会保障和社会组织两类行业之外的所有行业门类。非政府组织是依法建立的、非政府的、非营利性的、自主管理的、非党派性质的、具有一定自愿性质的、致力于解决各种社会性问题的社会组织，例如中国红十字会、中国科学技术协会、救助儿童会等。由社会捐赠支撑的非政府组织，主要从事社会公益事业，涉及环境保护、社会救济、医疗卫生、教育、文化等行业领域。

一、企业通过生产和交易追求经济利益最大化

分析企业利益需求的基础在于明确企业的本质。企业的本质，指企业作为一种经济组织或经济制度，区别于其他经济组织或经济制度的特殊性，它集中讨论企业的起源和企业的边界两大问题。

企业产生以来，人们对企业的性质进行了不懈的探索，形成了一些颇具时代色彩的观点。古典经济学认为，企业是社会分工与协作的结果。社会

经济逐渐从自给自足的自然经济发展到专业化的分工协作经济，从而衍生出了企业。亚当·斯密指出，劳动分工是经济增长的关键，企业是分工与专业化的产物。同时，企业的边界受制于市场范围，这也被称为“斯密定理”。卡尔·马克思则指出，在自给自足的自然经济状态下，社会生产的基本形式是个体小生产或家庭生产，生产的目的是为了满足家庭的需要，其生产规模狭小，几乎没有社会联系，因而不构成企业组织。进入资本主义之后，由于社会分工的发展，协作得到了长足进步，分工协作的资本主义生产实际上是同一资本雇佣较多的工人，因而劳动过程是在扩大规模并提供大量产品之后才开始的。较多的工人在同一时间、同一空间或者同一劳动场所，为了生产某种商品，在同一资本家的指挥下工作，便构成了作为协作劳动组织的企业。

新古典经济学认为企业是一个通过投入产出来追求利润最大化的专业化生产组织。新古典经济学将企业视为由土地、资本、劳动力等生产要素联系起来的一个生产函数或“黑箱”，企业通过生产将这些生产要素转换为一定的产出，实现利润最大化。新古典经济学的厂商（企业）理论，可以转换为一个生产函数式和一个目标函数式：

$$Q=Q(L,K) \tag{4-1}$$

$$\mathrm{Max}\ \pi=R(Q,P)-C(Q) \tag{4-2}$$

其中 Q、P 和 C 分别代表企业产品的产量、价格和平均生产成本，L 和 K 表示企业生产所需的两大生产要素——劳动力和资本，π表示企业的利润，它是产量、价格和成本的函数。公式(4-1)表示企业是包括两类要素投入的既定生产技术条件下的生产函数或生产组织形式。公式(4-2)表示企业行为的唯一目的是实现资本所有者或股东利润的最大化。把两个公式综合起来，新古典经济学厂商理论的核心观点可表述为，企业是以追求股东利益最大化为目标的专业化生产组织。

企业契约理论强调企业的“交易属性”，认为企业是市场机制的替代物。罗纳德·科斯在其1937年发表的《企业的性质》一文中提出疑问，既然市场这只看不见的手可以实现稀缺资源的有效配置，那为什么还存在企业？他给出的答案是，利用市场机制配置资源存在交易费用，当利用权威配置资源的成本小于市场机制通过价格配置资源的成本时就会形成企业。换言之，企业是对市场的替代，企业的产生是为了节约市场交易的费用。张五常则从契约的角度指出，企业和市场都只是一种交易契约，与其把企业看作要素市场对产品市场的取代（市场交易的对象是产品，企业内部交易的对象是生产要素），不如说企业是一种要素契约对产品契约的替代。

企业能力理论强调企业的“生产属性”，认为企业的本质是能够生产“核心知识和能力”。企业能力理论包括资源基础理论、企业动力理论、企业知识基础理论、核心竞争力理论等一系列松散理论，主要从企业内含的“知识和能力”的角度分析企业的异质性，特别注意从隐含知识、技术、技能、生产过程、能力等内生性因素来理解企业自身的创新力及其竞争行为的多样性。如果说企业契约理论看到的是企业与外部组织在产品与服务方面的“交换”或交易，企业能力理论则看到了产品与服务在企业内部的“转换”或生产。

利益相关者理论认为企业本质上是“生产”和“交易”的联合。利益相关者理论指称，企业的利益相关者是那些失去其支持企业就无法生存的个人或团体，企业存在的目的，必须综合权衡企业的众多利益相关者之间的利益关系，而不仅仅是为股东服务。企业的核心知识和能力的生产最大化的根本途径，是让企业的利益相关者参与企业的决策和管理，充分利用各方面的智慧和资源。较之股东单边治理，利益相关者共同参与企业治理，更有助于企业追求长期发展，减少员工的偷懒行为和企业的监督成本，降低企业的交易成本和代理成本。由此看来，企业兼具对外交易资源、对内生产资源的双重属性，既是一个具备交易属性的“关系契约网络”，又是一个拥有生产属性的“能力集合体”。

综上可见，企业是生产和交易的联合体，企业的目标在于最大化其利益相关者的利益。企业的利益相关者包括，企业内部的股东、经理人、员工，企业外部的政府、消费者和相关的竞争与合作组织。和其他利益相关者组织一样，企业的实际运营，往往追求权力最大的利益相关者（通常是股东、经理人等决策者）的利益最大化。企业是典型的经济组织，经济利益是企业的核心目标，尽管一些企业的利益相关者在企业中并不仅仅追求经济利益。所以，企业的核心利益在于通过生产和交易最大化地满足其利益相关者的经济利益。

二、行业协会代表同行企业利益和政府管理

行业协会属于非政府组织和第三部门的下位概念，是同行企业为增进其共同利益所组织起来的一种非营利性的、非政府性的、自律性的社团法人组织，其组织形式有行业协会、商会、同业公会、联合会等。行业协会的功能在于降低行业内企业间的交易成本，以政府和市场之外的第三方的角色参与社会治理，协调行业内成员、行业与行业、行业与政府的关系。

一方面，行业协会的基本价值导向聚焦于增进同行企业的共同利益。首先，建立行业本身就节约了同行企业间的交易成本，增进了行业会员的共同利益。从新制度经济学的角度看，建立行业协会的本质是为了减少交易成本，以协会内部的管理成本代替企业间经常发生的谈判、签约和履约的交易成本。其次，行业协会代表会员企业的利益。企业的本质追求是赚取利润，企业加入行业协会本能地出于增加自己利润的目的。加入行业协会，有助于企业获取本行业先进的管理方法和技术，了解同行企业的战略，从而提高自己的产品生产能力和市场份额。再次，行业协会可以将同行企业联合起来，防止会员企业之间盲目、过度、不公平的竞争，增加企业和政府、同行企业博弈的力量。最后，行业协会的自律，可以提高产品质量，形成品牌效

应，增强会员企业的信誉，扩大会员企业的利益。

另一方面，许多行业协会是政府管理的延伸，肩负着一定的行政管理职责。

行业协会产生的基本模式可分为“水平模式”和“垂直模式”。前者是完全以企业自发组织和自发活动自下而上、由内而外形成行业协会，其典型样本是美国的行业协会；后者是由政府运用行政权力自上而下、由外而内地推动协会的成立和运作，大企业起主导作用，中小企业广泛参与，其代表是德国、日本等国的行业协会。受计划经济体制的惯性影响，我国多数行业协会的产生属于“垂直模式”，具有明显的“官民二重性”或“半官半民”特征：处于政府和企业中间的行业协会的行为受“自治机制”和“行政机制”双重支配，行业协会不仅要从企业获取资源并维护同行企业的共同利益，还要从政府获取资源，接受政府的干预和控制，一定程度上扮演政府宏观调控企业的“助理”。

三、行业企业从职业院校产教融合中获利微薄

从应然状态或理论上看，高等学校和企业在人才培养、科学研究和社会服务方面的广泛合作，可以实现优势互补、互利共赢。企业在资金、场地、信息和社会资本等资源占有上处于优势，高等学校在知识技术创新、人力资本和社会服务方面具有优势。企业和高等学校的合作，既有利于企业从高校获得人力资本、原创性知识技术和社会服务等资源，从而为企业带来产品创新、劳动力供给、咨询等利益，也有利于高校从企业获得办学资金、实习实践场地、生产实践经验等资源，从而拓宽高校的经费来源，提高人才培养质量。企业和高等学校的合作，是企业和高等学校生存和发展的共同诉求，也是知识经济时代经济发展的核心力量，因为科技是第一生产力，校企合作正好可以实现科技创新和技术转化的良性循环。

现实来看，企业和高等职业院校合作并不一定能给企业带来理论上的

丰厚收益,这是校企合作中出现“剃头挑子一头热一头冷”的根本原因。首先,一些劳动密集型的中小型企业和一些从事服务业的企业,基本不需要先进技术支撑,缺乏和高等学校合作的动力。这种情况,在中西部地区的非省会城市大量存在。其次,职业院校对大企业没有吸引力。职业院校的人才培养、科学研究和社会服务水平有限,很难吸引大企业的合作。再次,部分地方政府在校企合作中的缺位,造成企业无法从校企合作中看到能激励其主动合作的收益。

从应然状态或理论上看,行业协会作为同行企业的代表和政府管理的延伸,应主动为政府和企业的合作搭桥建梁,这样既能为同行企业从高校中争取资源和利益,也可以弥补政府缺位,帮助政府促进校企合作。

现实来看,行业协会并没有促进企业与职业院校合作的能力和动力。一方面,我国的行业协会发育不足,多为松散组织,没有能力在学校和企业的合作中发挥实质作用。改革开放之前,我国实行的是高度集权的“部门管理体制”,行业发展规划和目标主要由行政手段确定和实施,企业是执行行政命令的机构,而不是自主的经济实体。在这种情况下,行业协会也丧失了存在的空间和必要。改革开放以来,各行各业纷纷组建了大量的行业协会。然而,行业协会管理体制的落后和企业利用行业力量的“消极”意识形成了恶性循环,导致现有的行业协会绝大多数是有名无实、形同虚设,根本没有能力协调企业和职业院校之间的关系。另一方面,校企合作对行业协会来说,根本无足轻重。从行业协会的章程看,行业协会的主要职能在于协调企业和政府以及企业之间的利益关系,校企合作属于非必要公益事业和社会责任,是行业协会最不重要的职能之一。除非有政府的行政推动和行业内企业的利益驱动,否则行业协会根本没有时间和兴趣关心企业和职业院校的合作。

第三节 学校管理人员的利益分析

一、学校管理人员的利益需求

学校管理人员通常归属于一定部门或机构,在行政管理层级的驱动下,他们必须把上级的想法和意愿,而非其服务对象(学生)的想法和意愿,放在第一位,所以其更关注领导认可而非学生尊重。另外,学校管理人员同经济领域中的人一样具有“经济人”特性,他们关注自己的自我实现、工资福利、职位晋升和本职工作,关注所在部门的利益获得,希望通过扩大自己及其所在部门的利益,提升自己的人生幸福感。此外,学校管理人员比较注重精神需求的满足,这是因为绝大部分的处级学校管理人员,不仅是学术水平和职称较高的教师,也基本解决了物质需求问题。

二、学校管理人员的行政级别对其产教融合动力影响显著

学校管理人员的行政级别对其产教融合动力影响显著。科级和处级的学校管理人员的产教融合动力差异显著;科员和处级的学校管理人员的产教融合动力差异显著;科级和处级以上的学校管理人员的产教融合动力差异显著;处级和处级以上的学校管理人员的产教融合动力差异不显著;科员和科级的学校管理人员的产教融合动力差异不显著,科员和处级以上的学校管理人员的产教融合动力差异不显著。需要说明的是:

（1）科级与处级及处级以上的学校管理人员的产教融合动力差异显著，可能是由于科级和处级及处级以上的学校管理人员在职位、权力等方面差异较大。实际上，高等职业院校其党委书记和校长为副厅级，副书记、副校长和纪委书记是正处级，下设的职能部门（部、处、室、办）、教学机关（学院、直属部）的级别为正处级，分设一个正处长和两到三个副处长，在这之下又分别设有科室的科长、副科长和职员。其中，科级同处级及处级以上的学校管理人员在数量、职位和权力上有很大差距。

（2）处级和处级以上、科员和科级的学校管理人员的产教融合动力差异不显著，可能是因为处级和处级以上的学校管理人员同属于学校的高层管理人员，而科员和科级的学校管理人员同属于学校的底层管理人员，高层和底层的内部异质性不突出。

（3）科员和处级以上的学校管理人员的产教融合动力差异不显著，双方的差异不大。

通过分析发现，学校管理人员的利益获得与其产教融合动力呈正相关关系，即利益获得越大，产教融合的动力越高。需要指出的是，职业院校深化产教融合给学校管理人员带来的利益获得并不是很大。深化产教融合无法显著改善他们的物质需求、精神需求和社会的需要。相反，深化产教融合还加重了许多学校管理人员的职责和工作量。这意味着，在学校管理人员利益获得与其产教融合动力呈正相关的情况下，学校管理人员有限的利益获得，将降低其产教融合动力。

第四节 教师的利益分析

一、教师的利益需求

从身份看，大学教师属于高层次知识分子，传播和创新知识以及提高精神境界是大学教师的职责与追求，所以比较注重求知和道德修养等精神需求的满足。同时，教师是教学的引导者，教师教学的对象是学生，教师在工作中接触最多的也是学生，教师理所当然希望获得学生的尊重。从人的“经济人”特性看，教师和其他行业企业的职员一样，追求基本的物质需求，也希望能自我实现、获得领导认可和职位晋升，同时履行好自己的责任，所以大学教师的利益需求也多是以自我为中心的。此外，职业院校的教师的收入有限，所以他们比较看重物质需求的满足和个人利益的实现。

二、深化产教融合伤害了教师的短期利益

从教师的成本—收益分析看，职业院校深化产教融合短期内增加了教师的教育教学成本，降低了教师的利益剩余，不利于调动教师深化产教融合的积极性。深化产教融合大幅增加了教师的工作量，却没有相应地提高薪酬。总体来看，深化产教融合，改革的重点和难点在教师。职业院校深化产教融合对教师提出四点要求：更新教学内容、改革教学方法、参加校外培训和侧重应用研究，这都会增加教师的成本。更新教学内容，意味着教师要根

据产业发展和生产一线的实际重新备课，打破教材体系，自主构建教学内容。改革教学方法，意味着教师很大程度上减少使用成本较低的讲授法，更多地使用一些耗费时间、精力且难度更大的教学方法等。参加校外培训，意味着教师要适应新的环境，放弃假期的闲趣和收入。侧重应用研究，意味着教师要慎重选择研究问题，将研究与生产实践相结合。可以说，职业院校深化产教融合的结果，让教师这份职业变得更不轻松，教师整体生态成为改革最大的反对者，这种反对的表现形式可能不是集会或者“发声”，而更多的是一种改革中的“不作为”或“假作为”。严重的是，职业院校深化产教融合直接关系到教师的“去留”。深化产教融合，要求学校根据地区产业发展需求调整专业设置，缩减甚至取消部分不适应产业发展需求的专业。过去，职业院校专业是因教师而设，即因为学校聘请了某专业的教师，所以学校要报请教育主管部门开设相关的专业，进而再招收学生。现在，职业院校的专业是因产业发展需求而设，专业的背后是教师，调整专业的潜台词是调整教师，让被调整的教师“转业”或“失业”。

虽然，从长期来看，教师与学生、学校休戚相关，教师深化产教融合有利于提高人才培养质量，促进学生就业，增强职业院校的市场竞争力，从而增加自身的福利，包括获得尊重、稳定工作、晋升职位和增加薪酬等。但是，短期来看，职业院校深化产教融合，增加了教师的成本，伤害了教师的利益，且没有为教师提供相应的奖励或补偿，降低了教师的产教融合动力。

第五节 学生的利益分析

一、学生的利益需求

大学生是拥有教育需求的求学者，有较强的求知欲，渴望通过学习提升自己的能力，促进自己的发展，所以比较关注精神需要的满足和自身能力的提升；另外，大学生也具有“经济人”特性，希望通过大学教育提高自己的收入，进而过上幸福的生活，而且他们的物质需求相对迫切，所以比较关注工作、收入等基本生活需要。

二、深化产教融合短期内无法显著增加学生的利益

职业院校深化产教融合主要是通过学校变革促进学生的发展和地方经济社会的发展，学生是产教融合最主要的受益主体，本该具有较强的产教融合动力，然而，调查发现，不少学生对产教融合持漠不关心的态度。出现这种情况的原因有三点：

一是深化产教融合短期内无法显著提升学生的就业水平。1789 年，德国学者席勒在耶拿大学的一次演讲中指出，在大学中存在两种类型的学生，一种为谋生而求学，另一种是为学术或学问本身而求学。在席勒看来，谋生型求学者学习的目的仅在于得到好的职业，改善其物质情况，满足其追逐名誉的需要。反对大学中功利观念的席勒提倡学生应追求学问及其探究与整合本身，而不是将其视为达到世俗目的的手段。然而，席勒的主张可能更多地适用于古典的研究型大学，在现实之中，大量学生是为谋生而求学，更直

接地说是为找到可以为其带来丰厚收入、名誉和社会地位的工作而选择读大学。但是，职业院校的文凭价值有限，在高等教育劳动力市场供过于求的情况下，深化产教融合很难在短期内提高其文凭价值，让学生找到好的工作。所以，不少学生对产教融合漠不关心，只希望尽快毕业。

二是学生在产教融合中处于被动的地位。在产教融合的诸多主体中，政府属于推动者，学校管理人员属于改革方，教师属于改革对象，行业企业属于配合方，学生属于改革的受益方和服从者。从理论上说，学生不应仅仅是改革的服从者，而应充分维护自己的受教育权，给产教融合的改革方施加压力，并发挥主观能动性积极参与产教融合。实际上，在教育生产者导向的推动下，学生及其家长几乎没有能力和权力监督学校提高教育质量，只能被动地接受教育的低质量或者学校变革或好或坏的结果。如此，学生也很难发挥自身的主观能动性，积极参与到职业院校深化产教融合的改革之中。

三是学生也具有机会主义倾向，有着反对深化产教融合的一面。学生不是完美的天使，他们同样追求享乐和不劳而获，希望尽可能轻松地通过考试和毕业，学生在求学过程中偷懒、蒙混、作弊的现象也屡见不鲜。其实，学生的机会主义倾向早已被人所认识，为此还制造出一系列抑制学生机会主义的措施，如教育惩罚和道德教育。中国古代的《学记》有云，“夏楚二物，收其威也”。夸美纽斯则指出，教育要从一个无可争辩的命题开始，即犯了过错的人应当受到惩罚，而为了制止学生的邪恋倾向，必须适当使用纪律与惩罚。深化产教融合增加了学生学习和考试的难度，要求学生更加勤奋和务实，这使学生的学业变得不那么轻松，一些学生受机会主义驱使反而变成了产教融合的反对者。

第五章 职业教育产教融合存在的问题及措施

第一节 职业教育产教融合存在的问题

尽管职业院校产教融合取得了一系列成果,但由于国家体制机制、企业积极性等原因,导致职业院校产教融合还存在许多问题。

一、国家政策执行不到位

第一,虽然国家在职业教育发展中积极推进产教融合,一些政策文件相继出台,但在实施层面没有有效的传导机制、具体措施和适宜的运行路径。该政策没有形成一条向下传导的链条。地方政府普遍缺乏与国家政策相适应的政策文件,继续促进生产和教育一体化的政策环境尚未形成。第二,出台的政策缺乏具体措施,部分政策体系仍停留在宏观或中观层面,高职院校在运行层面难以把握,从文件到执行存在“最后一公里”问题。第三,多头管理难以协调实施,产教融合不单单是教育的事情,还涉及行业和有关部门,需要多部门协调实施,特别是一些改革创新项目,如混合所有制试点等,需要统一、明确的政策要求来推进。

同时,地方政府的配套政策措施不够具体。目前,我国已在国家层面出台了一系列产教融合的政策法规,有“意见”“决定”和“方法”等,可以说是一套“组合拳”。然而，它似乎更难以实施和具体到各种学校和企业。其主要原因是在国家层面有一个宏观层面的引领，地方各级政府不能因地制宜，没有具体的激励政策和支持措施，导致呼声很高，却迟迟不见行动。

目前法律法规不健全，企业权责界定不明确，企业权益保护方面也没有相关规定。没有明确的激励措施，如减税、免税、财政补贴等，导致企业看不到效益，没有参与的积极性。各个主体在人才培养中的作用不愿发挥，合作短视、层次浅的合作问题更加突出。此外，政府并没有赋予行业协会发言的权利和责任。没有行业协会主导的“产教融合”，必然会回到学校与单个企业合作的老路。

二、产教融合长效机制未形成

尽管职业院校在产教融合一体化方面做出了很大的努力，但仍然存在许多制约发展的问题。其主要原因是政策机制尚不完善，动力机制尚未形成，运行机制不完善，评价机制不合理，这导致难以形成产教融合的长效机制。为保障机制的完善，有必要建立更加科学、合理、健全、完善的高职院校产学研一体化机制。

目前我国职业教育中产教融合运行不畅的重要原因之一是校企双方缺乏合作的动力，动力机制的缺失势必影响和制约产教融合的良性发展以及高职人才的培养。这是内部动力机制及外部动力机制都存在的问题。

内部动力机制存在的问题主要包括企业参与产教融合动力不足和职业院校参与产教融合能力不强。企业虽然意识到了产教融合的重要性，但其参与产教融合的意愿不强，动力不足。与职业院校的合作更多地流于形式，处于浅层次合作水平。合作过程中还缺乏具体的利益驱动机制和安全保障机制，未能达到或实现其参与产教融合的动机与目的，影响了其参与产教融合的积极性与动力。同样，职业院校虽然也意识到了产教融合的重要性，但真正能将产教融合落到实处的情况并不乐观，与企业的合作更多地处于初级阶段，合作形式比较单一，在合作中更多地希望得到政府及行业协会的支持。同时因职业院校自身参与能力较低、学生职业能力不强等原因导致高职院校参与产教融合的动机实现情况有限，合作利益难以得到落实和实现，这在很大程度上影响与制约了其参与产教融合的积极性与动力。

外部动力机制存在的问题主要是指政府对职业院校校区合作的支持力度不够。我国虽然颁布了《中华人民共和国职业教育法》，在原则性和方向性的问题上给职业教育确定了一个基本框架，但缺乏具体操作方面的实施细则。如在职业院校产教融合方面缺乏具体的激励政策和保障机制，对职业院校产教融合的政策支持、资金扶持力度不够，政府在产教融合中的导向作用、桥梁纽带作用还没有充分发挥出来。

虽然产教融合备受政府、学校、企业、学生、家长和社会等各方面的关注，产教融合的好坏已经成为评价院校和培训成果的重要内容之一，但至今仍没有形成完备的体制、机制和制度的保障，缺乏强有力的政策措施支持。国家先后出台了相关文件强调产教融合的重要性，对推进产教融合都提出了明确要求，但就产教融合并未制定相应的具体实施条例，并未从法律层面上建立有效的产教融合保障机制，对产教融合中的学校、企业双方的权利和义务缺乏必要的监督和约束，尤其是对企业的利益保护不够，缺乏具体指引和鼓励行业企业参与职业教育、支持职业教育的政策导向和具体化的引导和约束机制。这些都是导致企业认为“职业教育是学校的事”及学校在践行工学结合、校企合作过程中“剃头挑子一头热”的主要成因。由于缺乏具体的政策引导和法律法规的滞后，使产教融合在不少环节上无章可循，无据可依。同时，由于缺乏制度约束和保障，无论是学校还是企业都可以任意退出合作，而不会造成太多的成本，给对方造成严重的损失。在现有体制和制度框架下，合作风险贯穿于合作的全过程，这使得合作双方都感到担忧，成为制约我国职业教育发展的瓶颈之一。

产教融合的实施要素是指产教融合组织的实质参与者、组织管理模式、组织内部运行机制和组织运行质量监控评价体系。在当前产教融合的进程中，主体的地位并不十分明确，特别是产业部门作为职业教育参与主体的地位有待得到明确的支持。相关文件体系只鼓励产业部门积极参与职业教育，并提出明确产业和企业在产业中的主要地位，但目前还没有相关的子文件体系，直接影响企业参与办学的行为和活动。

由于主体身份地位不明确，在产教融合组织中，相关管理结构不完善，缺乏一体化、协调的机构。产教融合的顶层管理效率不高。企业对产教融合组织的被动参与必然会影响运行机制的建设。在大多数产教融合组织中，产教关系的浅层合作与运行机制的不完善或缺失是密不可分的。产教融合组织的监测和运行效果考核是目前产教融合实践中相对缺乏的环节。没有相应的组织结构以事实为依据来监控产教融合，也没有科学合理的组织评价指标体系对结果进行评价。许多结论是基于对现象的分析，问题诊断与改进的针对性和指导性有限，不利于产教融合组织效率的提高。

职业院校产教融合深度整合机制的建立有赖于双方的共同需求和服务。但是，目前对企业的需求较高，服务企业的能力较差。职业院校科研创新优势不明显，科技服务能力较弱，难以在新技术、新产品的研发中发挥作用。

（一）政府缺乏推力

从制度环境和政策环境来看，我国职业教育目前缺乏国家出台的与产教融合相配套的法律法规等制度保障，同时也缺乏地方政府对职业教育发展的鼓励和参与的优惠政策。政府在动力机制构建和保障制度实施方面的欠缺，导致企业参与产教融合的积极性较低。企业在参与合作的过程中具有明显的功利性色彩，因此其合作行为必然是短期的，甚至是追求短期利益，这样就背离了学校引入企业参与合作是为了提高人才培养水平和质量的初衷。

与此同时，在一些经济欠发达地区，由于思想观念的老化和经济及社会发展的落后，人们对发展职业教育存在误解，主要体现在以下几个方面：一是地方政府不够了解高等职业教育的重要性,认为发展高等职业教育的投资周期长,效果缓慢;二是为经济发达地区培养人才,而不是为地方经济发展培养人才,对地方经济社会发展的影响很小;三是加快高等职业教育发展没有形成思想基础和内在动力,产教融合缺乏指导。这些误解已成为影响产教融合最深刻层次的根源和障碍。

目前我国的产教融合仍然带有明显的自发性、民间性,缺乏足够的政府政策和财政支持,缺乏统一布局、统筹规划。目前,各级政府尚未建立专门的协调机构,负责设计、监督、考核和推进"产教融合、工学结合",造成很多合作项目难以获得企业主管单位、劳动部门和教育部门的支持,产教融合主要靠关系和信誉建立、维系,缺乏合作办学的内在动力,难以形成长效的合作机制。同时,在建设资金投入方面,政府的资本投入较少,监管机制不完善。我国职业教育经费投入较少。一些职业学院甚至不能保证必要的学校经费。中国职业教育生均事业性经费支出仍不到本科院校的一半。

由于政府的低投入或无投入,高职院校教师薪酬极低,无法留住高水平教师,也无法从企业引进高级技术人员或技能大师来充实"双师型"教师。实习培训的教育资源严重短缺,这与职业教育要求高仿真、教学设备先进的特点形成了鲜明的反差。高职院校很难形成与企业合作办学的基础,更不用说与企业合作建立人才培养的长效机制。此外,由于有限的资金投入缺乏健全的调控机制,使得存在同类院校重复建设现象,没有实现区域共享,设备使用效率不高,存在一定程度的资源浪费。

部分地区虽已开始启动区域共享的产学研合作实训基地建设,但由于存在征地、基本建设、设备采购、运行机制等一系列困难和问题,缺少政府的大力支持和积极推进,进展缓慢,各级政府应进一步加强统筹规划。

(二)行业缺乏引导力

从行业参与高等职业教育发展的角度看,行业中还存在一些作用不突出、作用不到位、不发挥导向作用等问题。行业部门和行业组织对企业与高职院校互利发展缺乏指导和协调。地方行业指导委员会可能并不完善,也不能完全发挥其作用。

(三)企业缺乏动力

很多企业缺乏对产教融合的战略思考和实践经验。企业过分强调自身的经济利益,而忽视了自身应承担的社会责任。企业普遍认为,人才培养是院校的责任,加上在当前人才市场供过于求的情况下,企业自身可以较低的成本解决劳动力、技能人才和技术、信息方面的问题,没有必要花费较大成本与职业院校合作解决,结果导致企业在产教融合中处于"消极、被动"的状态,产教融合最终成为企业对院校的"公益支持"或"功利性投资"。因此,职业院校较长周期的人才培养教育模式与企业短时间内较高的经济效益的要求构成了职业院校与企业之间亟待解决的主要矛盾。对短期利益的过分强调使企业对产教融合教育缺乏全面的认识。由于职业院校可以在人才、技术服务、管理等方面给企业以强有力的支持,在产教融合教育中学校绝不仅仅是企业利益的"索取者",而是企业可持续发展的"支撑者"。因此从长期来看,产教融合教育应该是双赢的,而不会是以一方利益受损为代价的。

从企业与职业院校合作方式看,由于企业在用人需求、职工培训、技术研发等方面诉求不一致,企业会根据自身需求与职业院校选择性合作,校企之间长期深度合作的基础比较薄弱。从企校合作发展的动力看,产教融合的激励机制没有形成,以经营为主体的企业缺乏利益支持的情况下,不少企业缺乏参与产教融合的发展动力,即便是响应国家政策参与职业院校产教融合,也多半是浅尝辄止,不愿与校方展开深入合作。

校企双方的本质在某种层面上是矛盾的。逐利性是企业的本质,而育人是学校的本质特征,这就是逐利性与公益性的矛盾。企业更看重怎么节省成本,找到更合适的人才,进而有更多的利润;而学校教育,则要关注人的成长。职业教育和职业培训的一个最重要的区别就是前者不仅关注技能传承的经济属性,更关注人的成长的教育属性。但长期以来,教育属性仅被学校所看重，而被企业所忽略。企业在转型升级、争取更大发展方面遇到了人才瓶颈，而职业院校在培养高端技术技能人才的模式方面也亟待改革，两者有共同的对技术技能人才的需求，这就是融合的基础。为此需要合力，需要整合资源，但是由于部分院校对来自企业的信息关注度不够，课程内容陈旧，管理制度缺乏弹性，合作起来困难重重；再加上不少老师对产业知之尚浅，只会说不会做，不能开展让人信服的社会服务；不少学生职业素养不够，适应能力较差，缺乏吃苦耐劳与合作精神，缺乏长期合作的基础，这些都导致企业与学校合作的动力不足。

由于没有稳定的产教融合机制，导致校企双方在就培养什么素质技能的人才，各自应承担责任及对学校课程设置方面缺乏整体严谨的设计和安排。企业只注重招生，更看重短期的经济利益，只考虑在缺人的时候从学校找临时工，做一些最基层岗位的工作，忽视平时的人才培养；部分学校只想从合作中落实课程安排、获取实训资源以及提高就业率而不太顾及企业的正常运营。这种各自为政的合作层次很浅，很脆弱，一旦出现问题，就容易放弃合作，影响合作的长期性和稳定性。

企业不愿意进行产教深度融合的原因还在于精心培养的人才留不住、投资回报不确定性的问题非常突出。在目前的完全自由化、去留自主的市场机制下，企业与学徒之间缺乏有效的信任承诺机制，培养完成之后可随意走人，企业存在着被“挖人”的风险和“搭便车”行为，即市场的外部性。参与职业教育人才培养的企业需要花费较多的时间成本和人力、物力、财力的投入，但等学生毕业之后，企业却没有保障机制能留住人，而那些没有付出成本的企业却可以随意以更高的工资或福利待遇来“挖人”或者“搭便车”，对这种行为，产教融合企业没有抓手，只能说束手无策。过多的这些现象，就造成了企业不愿意参与人才培养，不愿意花心思投入人才培养。因此，如何激励企业参与到产教融合中的一个关键问题就是如何破解企业投资回报不确定性问题带来的“搭便车”行为。

（四）高职院校缺乏吸引力

虽然国家政策文件明确指出，高等职业教育是一种教育类型，而不是一个层次，但在人们的潜意识里，高等职业教育仍是一种低于本科教育水平的教育。高等职业教育一直以来都是学生和家长的无奈选择，没有足够的吸引力。随着《国务院关于印发国家职业教育改革实施方案的通知》（国发〔2019〕1号）的颁布，职业教育已被确认为与普通教育具有同等重要的地位，公众的理解将会越来越全面。但这种根深蒂固的偏见和理解还将存在一段时间，需要政府、高职院校和其他利益相关者共同努力。

我国不少职业院校资源不足，例如实习实训基地、实验室、师资等资源难以满足学生的实际需求，也难以满足市场与时俱进的需求。这些不足的资源是职业院校理论与实践相结合的基本前提，这些缺点也使得高职院校的吸引力下降。

一些高职院校对产教融合的重要性认识不足。由于不能深刻认识到高职教育的特点是培养适应市场需求的技能型人才，导致高职院校对产教融合的工作重视不够，缺乏全面系统的规划。合作层次不准确，普遍偏低；开展产教融合的体系不完善，过于考虑其眼前利益，缺乏长远规划，从而影响具体工作的开展和实施，并不能提高合作的质量和效率。一些职业院校甚至存在着“多一件事不如少一件事”的心态，缺乏开展产教融合的积极性和动力。因此，干干停停，缺乏连续性，也不可能形成产教融合的良性循环机制，也无法吸引其他利益相关者投入人才培养工作。

（五）其他社会力量缺乏关注力

家长和社会对此缺乏足够的理解和支持，一些家长对学生的实习和培训持保留意见。他们认为学生交给学校学费，就应该安排在学校学习，到企业实习实训是一种不负责任的态度。一些家长不愿意让学生在实习过程中接受磨炼，他们对学生所反映的艰辛感到非常紧张。同时，社会对职业教育的看法不够正面，加大了产教深度融合的难度。

三、产教融合深度不够

我国有“学院+科技园区”“专业+大型企业”“专业+龙头企业+企业联盟”“专业+校办企业”“专业+行业协会”等产教融合模式。这些模式都不同程度地促进了高等职业教育的发展和产教融合的深入，但主要侧重于产、学结合，结合的内容没有达到“产教融合”的广度，也没有体现高等职业教育的高度和产教融合的深度，自然不能达到“产教融合”的效果，其成功经验也难以复制和推广。其主要表现如下：产教合作方式创新少，一些合作项目仅限于“冠名”“订单”培养，混合所有制、现代学徒制等创新项目政策层面难以突破、推进力度不够；产教合作深度不够，有的产教融合覆盖面不够，只在部分教学环节上有企业参与；有的产教融合层次低，高职院校与企业开展合作的形式仅限于学生的顶岗实习。

从产教融合的广度来看，大多数高职院校的产教融合仍停留在某些专业的试点阶段，大部分专业仍停留在传统教育模式上。即使是走在全国前列的职业院校，其产教融合培养模式也没有覆盖到所有专业。从产教融合的深度来看，产教融合的关键是学校和企业之间的合作，真正实现“互利共赢”，主要表现在以下方面：第一，与企业的合作可以促进学校提高教育教学质量和实现办学的目标；第二，高职院校要把人才、技术和科研成果转化为经济效益，为企业带来实实在在的效益。然而，大多数高职院校的产教融合还停留在表面上，大多数职业院校受自身教育水平的限制，他们只从企业那里寻求资金、设备和场地，服务企业的能力是非常有限的。同时，大多数高职院校建立了产教融合委员会或专业指导委员会，但实际上专业培养计划还是基于学校，课程设置和课程内容也是以理论教学为主，很多的实践教学环节还是停留在专业培养计划上，并没有得到企业的通力配合和认可。

在我国目前高职院校与企业的合作中，建设实习实训基地是最常见的产教融合模式。该模式可以直接为学生提供一个与企业现有资源直接进行顶岗实习和工学交替的平台。它往往不需要企业额外投入资金,因此成为企业通常选择的产教融合模式。然而,由于这种浅层的合作并没有被纳入企业的商业计划中,它已经成为企业的一个可选项目。企业往往会因为担心实习对运营的影响而暂时取消学生的实习计划。建立的实习基地稳定性不高,连续性不强。由于缺乏合作意愿,更深层次的产教融合模式很少能在实际中得到推行。

在学校与企业合作之初,他们往往更有热情和冲劲。在双方功利性目标的推动下,学校与企业之间的合作意愿相对较强,这往往使得学校为了解决学生的就业问题而盲目与企业开展合作,而不去评价企业的质量;为了其他利益企业同意与学校合作,条件是“学校必须为企业提供劳动力”。在这种合作中,学校与企业之间的合作往往是仓促的,学校很容易将“黑名单”企业引入学校,企业不会真正开展学校需要的合作项目。学校吸取教训后,不得不提前终止合作关系,这往往导致“一次性合作”现象的发生。

在很长一段时间里,有一种观念存在于我国职业教育学校和企业之间的合作关系中,即学校是处于被动的一面,因为学校有求于企业,所以学校需要主动联系企业,而且必须以企业的需求为自己的人才培养的目标。因此,在寻求与企业合作时,学校往往忽略了以企业是否同意合作作为选择标准来筛选企业。企业的本质是追求利润,是否与学校合作被置于能否为企业带来利润的标准之下。如果与学校的合作不能达到“盈利”的根本目标,产教融合无疑将面临“企冷校热”的尴尬局面。

同时,从外部环境来看,当前由于我国人力资源市场劳动力供给充足,特别是科技含量低的中小型企业,即使不通过产教融合也可以获得大量廉价的动力,再加上学生实习肯定会给企业带来额外的负担,特别是职业院校学生会影响企业安全管理、产品质量等,这也是众多企业对产教融合缺乏热情的主要原因。

四、高职院校产教融合第三方评价机制尚未建立

(一)第三方评价的市场机制尚未形成

2010年,《国家中长期教育改革和发展规划纲要(2010-2020年)》明确提出:改进教育教学评价。根据培养目标和人才理念,建立科学、多样的评价标准。开展由政府、学校、家长及社会各方面参与的教育质量评价活动。2013年,《中共中央关于全面深化改革若干重大问题的决定》再次明确提出:深入推进管办评分离,扩大省级政府教育统筹权和学校办学自主权,完善学校内部治理结构。强化国家教育督导,委托社会组织开展教育评估监测。2014年5月,《国务院关于加快发展现代职业教育的决定》(国发〔2014〕19号)指出:"注重发挥行业、用人单位作用,积极支持第三方机构开展评价"。

2015年,教育部下发《关于深入推进教育管办评分离促进政府职能改变的若干意见》,部署构建"政府管教育、学校办教育、社会评教育"的格局。

2017年年底,国务院办公厅印发《关于深化产教融合的若干意见》指出:积极支持社会第三方机构开展产教融合效能评价,健全统计评价体系。强化监测评价结果运用,作为绩效考核、投入引导、试点开展、表彰激励的重要依据。鼓励第三方开展产教融合型城市和企业建设评价,完善支持激励政策。

为推动产教融合的发展,自2010年以来,国家出台了一系列的政策措施,并强调第三方教育评价的重要作用,鼓励社会机构积极参与第三方教育评价。反映了国家层面对产教融合和第三方评价的重视,但配套的法律、政策和制度还未跟上,限制了产业需求的规模。在市场准入、资质管理、行业管理、产业化推进等方面缺乏有效的衔接。政府、学校、专业评估机构、行业、企业等社会组织尚未建立起多元参与的教育评估体系,也没有有效的途径来推动第三方评估体系的深入实施。因此,第三方教育评价滞后于其他领域的第三方评价。评价机制尚未形成,市场发展方向不明确,市场规模和

前景不明朗。

(二)产教融合权责利边界不清使第三方评价更为复杂

产教融合的目的是通过有效地开发人力资源,实现个体的知识技能转化为整个社会的强大生产力。陕西省人力资源供需的动态失衡极其严重,这表现为两者在适应和促进经济社会发展的竞争中,教育相对落后,跟不上产业需求的快速调整。这既有深层次的制度和体制问题,又涉及社会组织和企业参与教育事业改革发展与人才培养的科学、合理制度安排等。

对于企业参与职业教育,《职业教育法》虽然明确规定"行业组织和企业、事业组织应当依法履行实施职业教育的义务",然而对于哪些企业组织,以及如何参与职业教育,都不够明确。而多部门联合发文,鼓励企业办职业教育的"意见"也只具有指导意义,缺乏刚性约束。另外一个原因则在于,机制不顺导致企业参与办学和产教融合的内在动力不足。产教融合中的矛盾错综复杂,其根本解决之道就是需要顶层设计与制度体系安排,否则相关举措安排势必遭遇制度壁垒而陷入困境,产教融合目标的实现将困难重重,对于产教融合在职业教育发挥作用的效果评价将更举步维艰。

(三)第三方评价权威性不够

不同行业产教融合具有不同的办学模式,如何发挥产教融合的作用,达成目标度,很大程度上取决于是否建立完善的激励政策、明确的互利目标和办学方向、共同开发的课程体系、有效的教学效果、动态的质量过程监督与管理完善的教育评价体系,尤其是科学客观的第三方教育评价体系。从机构上说第三方评价机构应是具有独立地位的法人实体,其显著特征是独立性、专业性与权威性。通过接受学校或政府部门的教育教学质量和办学能力评估业务委托,形成学校办学水平的诊断性评价,从而影响学校的办学策略选择、政府的政策取向以及公众和用人机构对教育质量的知情权。但独立第三方评价者这一力量如何形成?由于第三方教育评价市场前景不明,同时教育事实的多样性和教育需求的多元性使得教育评价的需求、评价方式、评价主体多元化。这就对评价机构专业性、独立性、公正性的要求都很高,要求评价人员既要有教育专家,又要有行业专家;既要有一线生产教学人员,又要有研究者。

尽管近年来出现了一些形式不同、关注点各异、多少带有评价功能的组织机构,具有第三方性质,但权威性较低是我国高等教育第三方评价面临的突出问题,具体表现为:评价人员构成及素养有待提高,评价方案难以实现提高高等教育质量的目的,评价机构自律性不够。总体上相对弱小、分散、信誉不高、各自为战。各省教育科学研究院等研究机构也受省教育行政主管部门委托以第三方教育评价身份实施评价,但鉴于其身份和体制机制,其评价的独立性和评价队伍的力量仍然存在很多矛盾。一些公立高校也在本科和高职院校各类排名中担当第三方评价者的角色,但基本仅限于院校排名,对产教融合的过程与效果评价既没有这方面的专业力量,又没有动力,市场吸引力不足,难以吸引教育和行业企业高水平专家到这一领域。

由于过去长期使用政府提供的教育评价,社会对第三方教育评价结果的信任度很低。同时,从评价结果的应用现状看,第三方评价结果应用机制尚未形成,从教育政策支持方向看,在财政拨款、重点项目、招生计划等方面主要还是教育行政主管部门主导的评价在其中发挥了重要作用,这些评价一定程度上仅反映了学院办学条件和教学科研成果的优劣,对于人才培养质量尚缺乏直接的联系,同时也缺少社会、行业企业等用人单位和家长的参与以及成果应用。

(四)第三方教育评价系统设计缺乏层次性、整体性

从区域产教融合的角度看,产教融合有三个层次:宏观、中观和微观。宏观层面是区域整体产业结构与职业教育专业结构之间的衔接;中观层面是院校专业群与产业群、产业链的匹配程度;微观层面是课程群与专业岗位群、专业文化建设与企业文化的融合。然而,这一领域既没有系统的研究,也没有第三方评估机构在这一领域的研究。同时,第三方评估机构在社会关系、资金来源等方面都无法与政府支持的评估机构相比较。各类第三方评估机构都面临着“生存”或“发展”的困境，如资金来源、项目来源、与行政部门的关系、市场发展问题的评估、公平竞争环境等。这大大影响它的专业性，进而影响到它的竞争力和权威。

第二节 职业院校深化产教融合的措施

深化产教融合、校企合作是推进职业教育改革发展的重要举措。产教融合从政策导向到制度安排，体现了现代教育发展对增强国家竞争力特别是发展实体经济的支撑作用。但国家产教融合、校企合作政策的落地和实施需要地方政府的积极配合，各地只有通过细化具体举措，产教融合、校企合作的作用才能有效体现。部分省份能够从地方经济和社会发展的需要出发，优化地方体制机制，制定出既符合国家政策又有地方特色的实施意见，而有的省份只是在框架和内容上几乎完全复制中央政策，或者只是从宏观上给出了发展方向，缺少具体实质性的建设意见，难以实现地方特色发展，可操作性低，弱化了政策文本的实际指导意义。

产教融合对于高等职业教育发展和现代社会经济转型升级具有重要意义。实践表明，现阶段产教关系尚未达到理想状态的“融合”，高等职业教育在一定程度上亦不能真正适切产业结构调整、经济转型升级的现实需求。深化产教融合是高等职业教育优质发展的方向，当前，尤其需要以“产教融合”的价值源头为基点，厘清高职院校深化产教融合所存在的问题与所需环境要素，并在实践过程中消解相关制约因素，以不断创新产教融合机制与实施手段，全面提升技术技能人才培养质量，为加快发展现代产业体系提供有力支持，促进经济社会发展。

一、政府统筹，推进地方职业教育产教融合政策落地

国家发改委和教育部等6部门印发的《国家产教融合建设试点实施方案》指出“深化产教融合，促进教育链、人才链与产业链、创新链有机衔接，是推动教育优先发展、人才引领发展、产业创新发展、经济高质量发展相互贯通、相互协同、相互促进的战略性举措”，指出了教育与产业创新、经济高质量发展之间的关系。区域经济发展和产业转型升级不仅需要高精尖的本科院校和科研院所，更需要来自现代职业教育体系的支撑；现代产业的发展，必须要有高素质的技术技能人才支撑。在企业自身的转型发展中，企业人力资本的储备、支撑和培养，须由校企合作共同供给培育。因此，地方政府要高度重视产教融合、校企合作在推进职业教育发展、推进企业动能提升、推进产业创新、推进经济转型升级等方面的重要作用。大力推进职业教育产教融合、校企合作，不仅可以促进职业教育的内涵建设、水平提升，而且能与企业共建产教融合型企业，共同开展技术研发与工艺改进，提高企业生产效率；职业学校的人才培养更好地与企业需求对接，从而为地方培养出更多高素质技能人才，推进地方产业转型升级。

2017年10月，党的十九大报告提出“完善职业教育和培训体系，深化产教融合、校企合作”。同年12月，国务院办公厅印发《关于深化产教融合的若干意见》。国家层面的实施意见印发后，省级政府能够积极响应国家政策，相继印发本省深化产教融合的实施意见。省级政府实施意见的印发标志着地方政府积极落实国家政策，实现自上而下的顶层设计。省级政府都将产教融合纳入各省经济社会发展规划以及区域、城乡、产业和重大生产力布局同步规划，进而优化教育布局，引导职业教育资源逐步向产业和人口集

聚区集中，打造区域性产教融合发展中心，形成教育和区域产业统筹融合、良性互动的发展格局。为优化教育和产业结构、实现专业与产业对接，省级政府在统筹规划产教融合的发展措施、支持方式、实现路径和重大项目建设上凸显出地方特色。例如在产教融合与区域经济社会发展对接上，河北省重点推动雄安新区建设，广东省重点推动粤港澳大湾区建设实现产教融合发展，甘肃省则以脱贫攻坚主任务、用好教育扶贫东西部协作和定点协作机制，助推产教融合向高层次发展，云南省则是围绕实施乡村振兴战略、打造"绿色能源牌""绿色食品牌""健康生活目的地牌"和发展重点产业，加速推进急需紧缺学科专业建设，推进17个区域职业教育园区(中心)建设，形成滇中、滇东北、滇东南、滇南、滇西、滇西北6个区域职业教育园区。江西省为实现产业与教育的融合，首先以航空、电子信息、中医药、装备制造、新能源、新材料、数字经济、幸福产业、绿色食品、生态环保等江西十大产业体系为导向，以产业链条为纽带，建立由学科优势学校、行业龙头企业共同牵头，学校、企业、协会、研究机构等参与的"十大产业产教融合战略联盟"，通过行业产业发展需求及新技术应用为牵引促进学科专业建设。其次从专业优势高校与行业骨干企业等单位合作共建或高校单独建设的创新平台中，遴选打造"产教融合重点创新中心"，通过转化十大产业体系发展中的关键共性技术打造重点创新新高地。再次以职业教育国家示范校、国家骨干校、省级示范校、"双高"计划立项单位为主与规模骨干企业联合建设"产教融合校企合作育人基地"，为十大产业体系发展培育紧缺的学历与技能并重的技术技能型人才，开创产教融合育人的新模式。

地方政府要结合本地经济转型发展需求和社会发展需要，建立和完善产教深度融合的推进措施、实施细则，研究并出台多方参与机制、保障体系、考核评价体系、激励机制等，从政策及制度层面，构建起促进产教融合、校企合作发展的政策环境。要研究出台细化行业企业办学的政策和措施，激发行业企业参与职业教育的内生动力，积极鼓励企业申报国家产教融合型企业。要注重实施细则或措施的针对性和可操作性，确保能落地施行。要强化政策创新，根据本地职业教育发展状况和产业特点借鉴先进地区发展经验，如提供优惠贷款、专项补贴，搭建区域性的资源融合平台，统筹本地的行业企业资源和教育资源，以提升各类信息及需求的互通互动，实现资源优化组合。尝试“首问负责制”“最多跑一次”等便捷措施，简化办事流程，为校行企之间的合作提供帮助，解决企业困难，引导校企双方形成深入合作机制。

二、强化行业组织的指导监督协调服务机制

行业组织虽然属于民间组织，但代表着本行业全体企业的共同利益，在企业、政府和学校间能发挥极其重要的沟通、服务、协调作用，所以，行业组织的参与和支持也是产教融合的重要保障。在产教融合过程中，需要强化行业组织指导监督协调服务机制，以推进职业院校产教融合的顺利进行。用行业组织来监督、协调与规范职业院校产教融合的行为，这已是当务之急。行业组织的介入可以规范学校与企业的合作方式，让职业院校的合作效果更加明显，使双方的合作关系形成可持续发展。

一般地，行业组织主要是指为达到共同的目标，相关组织通过自愿结成的行业团体。高职院校产教融合是校企双方为增进共同利益，实现共同发展目标而组织起来的事业联合体，其主要目的是保护与增强两个发展主体的合理合法利益。职业院校产教融合是由两个独立的经营单位构成的，这其中急需行业组织监督协调服务机制的介入。行业组织作为一类比较典型的行业中介组织，它的介入对增进职业院校产教融合的共同利益、维护产教融合会员的合法利益，发挥着重要的监督协调服务作用。当下，通过强化行业组织的监督协调服务机制来促进产教融合的发展，不失为一种良好的策

略。在职业院校的产教融合中，行业组织的监督协调作用主要体现在以下几个方面：

（一）行业组织为产教融合提供顺畅的信息交流平台

行业组织形成的宗旨就是让整个行业中的企业都有共同的经济效益，让这一行业的发展得到合理的规划，利用对行业的经常性调查研究，精确地判断出该行业需要的是怎样的人才。在职业院校的合作形式中，校企双方需要进行大量的需求信息的收集和交换，而行业组织在其中的作用就是传递双方的信息。行业组织经常对本行业的各种情况进行市场调查，尤其是人才的发展与需求情况，协会将收集到的资料传递给教育机构，让其可以根据相关的调查情况设计人才培养的方案，还能及时对教学活动做出各种调整，这样学校培养的人才更加贴近社会的需要，也能提升经济与社会效益。同时，学校与企业可以利用行业组织进行各项交流活动，让双方的合作更加紧密。如果学校与企业的合作利用好行业组织，让其发挥积极的作用，就可以深化学校与企业的交流，形成信息的共享，也可以让合作的关系更加融洽，更有现实意义。

由此可见，行业组织可以给职业院校与企业的合作工作提供一些具有针对性、时效性的信息，及时反映职业院校与相关企业的合作诉求，为产教融合双方提供可靠翔实的相关数据和全方位的信息服务，在产教融合工作中充当参谋者与合作方案设计的提供者。显然，在产教融合的实践中，必须强化行业组织的协调服务作用，确保长期为职业院校产教融合提供稳定畅通的相关信息，构建信息沟通交流的平台，引导职业院校产教融合朝规范化、科学化推进。

（二）行业组织为产教融合搭建有效的人才共享平台

行业组织可以从企业与学校两方招揽到许多专家形成相关的人才管理中心，让他们对本行业的发展提供一些可行的建议。在学校与企业的合作中，行业组织起着明显的推动作用。协会鼓励学校与企业进行各种交流活动，利用新的科技项目让企业与学校紧密相连，一起进行技术的创新性开发，让企业在实践过程中少走弯路，有更多的高技术人才加入。这种专家形成的管理组织可以给企业提供技术的支持，不但让学校的教学有了明显的进步，也推动了企业的经济建设。

（三）行业组织为产教融合提供全面的监督协调服务

行业组织是建设现代职业教育体系的重要力量，在促进职业教育产教融合、提升人才培养水平等方面，发挥着不可替代的作用。要发挥行业组织的独特作用，由行业组织出面牵头搭建校企合作平台，组织企业群联合为相关学校提供实习岗位、实训设备和兼职教师，联合下培养订单，能大大降低校企合作的成本，提高校企合作的效益。特别是中小企业居多的行业，许多单个企业不具备单独与学校合作的条件，行业组织在校企合作中的作用就更为重要。

行业组织是整个行业的代表，有四大职能，分别是组织、服务、调节与监督，根据自身的发展状况，分析并调整好所有合作方之间的关系，从而减少校企双方的运作成本，提高合作效率。

行业组织具有监督协调作用，能够实现对校企双方的约束，是产教融合顺利进行的重要保障。职业院校产教融合的运作过程与落实情况，需要相关行业机构来进行监督与协调，确保产教融合的规范有效运行。一方面，行业组织可促进职业院校产教融合的双方开展自查自纠，及时纠正产教融合中的违规行为，确保产教融合回到正确的运行轨道上来；另一方面，行业组织还能够对高职院校产教融合的双方进行必要的监管干预，防止产教融合项目的具体推进过程流于形式，对职业院校产教融合的整个过程及其双方的行为进行有效的监督，及时公开产教融合项目进展情况，更好地维护职业院校产教融合双方的共同利益。

与此同时，行业组织要起到很好的监督协调作用，还可以从以下三方面入手：一是建设交流方式，在政府与企业和教育机构之间做好协调的工作，让学校与企业的合作发展落到实处；二是促进专业化人才在企业和地方院校之间的流动，知识与技能结合，使专业化人才得到更好的培养和发展；三是宣传各项研究成果，让科技成果顺利融入实践之中，这也是推动学校与企业之间合作的重要方式。

职教集团也是发挥行业组织优势推进校企合作的有效形式。截至2020年10月，全国组建了约1500个职教集团，吸引3万多家企业参与，覆盖了近70%的职业院校。职教集团以专业和产业为纽带，以行业和企业为依托，以多家骨干职业院校及企业为核心，以校企合作为重点，以资源共享和优势互补为特征，相关职业院校、行业、企业和机构协议参与，其主要功能就是校企合作培养人才。在集团内不仅形成多企多校的合作平台，而且从组织结构上连接了校企双方，形成了校企合作的聚集效益。集团的有效运作能推动校企合作集约化、常态化、制度化发展。因此，只有在政府、企业和职业院校三方的积极互动中才能发挥其合作育人的功能。政府应为校企建立沟通合作的桥梁，营造有利于校企合作的舆论环境，同时完善相关法规政策；企业应以长远的眼光来看待这一人才培养模式，加强与学校的沟通合作，尽可能地为职业教育提供实习条件和经费支持；学校则应积极争取政府与企业的支持，同时以行业、企业为背景，提高教学的针对性和科学性，做好“双师型”教师的培养工作，并以此反哺当地企业，充分调动企业的积极性。因此，要高度重视和大力发挥行业组织的独特作用，充分发挥其引导和鼓励本行业企业开展校企合作的组织作用，发挥其行业资源、技术、信息的集聚优势，强化其对校企合作的指导、协调和服务职能；同时，要将职教集团建设工作放到职业教育改革发展的重要位置，扎实推动，大胆探索、积极实践，把教育发展与行业发展紧密结合起来，创新提升校企合作层次水平。

三、强化企业主体作用，推动企业办学促进产教深度融合

为化解当前产教融合工作当中企业积极性不高、学校热企业冷的问题，

鼓励和支持企业在新一轮科技革命背景下，加强人力资源开发的投入和人才培养，更好地发挥教育对产业转型的支撑引领作用，各省级政府的实施意见中都明确了企业在产教融合中的主体地位，为发挥企业的主体作用，采取拓宽企业参与途径、推进“引企入教”改革、推行企业真实环境育人、设置“产业教授”等创新性岗位、政府购买服务支持企业举办职业教育等措施，实现人才“供给—需求”单向链条，转向“供给—需求—供给”闭环反馈。江苏省则以产教融合平台载体建设为重点，通过“组建一批实习实训平台”“组建一批职业教育集团”“培育一批产教联盟”深化产教融合。山东省则以正在推进的新旧动能转换重大工程为抓手，重点解决高素质实用型技能人才缺乏这一新旧动能转换的堵点和痛点，实现“产业链—创新链—教育链—人才链”的“四链贯通”。山西省在鼓励发挥骨干企业引领作用的同时，还积极鼓励中小微企业与职业院校开展新招聘人员入职培训，若培训人员与企业签订6个月以上劳动合同则政府给予每人300元的职业培训津贴，若能够在1年劳动合同期内取得职业技能证书或者提升技能等级的，能再得到300元的职业培训津贴，积极发挥中小企业的作用。浙江省则通过“五个一批”建设推动产教融合发展，即一批产教融合工程项目、一批产教融合型企业、一批产教融合新联盟、一批产教融合示范基地（以省产业集聚区、经济技术开发区、高新区、特色小镇等平台为重点）、一批产学合作协同育人项目（面向企业征集合作项目），通过“五个一批”建设进一步加大政策和项目的支持力度，强化企业与院校的紧密对接，促进人才培养教育供给侧和产业需求侧结构要素全方位融合。

四、强化校企协同，深化教育改革提高人才培养质量

产教融合的实质是产教协同育人，通过形成需求导向的人才培养模式，从而助推人才教育供给与产业需求重大结构性矛盾的基本解决，各个省级政府都提出了加快教育领域“放管服”改革，将劳动教育、职业技能和工匠

精神融入基础教育以丰富产教融合的内涵，强化师资队伍建设，深化考试招生制度改革、鼓励企校共同制定人才培养标准、修订专业课程等措施，形成校企协同育人的长效机制，互利共赢。为提高人才培养质量，甘肃省依托中德新能源示范城市建设等合作项目，搭建由政府、行业和外方德国共同组成的校企合作和技术服务平台，引进、消化、吸收德国双元制教学模式，促进职业学校、企业联合开展现代学徒制人才培养模式的改革。重庆市依托职业教育中外合作办学行动计划（2018—2022 年）加强中外合作育人，通过中德、中澳（重庆—昆士兰）、中泰职业教育项目、中国（重庆）新加坡博士后国际培养交流计划，引进海外优质教育资源，合作共建专业，共同举办学历教育和技术技能培训。

同时支持校企共同打造面向海外市场的特色品牌专业、课程和教学资源，助力校企联动"走出去"，鼓励引导产教融合服务国家"一带一路"建设、长江经济带发展和国际产能合作。辽宁省以创新创业教育改革为着力点，创新人才培养机制，整合要素资源，协同推进、开放合作，把创新创业教育贯穿于人才培养的全过程，把创新精神、创业意识和创新创业能力作为人才培养与质量评价的重要指标，以此促进人才培养与经济社会发展需求的紧密衔接，推进产教融合人才培养模式的改革。

五、搭建对接平台，促进行业协调实现产教双向对接

产教融合是两个界别的融合，有效的对接沟通平台是实现产教融合的关键。省级政府都提出建立教育部门与行业主管部门产教融合工作协调对接制度，将产教融合具体服务内容纳入政府购买服务指导性目录，建设产教融合信息服务平台，制定产教融合效能评价指标体系，开展产教融合效能监测评价，多种措施共同推进教育与产业的对接。

与此同时，省级政府都强化行业的协调指导作用，支持行业协会开展诸如人才需求预测、校企合作对接、教育教学指导、职业技能鉴定等服务，积

极培育市场导向、对接供需、精准服务、规范运作的产教融合服务组织。如吉林省要求2020年底前建立20个由行业协会、企业、学校和有关部门参加的行业教学指导委员会,在发布行业人力资源信息、制定人才培养方案、开展就业质量评估等方面发挥重要作用。另外,在产教融合平台建设上各省级政府理解也各不相同,如湖南省通过推进教育精准扶贫与乡村振兴战略,落实精准扶贫战略,加大对贫困落后地区产教融合支持力度,鼓励农村和贫困地区学生到城市优质职业学校就读,鼓励国家和省示范、卓越职业学校对口帮扶农村和贫困地区薄弱职业学校,多举措对贫困地区职业学校师资队伍开展免费培训和对口支持,实现产教融合对接。河南省则通过建设10个省级示范性职业教育集团实现产教供需双向对接,鼓励行业骨干企业联合学校、科研院所等共同组建职业教育集团,实现专业链与产业链对接、教学过程与生产过程对接、专业课程内容与职业标准对接。同时为了更好地实施产教融合,山东省、河北省和重庆市都建立了产教融合科学评价体系,通过购买服务等方式发挥第三方机构的效能评价作用,并将评价结果作为绩效考核、投入引导、试点选择、表彰激励的重要依据。

六、应用经济手段,建立产教融合的经费保障机制

充足稳定的经费是校企合作、产教融合的重要保障。我国在职业教育的财政投入长期不足,据统计,高职生均经费仅为普通本科生均经费的1/9。更没有设立职业教育产教融合的专项经费。而要深化校企合作、实现产教融合,必须在教学改革、实训基地建设、教学团队建设等方面投入大量的经费,但职业院校本来就经费有限,而企业是追求利益最大化的社会组织,实施校企合作在短期内很难获得效益最大化,因此也不愿投入大量经费开展校企的深度合作,在一定程度上阻碍了校企合作、产教融合的正常运行。在国外,一些职业教育发达国家建立了多元化的经费投入机制,积极调动社会、企业和学校开展校企合作,为我国建立校企合作、产教融合的经费保障提供了很好的思路。一方面,发挥政府的主导作用,加大政府在职业教育中的财政投入,采取多方面的税收调节政策与优惠政策,让参与校企合作、产教融合的企业获得政策上的实惠,激励企业参与校企合作、产教融合的积极性与主动性。另一方面,政府要以校企合作、产教融合的质量为核心,采取市场化的运作方式和竞争机制,只有提供与产业界发展一致、适应社会需求的产教融合项目,才能在竞争中得到拨款。建立拨款项目的监管机制,实现专项资金管理和项目资金管理的方式,加大对校企合作、产教融合项目的考核与评价,确保款项发挥应有的作用。

七、建立考核机制,提高政策实施的成效

产教融合、校企合作政策落地,还需要配套考核机制,才能更好地落实,才能实现可持续发展。地方政府可以引入第三方评价机构,建立产教融合、校企合作的评价督导考核机制,对产教融合、校企合作实施情况进行及时反馈和针对性指导。

由于产教融合、校企合作涉及教育和产业两个层面,因此,政府要协调教育、发改、财政、人社、工信、国资、科技等部门共同参与。如定期考核评估职业院校在产教融合、校企合作方面的实际作为和成效,同时要求学校在每年的质量年度报告中专门汇报此项工作,衡量是否对学校整体发展、教学改革、人才培养、师资队伍建设,尤其是社会服务及贡献等方面产生积极的影响,将考核结果作为学校获得各类项目申请、资助、评优,甚至是学校办学水平认定等的重要依据;对行业企业也同样制订相应的考核评价细则,同样作为获得各类政策支持和资金资助、奖励的重要依据。此外,作为牵头部门的各级政府,也可考虑对参与其中需承担相应工作的部门,如发改、人社、经信等,要求其在年度工作考核中将推进产教融合、校企合作工作作为其中一条列入,公开接受各方监督,形成产教融合、校企合作的发展合力,切实提高产教融合校企合作成效。

第六章　产教融合质量评价体系的构建

第一节　高职院校产教融合评价的现状

评价体系的建立对于高职院校产教融合质量具有重要的指导作用，职业教育不同于普通教育，要建立行业企业和社会共同参与的评价机制，要建立以贡献为导向的学校评价模式，以及以能力为核心的学生评价模式。目前，由于相配套的制度、标准没有全面建立和完善，很多专业领域开展较为统一和完善的评价体系建设工作存在一些不足，但是通过学习和借鉴国内外已建立和成熟的质量保障体系，有利于产教融合的育人工作更加优化。如借鉴德国应用科技大学和双元制大学教学质量保障体系，引入人才培养的国际化标准和资格证书制度，参照行业、企业岗位标准，建立科学的人才质量保障体系等。

一、评价体系存在的问题

（一）缺少企业等社会环节参与评价

目前高职院校课堂教学和实训教学的质量监控主体主要以学校为主，且监控职能附属于教务处，社会、企业参与相对较少，缺乏相对稳定的制度保障或流程机制。而国外发达国家尤其是应用技术大学的评价标准尤其重视企业或实践者的参与，如奥地利应用技术大学的外部评估过程，评估小组必须包括：一名应用技术大学学术管理人员，一名具有高等教育学校评估经验的专家，一名企业或非营利组织管理者和一名学生代表；荷兰应用技术大学的评估过程中，实地考察委员会的成员主要由该领域的实践者组成。产教融合专业人才培养的教学质量监控，实践教学环节是重心，而该环节中缺失企业的真正参与，使得对学生实习实训环节的监控流于形式，无法对职业能力训练和职业能力养成作出客观评价。

（二）缺乏对学生学习全过程的监控

在专业人才培养过程的监控中，学校往往比较重视对教师教学过程的监控，而容易忽视或放松对学生学习行为效果的监控，尤其对学生的学习投入、学习习惯、自我管理、学习动力缺少关注，从而导致学生学习习惯和自我约束能力都没有得到很好的纠正和提高。产教融合的教学要求坚持受教育者德、智、体、美、劳有机统一，全面发展，使合作培养的对象既能顺利就业，胜任岗位工作，又能持续就业创业。因此，第三方评价机构经常以学生毕业后的发展作为评估学生培养质量和学院教学水平的着手点，经常考察毕业生高就业与高收入、就业去向、就业部门、专业匹配度等，但是对学生世界观、思维方式、知识结构、技能基础、个性发展等缺乏相应的评价，这部分的评价往往是校内教育过程中的教育与评价重点。

（三）信息化水平不高

智能时代，信息化水平已经发展到足够用于教学过程的管理。对于学生校内校外的实训教学、校内的课堂教学，以及日常行为均可以通过系统的信息化手段进行管理，有利于每一个任课或指导教师全面了解和评估每一个学生的学习基础和特长。但是，目前职业院校在评价过程中的信息化水平不高，现代技术手段应用不足，不能及时收集学生的反馈信息，对学生的技术技能提升缺少应有的监控。

（四）教学服务能力有待进一步提高

目前，学院教师主要承担着学生教育监控的任务。承担教学任务的教师教学能力和承担质量监控的教师服务能力直接影响着教育质量的提高。对教学服务管理人员的服务态度、管理过程还是缺少足够的监控，往往有检查无落实，有号召无行动，不能将校企合作的有效制度执行到位，很多学生和企业反映的问题都不能及时向有关部门、考核小组或上级领导进行反馈。所有这些现象都表明了对教学服务管理人员的监控不到位。学院应加快“专业带头人”和“双师型”教师队伍建设，建立稳定的专兼职教师队伍，满足学生的学习要求。

（五）校企合作中企业激励不足

企业对高职院校学生顶岗实习积极性还不是很高，从而导致校外顶岗实习基地相对不足，有时只能满足教学的基本条件，对校内外实习实训基地、课程建设、教材建设等教学建设是否与人才培养需要相匹配却很少有人关注。课程学习结束后，企业在参与学生评价过程中由于缺乏必要的监管和考核，往往会放松对学生的考核要求，最后学生到底学到了什么、有什么收获、受到什么样的启迪，是否真正实现了课程教学目标，在学院学校层面最后还是很少得到监控。要注重建立有效的激励机制，增强学校参与校企合作的主动性，调动企业参与校企合作的积极性。

二、构建评价体系的基本原则

（一）导向性原则

产教融合评价体系的构建是推动专业（群）人才培养质量不断提高的重要保障。评价体系的构建要体现引导和鼓励被评价对象、参与评价的人员和机构向正确的方向和目标发展，承担各自享有的责任和有效行使教育和被教育的权利。

（二）科学性原则

科学性原则主要体现在理论与实践相结合，以及所采用的科学方法等方面。评价体系要在理论上站得住脚，能够反映被评价对象的客观实际情况；评价指标体系能够在基本概念和逻辑结构上严谨、合理，抓住评价对象的实质，并具有针对性；评价体系还要具有很好的实践操作性，能够体现考核准确、全面、规范和方便等特点。因此在对高等职业院校产教融合评价体系制定的过程中，应当从高等职业教育的发展现状和特点出发，综合考虑各方面的影响因素，才能够使构建的指标科学合理，评价的结果客观公正。

（三）多元性原则

评价指标体系构建是一个较为复杂且涉及面较广的一个工作。鉴于不同的考核对象和培养过程，产教融合的评价可以使用校内和校外两个考核体系，校内主要是教师评价、教学管理和学生学习评价、学生评教、组织专家评教等，校外主要是企业对实习实训和毕业生质量进行评价、社会中介组织对学校人才培养效果进行评估、毕业生对学校培养效果进行评价、政府组织对学校教学水平进行评价。也可以采用理论和实践教学的考核体系，或者是理论教师、实践教师、学生、教育管理者等多方多元的评价内容，从而形成一个系统的评价体系。

（四）实用性原则

选取的指标应该是具体的可衡量的，能够用科学方法进行量化的。指标的相关信息应该能够比较容易通过调查和访问获取并比较的。一方面，在尽量满足总体要求的前提下，做到通俗易懂，使被调查者能够较为容易地理解调查者的意图和想法。评价指标的确定，首先要经得起理论的推敲，从而保证评价结果符合已有的研究，并能真实地反映出研究者的研究目标。另一方面评价指标需要具备实际操作的可行性，既满足理论上的合理性要求之外，还要具有实用性，应做到符合实际的教学生产过程，评价的过程要能够得到专家学者的认可，并愿意积极地参与到评价中来。

（五）效益性原则

立足市场的高职教育办学，其产教融合的校企合作仍然是一种关系的、利益的合作，需要认真处理好公益性与市场性、服务性与效益性、合作性与竞争性的关系。效益性是要争取立足公益办学基础上的最佳经济效益，通过专业（群）人才培养的课程链与企业生产链之间的评估，促进产教融合效益提升。

第二节 高职院校产教融合质量评价机制

一、组织保障

（一）校内评价监控组织

校内评价监控组织要以校内第三方的角色进行定位，主要承担撰写学院年度教学质量报告、全校专业评估、学校教学质量保障，以及学校教学基本数据采集等职责。该组织要相对独立于各分院（部），组织成员要能够脱离于具体的专业教学之外。

（二）教学指导委员会

各专业或专业群均设有专业教学指导委员会，该委员会的机构要充分考虑到专业带头人一类的专家、产教深度融合的行业企业，以及在读或毕业学生、家长的代表，从不同角度丰富和完善产教融合与校企一体化的专业人才培养质量评估体系。

（三）产教融合委员会（校企合作委员会）

该机构主要承担学生实习实训教学质量评估。要充分调动学院与行业企业的积极性和责任心，行业企业是产教融合的重要推动力量。行业要加强人才需求预测，制定人才标准，参与课程改革，开展质量评价等；企业要全面参与到学校管理运行全过程中，积极参与办学、定制专业、探索双元制培养、共同开发课程教材，交换专业技术人员、开展联合科研以及共建技术中心，提供培训基地和实习实训基地。主要职责是实训实习的质量监控，共建校内外实训基地，完善行业企业专家数据库，搭建产教融合的沟通交流平台等。

二、评价内容

（一）教学质量的常态化监控

高职院校产教深度融合质量内部评价可以分为学校评价、院部评价和教师评价，重点考查产教深度融合的组织与领导、职责履行、合作成果、人才培养方案、人员交流、项目建设、基地建设、毕业生社会声誉、教师成果转化等方面。校内评价以教学督导、专业评估为抓手，组织教育专家、专业领域专家和教育管理等部门进行全面、定期的监控与评价，理论学习以“够用”为度。

校内外实训教学和实训课堂主要是对校内实训条件、教学内容及岗位适应度、企业人力资源、工作团队、技术培训、订单完成、文化提升、流程再造、新产品开发、新技术引进、企业品牌升值等方面进行评估。学生岗位能力形成以“实践”为主，不定期邀请行业企业专家进校园课堂、实训车间对教学内容、方法进行诊断，有助于提高课堂教学与就业岗位的匹配度，提升专业人才培养总体水平。

（二）开展实训实习场地评估与调研

实践教学是学生岗位能力培养的重要环节，实践教学的实施对教学时间的安排、实训场地的条件、实训设备的配备等物质保障有较高的要求。校内外实训教学评估，应注重对教学时间、实训场所、设备设施等保障条件进行评估，尤其是对实训实习场所建设、运行、管理以及实际绩效等方面进行评估，对发现的问题要及时提出整改意见，并加以落实。评估实施小组要形成定期进实验实训场所调研的制度，并在一定范围内进行通报。

（三）重视对学生学习过程和学习效果的监控

通过产教融合，校企双方都会在人才培养标准、课程设置内容以及对岗位的基本技能方面进行全面的研讨，并形成一系列理论教学模块、技能教学模块、素质教育模块等教学体系，对这些教学内容的实施和监控往往成为重点。但是对学生学习过程的监控以及学生学习效果的评价往往会过于宽松，尤其是在素质和素养方面的评价难以量化，恰恰这已成为企业对学生选拔的重要条件之一，实践过程的技术指导与技能评价，以及毕业设计所体现的技术创新能力和学术素养的评价是最能充分反映学生学习过程和学习效果的，加强这两个方面的评估有利于人才培养质量的提高。

三、评价方式

（一）量化考核

现行的高职院校均建有一系列的考核指标，如学生评教、督导教学评价、专业评估、课程考核、职业资格考核等。目前还存在一些无法准确量化的产教融合人才培养评估内容，如校外实训指导教师的评估、工学结合定岗实训过程的评估、校内外实训场地设备条件的评估，以及行业企业参与度评估等。在产教融合的人才培养质量评估体系中应逐步完善可以量化的评估指标，将无法准确量化的评估指标逐步进行量化，最终形成一个较为系统和完善的量化考核体系。该体系能体现理论教学和实践教学的过程、质量，对学生的技能、学识、素养以及未来发展的潜力进行较为准确的评估。

（二）信息化监控

由于评估过程涉及的空间场地范围正在逐步扩大，教学按照模块化、岗位化方向建设正在细化，教学过程涉及的管理、服务、教学与学生等角色众多，形成的考核信息也十分丰富。要快速分析和处理这些数据，仅仅依靠传统的人工方法进行分析统计，所需要的人力、物力和时间投入将是巨大的，甚至无法完成本应完成的教学质量评估工作。利用智能终端和发达的现代信息技术，可以方便教学质量评估、原始信息的采集、大量数据的统计分析，以及最终分析报告的传阅与公开。

（三）自我评估与第三方评估结合

传统的教学都很重视学校自己内部的质量监控和评估工作，随着上级教育主管部门将教育质量评估逐步放开，第三方中介评估机构的市场正在形成。第三方评估机构的产品有麦克思数据有限公司的《中国高等职业教育人才培养质量年度报告》《就业蓝皮书》等、深圳艾瑞深信息咨询有限公司的《中国大学评价研究报告》、上海市教育评价协会的《2015-2017 民办职业上海市民办职业培训机构办学质量和诚信等级评定资料》、深圳市网大教育服务有限公司的《中国大学评价研究报告》、中国管理科学研究院科学研究所的《中国高等教育评价》、21 世纪教育研究院的《中国教育蓝皮书》等。

充分利用第三方评估机构的评估力量和相对独立性，可以更为全面和客观地反映教学质量的真实情况。具有官方背景的教育评估研究院，具有专业人才的专业评估机构，或者是行业组织等都可以成为具有说服力的第三方质量评估机构。如行业协会作为校企合作的第三方承担产教深度融合的质量评估，可以按照行业企业标准，从产品、工艺创新、组织创新等维度进行权威的评估；对产品生产过程、技术研发过程、实习见习实践课程教学、教师下厂锻炼、员工在岗培训、人才培养方案是否符合行业产业发展等进行检查和评价，按照企业具体评判标准评价学生的考核成绩，反馈生产企业对高职院校人才培养的意见，以及高职院校对搞好企业生产的建议，不断引导和规范产教深度融合。

（四）建立激励制度

产教融合的教育评估主要目的是不断引导和激励校企积极承担人才培养的责任，为地方经济产业转型提供人才支持。政府相关部门应定期开展产教深度融合督导检查，在此基础上合理设计各种奖惩措施，表彰和奖励那些产教深度融合效果好的生产企业、高职院校、当地社区和行业组织，同时对违反产教深度融合相关法律、规定、政策的生产企业、高职院校、当地社区和行业组织进行不良信息通报等。

四、评价指标

高职院校产教融合的评价指标是一个非常宽泛的概念，如果要全面考查其绩效，应包括教育、产业、经济、社会等方方面面的内容。但从本质上看，高职院校产教融合更多是从教育的角度来考查其绩效的，在促进高职教育发展的基础上进而推进教育与产业的协同发展，从这个意义上来说，教育绩效是产教融合绩效最重要的方面，产教融合最重要的效果是促进了职业教育的发展。在考查高职院校产教融合的教育绩效时，应认识到产教融合需高职院校、企业、行业等组成的利益联合体共同推进，各利益相关者之间的协同和资源共享是最重要的考查指标，下面笔者主要选取利益相关者之间的资源共享度作为评价对象，来考查高职院校产教融合的综合评价指标。

（一）构建基本框架

高职院校产教融合不以盈利为目标，因而在设计评价指标时，不能像企业等营利组织直接以利润指标来衡量绩效，需要考虑全面。同时，高职院校产教融合的初衷是培养合格的高素质技术技能人才，因而指标设计的重点应在高职院校人才培养上，以高职院校的发展为核心，同时兼顾企业、行业等利益相关者的共赢。在设计评价指标时，既要科学合理又要结合实情，过程考核与绩效考核相融合，定性分析和定量分析相结合，更多以量化的指标来增强其可操作性。

（二）综合评价指标内容

1. 人力资源

人力资源共享是高职院校产教融合资源共享的重要指标，主要有数量和质量两个维度，同时还包括三个方面的内容：

一是管理者。这包括高职院校、企业、行业等利益相关者单位的管理者，管理者的评价主要侧重于其对高职院校产教融合的战略支持度以及顶层设计对高职院校产教融合的有效度。

二是员工。这包括高职院校教师及企业等单位的员工，对其评价主要侧重于相互交流沟通以及专业水平，所以设计了师资实践率（专业教师去企业等成员单位实践的人数与员工总人数的比例以及实践天数与工作总天数的比例）、员工培训率、行业企业专家在校兼职教师生均数、跨校教师互聘联聘率4个反映互动交流的指标以及双师型教师比例、教学名师和优秀行业企业专家数3个反映专业水平的指标。

三是学生。学生是高职院校产教融合的主要服务对象，是高职院校产教融合资源共享的最终受益者，因而权重较大，主要从学生的受益度方面来设计评价指标，包括学生在企业等成员单位顶岗实习及实训率、区域内不同学校学生交流互动情况（同级学生学分互认及交流情况以及中高职学生对口单招率）、毕业生对口就业率及满意率等指标。

2. 物力资源

物力资源共享是高职院校产教融合资源共享的又一个重要指标，利益相关者是以高职院校为核心，因而在选取指标时，为了突出重点，在专家咨询环节，已将未存在于学校的物力资源评价指标删除，以突出高职院校人才培养的核心地位，重点考查成员单位在人才培养方面的共建共享能力。评价指标以实习实训场所、图书资料和教学仪器设备这3个指标为主，主要从物力资源共建共享的数量、质量和使用率3个维度展开。

3. 财力资源

财力资源是利益相关者各项资源货币化的集中体现,从利益相关者的性质和功能出发,主要用资金来源及资金利用 2 个二级指标来考查。

一是资金来源,主要包括政府拨款、利益相关者单位(主要是企业、科研院所等)对高职院校的赞助拨款以及成员单位共同承担的科研项目和技术服务项目的创收资金等。从利益相关者的功能出发,“共同创收”指标更能体现利益相关者“1+1>2”的效果,因而权重最大。

二是资金利用,主要从生均培养费用、资金使用结构以及成本节约率等三方面进行。高职院校的资金使用结构,即高职院校的教育成本结构,主要由公用经费开支和专业教育经费开支构成。公用经费开支包括公共人员费用、公共教学设备费用、公务费、业务费用等。专业教育经费开支包括专业教师工资及福利、专业教学设施设备及实习实训等费用开支。资金使用结构主要从与人才培养紧密联系的专业教育经费在共享资金中的比重来考查。

4. 信息资源

信息资源是利益相关者资源共享的又一个重要衡量指标。信息一般有四形态:数据、文本、声音、图像。教育信息资源可分为教育信息硬件、软件和潜件资源三类。信息资源硬件包括有无建立共享网站,以及共享网站的建设、更新及维护情况。信息资源软件主要包括网络教学资源、科研信息资源、管理信息资源以及人才需求信息资源等。网络教学资源共建共享主要包括利益相关者共建共享的专业、课程、实习实训等网络教学资源库的数量、水平及使用率;科研信息资源共享主要包括利益相关者之间及时共享科研动态、科研成果信息等;人才需求信息资源共享主要是指行业企业及时更新人才需求信息,学校根据信息及时调整人才培养方向,双方共同确定人才培养方案等;管理信息资源共享主要包括人力资源管理、教学管理等网络信息系统的共同开发及维护。教育信息资源的潜件是指师生运用教育信息进行资源共享的积极度和能力。

5. 文化资源

按结构要素划分,文化资源包括以下三个方面的内容:制度文化、物质文化及精神文化。制度文化属于管理文化,是规章制度及组织形式、行为准则所反映出来的文化,是利益相关者之间相互约定须遵守的行为规范,这主要体现在管理机制方面。物质文化属于显性文化,反映在建筑风格、实习实训场所、花草树木等物质建设上,具有直观形象的特点。核心指标有两个:文化共享在校园建筑方面的彰显度,文化特色在实习实训场所方面的体现度。精神文化属于隐性文化,是观念层面的文化,集中表现在学校的办学理念与行业企业、科研院所等成员单位的经营理念相互借鉴、凝聚力大小以及品牌文化(精品专业、精品课程等重点项目共享)三个方面。

五、第三方评价机制的构建

从第三方评价的现状看,不仅高职院校产教融合没有构建第三方评价机制,实质上整个职业教育第三方评价机制还没有建立。因而,从这个意义上讲,构建职业教育第三方评价机制,其实包含了高职院校产教融合第三方评价机制。相应地,高职院校产教融合第三方评价机制的建立也从另一个层面反映了职业教育第三方评价机制的建立。

现实中与高职院校产教融合完全没有联系的第三方是不存在的。第三方特指独立于高职院校和政府的社会评价机构。同时,高职院校产教融合的主要功能是其教育功能,其产业功能也是通过教育功能来实现的,产教融合的主要功能是解决技术技能人才培养供给侧问题,进而使产业需求侧得以满足。从这个意义上说,高职院校产教融合评价的第三方是指除高职院校和政府以外的其他利益相关者。在构建高职院校产教融合第三方评价运行模式时,首先需要正确理解第三方评价机构与政府的关系。第三方评价实质上是一种市场行为,不同于强制性的行政权力,市场行为除了具有自我调节、自我发展的优势,还存在市场风险和市场失灵的劣势,因而需要来自政府和社会各界利益相关者的引导和规范。从理论上说,任何独立性都不是绝对的、只是相对的,第三方机构的独立性也是一种相对独立性。政府的引导规范与第三方评价机构的相对独立性是一种对立统一的关系,对立性体现在政府的引导规范应以不损害第三方评价机构的独立性为前提,而统一性指的是政府的引导规范能有效净化第三方评价的市场环境,有利于第三方机构的良性和可持续发展。

(一)加强第三方评价的顶层设计

借鉴国际先进经验,推动第三方评价体系良好运行的关键在于完善法治建设,只有在有法可依、有章可循的制度保障下,才能确保高职院校产教融合第三方评价体系的顺利运行。应出台高职院校产教融合第三方评价的相关法律、政策制度及其实施细则,明晰政府、高职院校、第三方评价机构的责权利,这是高职院校产教融合第三方评价体系顺利运行的关键,也是解决当前第三方评价面临的专业性、独立性、科学性、公正性和权威性等不足的根本所在。

国家应出台高职院校产教融合第三方评价的专门性法律制度,确立第三方评价机构的合法地位,维护第三方评价机构的合法权利,研究制定社会力量参与第三方评价的鼓励性政策。同时,应从第三方评价的业务范围、运行模式等方面完善政策制度设计,从而对其市场规模、准入条件、运行管理等有比较明确的边界和透明度,促使高职院校产教融合第三方评价真正进入市场化阶段,加强评价的标准化和透明度,公示评价项目和程序,明确评价市场规模,为加快高职院校产教融合第三方评价的市场化进程奠定法制基础。

(二)构建第三方评价的认证机制

从第三方评价的现状看,不仅是高职院校产教融合没有构建第三方评价机制,实质上整个职业教育第三方评价机制还没有建立,特别是第三方评价的认证机制缺乏。为增强第三方评价的专业性和权威性,应成立国家职业教育第三方评价认证中心，对职业教育（包括产教融合情况）进行第三方评价。国家职业教育第三方评价认证中心负责对第三方评价机构进行认证、培训及评估等。同时，可结合不同区域职业教育的发展特色，构建一系列国家认证分中心，即区域职业教育第三方评价认证中心。国家职业教育第三方评价认证中心和区域职业教育第三方评价认证中心相辅相成，共同认证第三方评价机构的科学性、专业性和规范性。定期对高职教育（包括产教融合情况）进行第三方评价。

1. 组建职业教育第三方评价认证中心

国家职业教育第三方评价认证中心可由中央政府委托教育部组建，区域职业教育第三方评价认证中心可由地方政府委托地方教育行政部门组建。职业教育评价认证中心的研究及工作经费由政府资助，属于半官方组织。

政府出资招聘有丰富工作经验和职教评价经历的职业教育管理专家、职业教育研究专家、职业院校一线教学人员、行业企业管理专家、行业企业一线能工巧匠等人员，构建一支高素质、高水平的认证团队，同时还可引进热心职业教育工作的社会公众作为兼职人员。第三方评价认证中心成员不仅要有丰富的前期工作经验和职教评价经历，同时应加强培训学习，应学习职业教育发达国家的先进评价理念、标准和方法，把握职业教育的国际发展趋势和方向；同时应能深入了解我国职业教育的发展历程和现状，熟悉我国职业教育的改革动态和方向。

2. 规范职业教育第三方评价认证中心的认证内容

（1）资质认证。职业教育第三方评价认证中心对第三方评价机构的人员构成、业务素质、职业道德、任期年限、评价技术以及评价程序、评价周期等进行认证和规范。第三方评价机构在成立之初，应主动申请认证，以获得相关资质，才能从事评价工作。

（2）质量评估。这是指对第三方评价机构的科学性、专业性、规范性、权威性、导向性等进行质量评估。第三方评价机构成立之后应每隔五年接受国家职业教育评价认证中心的质量评估。根据评估的结果，建立第三方评价机构等级认证机制，引入“奖惩”及“退出”机制，对专业性、科学性、规范性、公平性较强的第三方评价机构应给予奖励；对不合格的第三方评价机构应采取限期整改给予警告或吊销执照给予惩罚。

（3）人员培训。跟进社会发展需求，对第三方评价机构人员进行业务培训。国家职业教育第三方评价认证中心在各省份设立区域分中心，并加强对区域分中心的指导，区域分中心负责本地第三方评价机构的人员培训，应在职业教育发展趋势、先进评价技术和方法等方面对第三方评价人员进行培训。

（三）培育第三方评价主体，明确第三方评价客体

1. 培育第三方评价主体

为保证高职院校产教融合第三方评价的独立性，第三方评价机构应完全由与政府没有人事、资助关系的社会中介组织来承担。但在实践中，教育管办评分离的现实状况与理想状态还有很大的差距。虽然国家提出要构建现代治理体系、转变政府管理方式，构建政企分开、政事分开的法治型政府，深入推进管办评分离，但任何事情都需要一个渐进的过程。结合我国国情，现阶段在保留政府下属的行业协会、教育评估中心（院）等“半官方”评价机构的同时应大力培育“非官方”第三方评价机构，形成多元并存、相互补充的第三方评价机构群体。通过渐进培育具有完全独立性的第三方评价机构，逐渐实现真正意义上的管办评分离。

从职业教育的产教属性出发，第三方评价机构人员应至少引进有丰富工作经验的职业院校一线教师以及行业企业一线专家，同时还可包括教育管理者、研究者等，评价人员不仅要具备丰富的专业知识、高超的评价能力，同时还应有较强的责任意识，应重视评价团队的素质、素养、能力建设，制定科学规范的评价标准、评价程序等。第三方评价机构的工作经费来源于政府、职业院校等利益相关者的购买服务，以保证其独立性。

2. 明确第三方评价客体

从全面性来讲，高职院校产教融合第三方评价客体有宏观、中观、微观三个层面，即国家、区域、院校三个层面。

（1）宏观层面。宏观层面主要是评价国家职业教育与经济社会总体发展的适应性。这是对我国高职院校产教融合的整体评价，应每十年评价一次，考查全国技术技能人才培养的总体水平，与经济社会发展的适应性以及与前续教育、后续教育的衔接性等。在宏观层面对高职教育进行第三方评价，应由认证优秀、口碑良好、能力全面、视野前瞻的第三方评价机构开展评价工作，评价人员应对宏观层面的国家经济、产业、社会发展以及职业教育的整体水平等方面有深刻的综合认识以及科学的评价方法，有针对性地分析存在的问题，提出国家层面的职业教育宏观调整对策和发展方向，为国家进行中长期教育战略规划提供重要支撑。

（2）中观层面。中观层面主要是评价区域高职院校产教融合情况，即高职教育与区域发展的适应性，评价区域高职教育总体发展水平以及对区域经济社会发展的贡献度等。重点分析区域高职教育与区域产业在结构、规模、内容、质量等方面的协同度。区域政府部门应通过购买服务的方式，每五年对区域高职教育产教融合情况进行第三方评价，为区域进行产教战略规划提供重要支撑。

（3）微观层面。微观层面主要是评价单一高职院校产教融合的发展情况（简称院校评价）。院校评价又可以分成两个层面：一是高职院校产教融合的整体情况评价（简称院校整体评价），主要对高职院校的发展背景、资源禀赋、办学定位、办学效益、学校治理等进行全过程动态评价；二是专业评价，即对高职院校各专业（群）与相关产业（群）的适应性、专业标准、课程体系、课程教学标准、教学方式与手段、教学资源、专业人才培养质量等进行专业动态发展评价。根据高职院校技术技能人才培养的周期，高职院校可通过购买第三方评价服务，每三年进行一次院校整体评价和专业评价，同时还可跟第三方评价机构签订长期性的动态性诊断合同，建立动态沟通模式，随时诊断问题、协商解决方案，共促人才培养。

从评价市场需求来看，微观层面的院校评价是需求最多、规模最大的地方评价客体。只有微观层面的高职院校产教融合健康运行发展，才能影响和实现区域和国家层面产教融合的可持续发展，因而院校评价是高职院校产教融合第三方评价的主要内容。

(四)构建高职院校产教融合第三方评价过程监管机制，规范第三方评价

为规范高职院校产教融合第三方评价的市场环境，需对第三方评价过程进行监管。高职院校产教融合的利益相关者可以分为权威利益相关者、核心利益相关者、紧密利益相关者、边缘利益相关者。如前文所述，其权威利益相关者是政府，核心利益相关者是高职院校和企业，紧密利益相关者是行业组织，边缘利益相关者为学生家长、校友及捐赠者、社会组织、社会公众、新闻媒体、银行等。政府在高职院校产教融合第三方评价中的监管作用主要是通过其资助的半官方组织——职业教育第三方评价认证中心来实施的。其他利益相关者组成利益相关者联盟对第三方评价进行过程监管。从类型上说，高职院校产教融合第三方评价的过程监管分为专业性监管和公平性监管。

1. 专业性监管

专业性监管主要是对评价标准的科学性、评价程序的规范性等进行监管，这要体现监管者的专业水平和能力，可由国家和区域职业教育第三方评价认证中心进行监管。评价标准是关键要素，应包括稳定性指标和动态性指标。稳定性指标是考查评价对象一般性特征的共性指标，动态性指标是考查评价对象特色和优势的个性指标。评价标准可由第三方评价机构草拟，同时要广泛征求高职院校教师和学生、行业、企业等利益相关者的意见和建议，并让职业教育第三方评价认证中心监管其科学性和动态性。第三方评价过程主要由确立目标、收集信息、分析整理信息、综合判断和作出决策五个环节组成，认证中心可监管第三方评价流程是否科学合理。

2. 公平性监管

公平性监管主要监管评价过程的公平性和公开性，包括监管评价标准是否公开、评价过程是否透明、评价结果是否公正等。为压缩权力“寻租”和腐败空间，公平性监管应调动广大民众的积极性，应组建职业教育利益相关者联盟对第三方评价机构进行公平性监管，利益相关者联盟包括教师、学生、行业、企业、家长、市民等，属于第三方监管机构，政府通过购买服务的方式为其提供工作经费。利益相关者联盟通过现场考察、问卷调查、接受投诉等方式对第三方评价的公平性和公开性进行监督，并向社会公布监管结果。

同时，被评价对象可在评价过程中随时向职业教育第三方评价认证中心以及利益相关者联盟反馈问题，对第三方评价机构不专业、不公平之处进行申诉，认证中心以及利益相关者联盟出面进行协调，及时制止不规范的行为，并将情节严重的情况上报至国家职业教育第三方评价认证中心，记入第三方评价机构的信誉档案，直接影响其资质水平。

（五）完善高职院校产教融合第三方评价的反馈机制，加强第三方评价结果的应用

第三方评价的成果应用直接关系到第三方评价的发展，构建完善的高职院校产教融合第三方评价的反馈机制尤为重要。

1. 政府应引导利益相关者加强对评价结果的应用

在评价结果反馈与应用方面，政府要有明确的导向，促使评价结果对院校发展和舆论引导等方面具有较大影响力和权威性。政府在政策制度设计中，应确立第三方评价的法律地位以及评价结果的权威性，引导高职院校、行业企业、家长、市民等利益相关者有效利用职业教育第三方评价结果，充分发挥第三方评价的引导、诊断、改进、激励等功能。对第三方评价结果的应用，应加强纵向比较、减少横向比较，即主要考察评价对象较之过去是否有完善和改进之处，评价目的是动态监控而最终取得内涵发展。第三方机构将评价发现的问题及时反馈给职业教育利益相关者，利益相关者根据第三方反馈的问题和建议，及时整改完善，以提高人才培养水平。

2. 建立多元反馈机制，加强评价结果的多方应用

第三方评价机构应将评价结果向政府、高职院校（含教师和学生）、行业、企业、家长、市民等利益相关者反馈，建立评价结果的多元反馈机制，促使评价结果获得多方应用，以增强评价结果的影响力和权威性。

（1）第三方机构将评价结果反馈给政府，让政府及时了解职业院校发展的现状和问题，并据此制定政策，整合高职教育资源。同时及时了解高职院校办学水平和效益，为资源分配、选人用人等提供评判依据。建议政府构建完善的激励奖惩机制。政府成立相应机构，专门负责奖惩在产教融合中表现优异或者较差的高职院校及现代企业，具体来说就是奖励那些在产教融合中取得显著成效的相关利益主体及表现突出的个人，惩处那些妨碍产教深入融合，甚至违反相关法律法规的相关利益主体。

（2）评价结果反馈给高职院校（含教师和学生），使高职院校及时了解自身发展存在的问题，并不断改进不足之处，改革教育教学方式，完善人才培养模式。教师可针对问题完善教学方式，学生可针对问题改进学习方式，人才培养主客体能在不断完善中获得可持续发展。

（3）评价结果反馈给行业，行业根据评价结果从而判断技术技能人才培养与行业发展的适应性和匹配度，加强对高职院校人才培养的指导，提升产教融合水平。

（4）评价结果反馈给企业，企业可根据高职院校发展现状与水平，有针对性地选取适合开展合作的院校，并有效调整合作方向和模式。

（5）评价结果反馈给家长和社会，增加家长和社会了解各高职院校的办学水平，以便于满足公众知情权，尊重公众的选择权。

总之，无论是在理论层面，还是在实践层面，职业教育（含高职院校产教融合）第三方评价机制都还不够成熟和完善，相关方面还需进一步展开研究。

第七章　产教融合型实训基地建设策略

第一节 产教融合型实训基地建设的意义

实训基地是高等职业教育实践育人的重要场所，其建设与管理的重要性不言而喻。然而多数高等职业院校对实训基地的建设与管理存在认识不到位，投入不足及重建设、轻管理的现状。因此，如何更有效地加强实训基地的建设与管理，更充分地体现高职教育实践育人的特色，成为高职院校面临的重要问题。基于此，摸清现阶段实训基地的发展现状和管理水平，构建高职院校高质量实训基地的科学评价体系，对于指导产教融合型实训基地的建设及管理实践具有重大意义。具体而言，包括以下几点：

一、有助于贯彻落实国家层面的政策导向

高等职业教育与普通高等教育的主要区别在于更强调以实践方式培养高素质技术技能人才，使他们能够适应当前企业一线生产、管理、建设、服务的需求，实训基地则为这一目标的实现提供了平台和保障。近年来，国家颁布了一系列政策，对实训基地的建设提出了明确要求。

教育部于2006年发布了《教育部关于全面提高高等职业教育教学质量的若干意见》(教高〔2006〕16号)，指出“高等职业教育既面临着极好的发展

机遇，也面临着严峻的挑战”，提出“形成一批教育改革力度大、装备水平高、优质资源共享的高水平高等职业教育校内生产性实训基地”。

国务院2014年发布了《国务院关于加快发展现代职业教育的决定》(国发〔2014〕19号)。2015年8月，全国职业教育工作会议召开，要求深化职业教育教学改革，全面提高人才培养质量，坚持产教融合、校企合作；推动教育教学改革与产业转型升级衔接配套，加强行业指导、评价和服务，发挥企业重要办学主体作用，推进行业企业参与人才培养全过程，实现校企协同育人；创新校企合作育人的途径与方式，充分发挥企业的重要主体作用；推动校企共建校内外生产性实训基地、技术服务和产品开发中心、技能大师工作室、创业教育实践平台等，切实增强职业院校技术技能积累能力和学生就业创业能力。

国务院2019年1月颁布的《国务院关于印发国家职业教育改革实施方案的通知》(国发〔2019〕4号)要求打造一批高水平实训基地，加大政策引导力度，充分调动各方面深化职业教育改革创新的积极性，带动各级政府、企业和职业院校建设一批资源共享，集实践教学、社会培训、企业真实生产和社会技术服务于一体的高水平职业教育实训基地。

二、有利于提高人才培养的质量

1999年6月颁布的《中共中央国务院关于深化教育改革，全面推进素质教育的决定》中明确提出“大力发展高等职业教育”的工作要求，标志着我国的高等职业教育已经全面进入了高速发展的全新历史阶段。高等职业教育所培养的人才在加快我国社会主义现代化建设中起着举足轻重的作用，理论与实践相结合的培养特色要求高职院校的学生经过实践锻炼再走向社会，从事生产。作为高等职业教育的主要依托和实践育人的重要场所，实训基地是培养学生职业技能和职业素养的摇篮，担负着高职院校大部分的实践教学任务，只有通过大量的模拟训练，才能够实现高职院校在校学生与企业提供就业岗位的“零距离”对接。

实验、实训和实习是人才培养过程的三个重要环节，高等职业教育人才培养模式改革的重点是加强教学实践过程中对学生的职业技能、实践能力的培养和进一步提高实训基地开放共享的程度。因此，实训基地建设已成为高等职业教育中理论与实践一体化运行和实施的重要保证，是不断培养高素质技术技能人才的主要手段。重视对高职院校实训基地的建设，能够使一批具有发展优势的专业凸显出来，逐步成为特色专业，为社会公众、职业院校在校生取得职业技能等级证书和企业提升人力资源水平提供有力支撑。

三、符合人才强国战略的需要

党的十九大报告中提出，坚定实施人才强国战略，人才资源是第一资源。高职院校实训基地培养的技术技能人才为我国经济社会发展提供了有力的智力和技术支持。现代职业教育体系框架全面建成，服务经济社会发展能力和社会吸引力不断增强，具备了基本实现现代化的诸多有利条件和良好的工作基础。随着我国进入新的发展阶段，产业升级和经济结构调整不断加快，各行各业对技术技能人才的需求越来越紧迫，实训基地的地位和作用越来越凸显。

四、促进高职院校实训基地的可持续发展

教育部强调，在高等职业院校实训基地建设中，要积极探索生产性实训基地建设以及各种新模式相结合的建设方式。通过企业提供的先进技术设备和师资力量以及学校提供的实训场地，不断加强和促进实践教学，逐步增加校内生产性实训基地以及同企业合作开展的校外实习的比例，提高学生的实践能力。因此，对高职院校实训基地建设开展研究，将有利于提升高职院校与政府、企业、行业协会开展合作的积极性，有利于探索多元的合作模式，适应市场对人才需求的变化，从而实现高职院校实训基地的

可持续发展。

五、促进产教融合型实训基地模式的提出

随着高等职业教育教学改革的深入,实践教学在整个教学环境中的地位大大提升,提高学生的实践水平是当前职业教育的重要发展趋势,高等职业院校要根据社会需要,适应社会发展,进行高素质技术技能人才培养,但目前仅仅依靠学校自身力量建设的实训基地是远远不够的,必须拓宽建设实训基地的思路,充分利用社会资源建设实践教学基地,学校应当积极主动地同政府、行业、企业等寻求紧密的合作,构建产教融合型实训基地模式。

所谓产教融合型实训基地,是指以高等职业院校为依托,由政府发挥统筹协调作用,结合产业结构调整的需求,整合高等职业院校、行业、企业的资源,集中资金投入建设的实训基地,实训基地发展与产业规划发展相结合,实训基地运作与生产经营相结合,促使实训基地走开放共享之路,通过签订校企合作协议保障实训基地的有效运行,实现实训基地校内运行向提供开放共享的优质服务转化。

综上所述,建设产教融合型实训基地一是有利于"教"与"学"双向建设。建设产教融合型实训基地,不仅可以弥补校内实训基地的不足,同时可以营造"教"与"学"双向进行的学术氛围,有利于构建"教"与"学"双向进行的社会职业情境,有利于锻炼和培养学生胜任某一职业岗位的能力。二是有利于打造"双师型"教师队伍。多元主体模式下建设的实训基地,要求老师具备专业的职业技能以及深厚的理论知识,同时根据国务院最新规定,自2019年起,职业院校、应用型本科高校相关专业教师原则上应从具备3年以上企业工作经历并具有高职以上学历的人员中公开招聘,以有效推动"双师型"教师队伍建设。三是有利于完善实训基地建设模式。产教融合型实训基地是在落实国家人才强国战略、适应社会人才需求的背景下对高等职业院校实训基地模式的探索与完善,发挥多元主体优势,开展不同形式的合作模式

是经济社会发展的必然要求，也是必由之路，将有助于实现教育与产业的良好衔接。

第二节
产教融合型实训基地的概念界定

一、产教融合的多元主体

多元主体包括所有支持、扶持和与高等职业院校产教融合型实训基地产生业务关系的相关组织和单位，具体而言包括以下几类：

（一）政府主体

政府主体包括各级政府及有关部门。各级政府是指中央、省、市等各个层级的政府；有关部门是指教育、劳动、商务、发展改革委、经信委、财政、税务等相关单位。政府的相关职能主要为规划战略、制定政策、依法依规监管。

在实训基地建设中，政府部门起着主导和引领的作用，一是把握方向，政府根据国家发展战略及规划对高等职业院校实训基地建设提出方向性引导。二是政策扶持，政府需要创新制度改革、加强政策引导，对行业、企业参与实训基地建设给予扶持，使行业企业在合作中获得利益，引导行业、企业在实训基地建设过程中从“要我参与”转变为“我要参与”。三是法律保障，政府需要建立合作建设基地的有关法律保障，明确在合作的过程中行业、企业和院校的责任与义务，明确准入条件，建立审批制度，完善退出机制。

（二）行业相关组织主体

行业相关组织主要包括涉及行业管理、监督、支持的相关部门，高等职业院校的实训基地相关行业组织主要包括行业协会和全国行业职业教育教学指导委员会等。

1. 行业协会

行业协会是指介于政府、企业之间，介于商品生产者与经营者之间，并提供服务、咨询、沟通、监督、公正、自律、协调的社会中介组织。行业协会等行业组织的主要职能是把脉行业发展，监测产业动态。行业协会作为教学和生产之间联系的重要纽带，承担着制定、修订相关标准、技术规范以及参与评定和监管生产等多个重要职责。作为最了解本行业运行情况、发展方向、供需关系等情况的一方，行业协会对企业的发展与进步有很重要的作用。因此，没有任何一方能够代替行业协会在合作教育中的地位。在合作办学机制里，行业协会要预测动向，为企业、学校提供资讯，让高等职业教育更好地服务于行业、满足企业真实需求，真正实现专业和产业、岗位与企业的有效对接，保证企业与院校长远密切合作。

2. 各行业职业教育教学指导委员会

各行业职业教育教学指导委员会（以下简称“行指委”）于2010年成立，2012年重组，2015年教育部发布《教育部关于公布全国行业职业教育教学指导委员会（2015—2019年）组成人员的通知》（教职成函〔2015〕9号），教育部会同相关行业主管部门和行业组织完成了对原有53个行指委的换届工作，并同时批准增设报关职业教育教学指导委员会等3个行指委，目前共56个行指委。

各行指委是受教育部委托，由行业主管部门或行业组织牵头组建和管理，对相关行业（专业）职业教育教学工作进行研究、咨询、指导和服务的专家组织，同时也是指导本行业职业教育与培训工作的专家组织。

行指委的主要职能是：分析研究国家经济建设、科技进步和社会发展，特别是经济发展方式转变和产业结构调整升级对本行业职业岗位变化和人才需求的影响，提出本行业职业教育人才培养的职业道德、知识和技能要求；指导推进相关职业院校与企业校企合作、联合办学，校企一体化和行业职业教育集团建设；指导推进本行业相关专业职业院校教师到企业实践工作，提高教师专业技能水平和实践教学能力；推进职业院校相关专业实施“1+X”证书制度；研究本行业职业教育的专业人才培养目标、教学基本要求和人才培养质量评价方法，对专业设置、教学计划制订、课程开发、教材建设提出建议；参与本行业职业教育教学基本文件、专业教学标准、实训教学仪器设备配备标准和教学评估标准及方案制订工作；参与职业教育国家级教学成果奖励实施工作；组织本行业相关专业教学经验交流活动等。

（三）企业主体

企业一般是指以营利为目的，运用各种生产要素（土地、劳动力、资本、技术和企业家才能等），向市场提供商品或服务，实行自主经营、自负盈亏、独立核算的法人或其他社会经济组织。

企业的主要职能是将“岗位需求、职业标准、生产过程”对接人才培养全过程。企业是职业教育的坚强后盾和直接受益者。参与校企合作既是企业自身发展的需要，也是企业承担社会责任的重要体现。企业通过共建基地、提供兼职教师、共建专业、接受学生顶岗实习等，全面参与院校教育教学活动，为企业赢得可持续发展和参与的国内外市场竞争的人才支撑和智力支持，同时也为企业的技术改造、产品研发、科技攻关、职工培训与继续教育等搭建资源共享平台。

（四）学校主体

高等职业院校的办学宗旨，是培养生产、建设、管理、服务一线需要的高素质技术技能人才，强调岗位需求、职业要求，因而实践性、职业性、创新性是职业教育人才培养的本质要求。从服务发展的角度看，对于学生，强调社会责任感、职业素养和实践能力培养，坚持工学结合、学中做、做中学是人才培养和学生成长的基本规律；对于经济社会发展，强调服务能力建设，坚持持续提升职业院校专业服务产业转型升级和发展的能力，是职业院校存在和发展本质要求。

学校职能是培养与输送契合市场需求的人才。高等职业院校从诞生之日起，就与区域经济社会发展有着天然的联系，校企关系本质上体现的是教育与经济的关系，校企合作是教育与经济相结合的具体形式。在利益共同体中，高等职业院校是合作重要的主体参与者，也是最终受益者。在合作过程中，学校依据企业人才需求规格，把企业岗位技术标准纳入课程体系，与企业共同设计人才培养方案，共同开发课程体系，共同完成教育教学任务，共同管理实习实训，使学校的人才培养与就业岗位实现无缝对接，同时学校教师也在参与企业的生产、经营、产品开发、技术改造等过程中，提高了服务地方经济和社会发展的能力。

二、产教融合型实训基地的实际需求

（一）从政府角度而言

从政府的角度来说，目前我国的产教融合型实训基地的现状是政策引导力不足，未形成切实有效的合作机制。

《国务院关于大力推进职业教育改革与发展的决定》（国发〔2002〕16号）中明确提出了建设产教融合型实训基地的构想；2004年，教育部、财政部等七部委提出，要“调动社会各方面力量共同参与，多渠道筹集建设经费”；2005年，《国务院关于大力发展职业教育的决定》提出由中央财政拨出专项资金，通过奖励等方式来支持重点实训基地的建设；2006年，教育部《关于全面提高高等职业教育教学质量的若干意见》中提出，由国家“在重点专业领域选择市场需求大、机制灵活、效益突出的实训基地进行支持与建设”。这些文件成为国家引导职业教育实训基地建设的核心文件，但是，这些文件仅仅是“顶层设计”，缺少可操作性的制度安排。虽然广东、山西、江苏、浙江等省份相继出台了相关配套政策，但是依然停留在“指导性意见”层面，没有引导社会资金参与实训基地建设的具体措施，政策的引导性不强。2019 年 9 月，国家发展改革委等六部委发布《国家产教融合建设试点实施方案》（发改社会〔2019〕1558 号），提出“要创新实训基地建设和运行模式，按照校企共建共享原则，建设一批具有辐射引领作用的高水平、专业化产教融合型实训基地”。

（二）从行业角度而言

从行业的角度来说，目前我国的产教融合型实训基地的现状是行业组织的指导作用发挥不足，未能达到预期效果。行业组织能够准确把握市场的变化，能够深刻而敏锐地察觉到所处行业的生存状态、存在问题、潜在危险和发展前景，对行业内不同企业的管理水平技术储备和核心竞争力水平等情况非常熟悉。但在现实中，行业组织却往往被排除在人才培养的制度之外，难以发挥特有的优势。现在很多高等职业院校虽然一直都在提倡政、行、企、校合作办学，但是行业在实训基地的建设和评价过程中的指导和连接作用几乎从未发挥。

（三）从企业角度而言

从企业的角度来说，目前我国的产教融合型实训基地的现状是企业参与度不够，未能实现精准对接。企业参与实训基地的建设不可或缺，实训基地的实训工位的规划、实训课程的设置、实训内容的确定、实训过程的设计必须与企业的岗位需求、职业标准、生产过程精准对接。实训工位与产业、职业岗位对接，是指根据产业发展和岗位需求动态调整工位的设置。实训课程内容与职业标准对接，是指根据产业转型升级对职业标准提出的新要求，将职业标准融入实训课程标准、实训课程内容的设计和实施。实训过程与生产过程对接，是指强化工学结合，加强实习实训环节，培养符合产业标准的人才，但是现实是岗位需求与实训工位、职业标准与实训内容、生产过程与实训过程未能精准对接，所以对于实训基地建设，企业的参与是重中之重。

（四）从学校角度而言

从学校的角度来说，目前我国的产教融合型实训基地的现状是人才供需的偏离。理论上，高等职业院校必须关注市场需求的变化及时调整人才培养方案制定动态的教学机制。此外，高等职业院校还应大力实施工学结合，推进对学生操作技能的培养进程，突出高等职业教育培养学生实践能力的办学特色，以满足区域市场的人才需求，适应经济社会发展。实际上，存在着企业招不到合适的人才，学生找不到合适的工作、无法从事与所学专业相关的职业的情况。这说明学校培养的人才市场不需要，市场需要的人才学校培养不出来，如果人才供需的两条轨道不对接，这种严重偏离的人才供需关系将会进入一个死循环。

三、产教融合型实训基地的理论依据

（一）三螺旋理论

三螺旋理论最早由美国的亨利·埃兹科维茨和荷兰的罗伊特·劳德斯多夫提出，是目前分析高校、政府和企业三者之间关系的重要理论之一。该理论所述的“三螺旋”是指高校、政府和企业，通过构建组织结构性安排、制度性设计等机制，以区域经济社会发展的需要为纽带而凝聚在一起，三股力量交互影响，最终形成抱团螺旋上升的新型关系，从而达到三股资源的合作共享与交流融通，实现各自效益的最大化。该理论认为，形成高校、政府和企业合力的关键在于打破三者传统的边界，包括学科边界、职能边界、行业边界和区域边界，建立新的社会运作机制。基于三螺旋理论，高职院校应从满足区域经济社会发展需要出发，推进政府、高校和产业界三方有机互动，构建互需、互惠、互赢的合作机制。三方进行有效对接并融为一体，形成知识领域、行政领域和产业领域的多力合一和有效同步，以服务技术技能人才的培养和地方经济社会的发展。

（二）资源整合理论

以马歇尔等人关于集群竞争力优势的研究以及资源整合理论思想为基础，“资源整合”理论可以表述为：资源的集聚机理、分工合作机理和知识技术的共享机理。资源集聚指的是通过集群内部的优势，实现对外部资源的吸收；分工合作指的是集群内部基于专业分工基础的合作关系；知识技术的共享指的是集群对内外部知识和技术的交流和吸收。只有合理应用这三个机理，实现对基础条件、人力资源、资本资源和社会资源的整合，才能最大限度地创造财富。

多元主体实训基地建设本身就是职业教育和各种资源集案的过程，而通过实训基地体系内的分工合作，实行科学有效的管理，实现资源的高度共享更是实训基地运行的精髓。在现阶段，实训基地建设是实现资源整合的重要途径。

四、产教融合型实训基地的概念界定

所谓产教融合型实训基地模式，就是高等职业院校实训基地的建设要以高等职业院校和行业龙头或地方骨干企业为依托，由政府发挥统筹协调作用，结合产业结构调整的需求，整合高等职业院校、行业企业的资源，集中资金投入建设的实训基地。在这个过程中，主体包括高等职业院校、政府、行业协会等相关行业组织和企业等多元利益相关方。更具体的，以区域经济为基础，以服务区域经济为目的，以开放、共享、合作为特色的实训基地称之为区域产教融合型实训基地。

产教融合型实训基地建成后将面向职业教育、劳动力培训、企业技术改造和技术创新，能够最大限度地实现资源共享。与区域开放产教融合型实训基地建设前相比，产教融合型实训基地是提高高等职业教育教学质量、满足社会需求、服务区域经济建设的主要工具，建设产教融合型实训基地，首先应明确其定位，要始终坚持开放性、先进性、兼容性、扩展性，保持实训基地的设备先进、教学方式先进、管理方法先进,使实训基地真正成为对外交流服务的窗口,具备教学科研培育人才的功能。

五、产教融合型实训基地的典型模式

"产教融合、校企合作、协同育人"已经成为我国职业教育发展的共识。全国各地高等职业院校在积极探索产教融合型实训基地的实践中,有不少模式值得研究和借鉴。通过整理和剖析,发现主要有以下三种典型模式:

(一)学校主导型

学校主导型指学校作为实训基地建设的主体,通过理论先导,根据经济转型发展和区域产业的需求,前期整体布局、自行规划建设相关的实训基地,有了一定的基础和规模后,通过顶岗实习、承接加工、技术推广、筑巢引凤、创业孵化等方式促进校企双方的深度合作。例如,很多高职院校通过成立大学科技园区,为相关的企业提供场地、优惠政策等便利条件,吸引相关企业入驻。

(二)企业主导型

企业主导型是以企业需求为导向,切实解决行业、企业在发展过程中凸显的人才和技术问题。常见的形式有订单班、企业挂牌联合办学模式等。订单班是指由大型企业提前预订(签约)学生组成的班级。学生在校期间,企业根据自身的岗位需求,在相近或社会通用专业中选拔在校生组成"订单班",然后学校按照企业提出的人才培养目标和知识能力结构,修订教学计划,组织教学。"入学即就业"的订单班能够有效地促进毕业生就业率和就业质量的提高;企业挂牌联合办学是指企业根据自身的发展战略规划,针对相关学校的主体专业,依托学校的优质资源,出资挂牌成立学院主体,最终实现与学校联合办学,培养企业急需人才。

(三)"政行企校"四方共建型

四方共建是"政行企校"四方主体合作共赢的新模式,通过构建"目标

共同定、资源共同建、人才共同育、成果共同享、责任共同担”的体制机制，加强校际、校企合作，学校与行业协会、科研机构合作，推动实训育人，实现职业教育和其他主体优势互补、资源共享、拓展空间、增强总体实力，为满足社会经济建设和社会发展对高素质技术技能人才的需要服务。

“政行企校”四方共建型的表现形式多种多样，主要有“政府牵头、行业指导、企业参与、学院实施”“校企共建、股份合作、政府主导、区域共享”“政府扶持、行业主导、学院共建”“政府主导、行业引领、学院推进”等具体形式。这些表现形式虽表达方式有所差别，但本质相同，都涉及四方主体，每个主体发挥的作用也都大同小异。这种类型的基本流程是：建立理事会——制定章程——合作体制机制建设——共同培养人才。

除此之外，四方共建型还有一种重要的表现形式即职教集团。职教集团是由职业院校、行业企业等组织为实现资源共享、优势互补、合作发展而组成的教育团体，是近年来我国加快职业教育办学机制改革、促进优质资源开放共享的重要模式。目前，有像陕西国防工业职业教育集团等一批骨干职业教育集团已初步发挥示范引领作用。

第三节 产教融合型实训基地的建设策略

一、转变政府职能，建立深化产教融合长效机制

已有的产教融合型实训基地的建设多在摸索中前进，边借鉴国外的先进经验，边进行自我探究。而今，随着实训基地的数量越来越多、规模越来

越大,对其进行科学有效管理,创建中国特色产教深度融合的实训基地模式势在必行。

(一)转变政府职能

提高产教融合型实训基地建设水平的第一步就应当转变政府职能,由注重“办”实训基地向“管理与服务”过渡。政府主要负责规划战略、制定政策、依法依规监管。建立起多主体协调议事机制,在实训基地管理委员会的领导下,通过定期组织合作主体协商会议、不定期召开实训基地重大决议研讨会议,建立以专业为主体的基地运行情况调研制度等方式,让合作主体间进行及时有效沟通,确保各方对实训基地的建设与管理能充分参与。

然而建立合作主体的互融统合机制,基于合作主体间利益诉求有所不同,体现在基地运行中教学与生产之间难以“合二为一”,此时我们需要政府在其中发挥协调与监管职能,帮助实训基地的管理和运行,使各合作主体加强彼此间的联系和沟通。

1. 协调职能

首先,政府应发挥统筹协调作用,着眼于职业教育产教融合型实训基地的发展需求,全面调查实训基地建设情况,科学预测实训基地未来发展趋势,对实训基地共建的布局规划、选址建设、功能定位等进行统筹安排,对实训资源进行宏观布局,发挥好政府在实训资源配置中的指导性作用。

其次,政府应注重更好地发挥在实训资源配置中的决定性作用,建立多元主体共建联席协商会议制度,经常性地组织开展实训基地共建的工作协商,沟通信息,通报情况,解决问题,确保共建各方能充分参与进来。实训基地共建的利益相关者,包括教育、人社、财政等政府部门、职业院校以及行业企业,就区域内技术技能人才的供求现状、实际培养情况、未来人才的需求等进行充分交流，深入探讨实训基地共建的可持续性、对实训基地共建进行规划、协调、深化。

2. 监督机制

实训基地共建的顺利完成离不开有效的监督约束机制。

首先，基地应建立共建审核制度。由实训基地共建的牵头单位负责制订共建方案，方案包括实训基地合作共建需要的外部条件、合作方式、合作内容、资产管理等内容，之后由相关部门成立共建方案审核小组，对共建方案的实施条件、具体举措、保障措施等进行审核。

其次，要规范实训基地共建专项资金使用。各政府部门应联合出台实训基地共建专项资金使用规章制度，主要包括建立财政专项资金预算制度、完善财政专项资金管理办法、建立财政专项资金绩效评估机制、建立共建项目优胜劣汰退出机制。

最后，要明确各共建主体参与实训基地共建的权利与义务。政府应在充分听取共建各方意见基础上，制定相关的法律法规，还应该负责协调共建各方的利益，通过双方的协商与沟通后，签订实训基地共建协议书，协议书中应明确共建各方在经费、设备、人员、场所投入等方面的义务，以及享受的使用权、所有权、利益分配等权利，根据参与方自身投入的财物比例，对实训基地的收益按比例进行合理分配，制定强制性条款确保共建各方严格执行。

（二）深化校企合作

企业应当发挥市场需求主体作用，有条件的企业特别是大企业应当积极创办或参与高质量的产教融合型实训基地。学校要和企业、行业形成利益共同体；学校专业建设、课程建设要与行业发展、企业岗位需要对接，注重学生实践能力培养；学校教师和学生要真正走出校园、走上社会、深入企业、顶岗实践。

1. 企业层面

作为现代企业,要强调履行社会责任。企业不能只是为了营利,只为了营利的功利思想会导致企业在人才培养方面没有责任意识,在校企合作方面没有主动性和动力,校企融合在现在看来只是高等职业院校单方面的热情,远远不能满足高等职业院校培养人才的基本需要。建议企业应该承担更多的社会责任和义务,参与到高等职业教育办学中来,让更多的企业成为高等职业教育的办学主体,让企业过剩的产能得以有效利用,建立起校企深度合作、协同育人的长效机制。

2. 学校层面

高等职业院校现在作为培养高素质技术技能人才的主体更应该积极探究高等职业教育发展的规律,不断调整自身的发展方向,彰显设置专业服务产业属性,努力突出办学特色。

高等职业院校的校长应是职业教育方面的专家,有明确的办学方向和先进的办学理念,能够探究高等职业教育发展的规律,引领高等职业教育和国家经济社会发展的需求相适应。明确职业教育和普通高等教育的不同,从而在人才培养方面更能和职业岗位相结合,彰显行业和职业特性。

高等职业院校的中层领导,特别是分院(系)、部的领导是整个高等职业院校的中坚力量。人才培养是一项团队工作,单纯依靠一个领导人或教师的个人能力都是不科学的。高等职业院校的分院(系)、部中层在组织教学、科研中起着至关重要的作用,特别是在专业设置方面。所以,中层领导更要有彰显行业和职业特性的意识,只有如此才能培养出更多符合市场、企业需要的优秀高素质技术技能人才。

一线教师直接面对学生,课程建设的任务主要由一线教师承担。学校的人才培养理念能否实现,培养的学生能否适应市场的需要,主要依靠一线教师的课堂教学、教材建设、实习实训环节等方面的作用发挥,教学是否贴近实际岗位工作要求，学习领域是否贴近工作领域，要求一线教师要有影响行业和学科个性的意识，关注人才培养模式的新变化，不断调整教学方式和教学内容，培养更多的适应国家经济转型、产业升级发展需要的高素质技术技能人才。高等职业教育的发展要符合职业教育的发展规律，也要符合人才的成长发展规律。要不断提高认知水平，加深对职业教育规律的认识和把握，深化改革，勇于实践，贡献智慧，提供经验，为加快建设中国特色的现代高等职业教育体系贡献力量。

（三）建立长效机制

合作建设产教融合型实训基地，是校企合作人才共育的有效途径，实现互利共赢是合作的长效机制。实训基地建设的创新，离不开良好的法治环境和政府相关政策的支持，更离不开作为主体的学校与企业的参与和支持。

1. 构建有约束的企业利益保障机制

企业的根本目标是追求经济利益最大化。高等职业院校实训基地建设能否可持续发展，主要取决于合作后企业能否产生良好的经济效益，因此，需要建立企业利益保障机制。第一，设立政府奖励基金，对积极参与校企实训基地建设的企业进行认证并给予一定的奖励，一方面是对企业在实训基地建设中承担相关责任和义务的费用与风险的补偿，同时也表明政府的态度，对社会起导引作用，对企业而言则是一种宣传，对调动其积极性有积极作用；第二，完善经济激励机制，制定科学的可量化的实训基地教学质量评估标准，规定严格的实训基地教学质量评价程序，对实训基地建设进行全方位的绩效评估，对达到一定标准、积极参与校企合作实训基地建设的企业，实行适度的税收减免和优惠政策；第三，保障人才优先供给，通过校企共建实训基地，企业可以源源不断地获得高技能优秀人才，企业还可以根据需要，采用订单培养、现代学徒制等培养方式培养“工程专家”和“技术能手”，获得企业所需的高技能人才。

2. 构建学校良性的运行保障机制

首先，学校要基于企业的产品或项目，借助实训基地平台，主动承接或实施，形成双方的结合点；基于企业的“工程专家”和“技术能手”，实现教师（师傅）互聘，弥补高等职业院校“双师型”教师不足的问题；基于企业真实的职业环境，营造浓厚的实训职业氛围，提高学生的职业技能和综合素质；其次，利用高等职业院校的教学、科研、品牌等优势，通过拓展社会服务功能等创造经济效益，培育实训基地“造血”能力；最后，学校要集中有限的财力和物力，重点保证共享性强的实训基地建设，充分利用高等职业院校现有的实训设备和设施，通过新建、扩建和改建，将实训基地做大做强，形成规模，成为开放性的区域实训基地。

3. 成立产教融合型实训基地共建工作委员会

高等职业院校产教融合型实训基地规范有序高效运行，成立协调和管理实训基地工作委员会，通过制定章程或签订协议赋予和保障委员会的法律地位，是改变实训基地管理水平不高、校企合作不紧的现实需要。第一，委员会成员应该由政府部门有关领导、参与产教融合型实训基地建设的职业院校及行业、企业的负责人组成，下设秘书处，由各高等职业院校分管领导担任秘书长，秘书处每年由各成员单位轮流担任；第二，制定与完善促进产教融合型实训基地建设的运行管理机制，起草审议《产教融合型实训基地管理暂行办法》《实训基地管理规章制度》《实训基地仪器设备管理制度》《实训基地安全管理条例》等有关制度，组织和指导高等职业院校产教融合型实训基地的管理工作，使实训基地建设与管理工作有条不紊；第三，对参加产教融合型实训基地的高等职业院校及专业设置情况实施调研，了解院校的详细情况，同时对参与实训基地建设的企业进行调研，明确企业对人才培养的需求，在此基础上，基于相关院校和企业，积极开展实训基地建设标准、专业设置标准、课程体系标准、实训教材标准等方面的研究与制定工作，为提升参与建设高等职业院校和企业核心竞争力助一臂之力；第四，讨论、协调产教融合型实训基地建设中出现的重大问题，维护实训基地有效运转，并做好新成员的吸收工作；第五，做好高等职业院校产教融合型实训基地教学质量评价和教学质量监控信息反馈，不断改进实训基地的管理工作，促进实训基地建设的规范化、科学化、效能化。

二、彰显产教融合型实训基地高等性

（一）明确人才培养的目标定位

《国务院关于印发国家职业教育改革实施方案的通知》（国发〔2019〕4号）提出，牢固树立新发展理念，服务建设现代化经济体系和实现更高质量更充分就业需要，对接科技发展趋势和市场需求，完善职业教育和培训体系，优化学校、专业布局，深化办学体制改革和育人机制改革，以促进就业和适应产业发展需求为导向，鼓励和支持社会各界特别是企业积极支持职业教育，着力培养高素质劳动者和技术技能人才。

我国以劳动力价格低廉的优势占领了国际代工市场，成为制造业大国。但是，我国大多数产业技术水平低、模仿他人，缺乏自己的核心技术。这个阶段所需要的劳动力也主要是低端技能人才和农民工，因此职业教育也只是低层次的发展。当前，我们面临着新一轮的产业升级和从“中国制造”向“中国创造”的转变，技能型人才的短缺更多地表现为高素质技术技能人才的短缺，特别是在制造、医疗卫生、服务、建筑、能源等传统产业和电子信息、航空航天、新能源汽车等高新技术产业方面，高素质技术技能人才的缺乏，已成为阻碍产业升级、制约经济社会发展的短板，所以培养大量的高素质技术技能人才迫在眉睫。因此，产教融合型实训基地要将培养高素质技术技能人才作为基地的人才培养目标，以更好地满足社会对高素质技术技能人才的需求。

培养高素质劳动者和技术技能人才是实训基地的目标。要实现这个培养目标，要求学校要具备以下的培养能力和条件：

1. 雄厚的师资力量

基地为适应培养高素质技术技能人才的需要，围绕提高教师理论教学、实践指导、科技开发、社会服务和创新创业教育五种能力为中心，以提升教师"双师"素质、优化教学团队"双师"结构为重点，建立"内培外引、校企互聘、联合培养、共同管理"的教师培养机制，完善教师激励机制和考核评价体系，大力培养"德厚、识博、技熟"的专业教师，逐步建成一支理论水平高、实践能力强、结构合理、师德高尚的"双师型"专业教学团队。

2. 完善的教学条件

适应高素质技术技能人才培养，基地应加大实验实训条件建设力度，包括设备购置、实验实训室建设等。同时，充分利用实验实训室，加强实验实训室管理，允许并鼓励面向学生开放实验实训室。提升基地教育信息化水平，重点加强信息化基础设施建设、数字化信息资源开发和教育管理信息系统应用，大力开发数字化教学资源，推进现代化教学手段和方法改革，开发虚拟实训，搭建校企互动信息化教学平台，推进职业教育政务信息化，建立健全职业教育服务与监管综合信息系统。

3. 完备的实训基地

实训基地应既突出强调学生专业技能，注重学生动手实践能力、实际操作能力，又强调学生的职业素养、学习能力、创新意识等。高素质技术技能人才不是由学校培养出来的，而是在生产劳动过程中不断锻炼提升才能达到的。实训基地的作用就是传授给学生成为高素质技术技能人才所必需知识的同时，培养学生必需的职业素质，树立必需的职业意识。

（二）强化人才培养的职业素养

职业素质，是指劳动者对职业了解与适应能力的一种综合体现，主要分为专业素质和基本素质。其中，专业素质是指从事一个行业所必需的素质，包括职业技能和职业意识；基本素质是指参加工作，不论行业种类都需要的素质，包括职业道德和身心品质。

职业技能与职业意识是职业素质的核心，而职业道德和身心品质对于职业技能和职业意识的形成有着十分重要的作用，将四者有机统一，才能形成职业素质。所以，实训基地对高端技术技能型人才的职业素质培养应当涵盖职业意识、职业技能、职业道德和身心品质。

在课堂教学方面，实训基地及时了解行业最新的科研成果，密切关注行业的发展趋势，同时了解企业用人的需求，根据教学大纲和这些行业的最新信息，调整课堂的教学，做到学科性、专业性、职业性的统一，最大限度地促进学生素质和能力的提高，让学生认识到自己应具备的职业素质，满足学生就业与发展的需要，培养学生成为具备综合职业素质的技术技能型人才。同时，将职业基本素质教育融入专业课教学中，职业基本素质的形成需要长时间持续地培养，课堂中渗透职业道德方面的教育，使学生树立正确的世界观、人生观、价值观以及职业观，课堂应采用多种形式的教学方式，如自编自导自演的情景剧、小组 PPT 展示等以调动学生学习和参与的积极性，加强课堂教学管理，强调出勤率、着装、语言、行为，并与课程成绩挂钩。良好的课堂管理，不仅能提高学生的听课质量，增强课堂教学效果，而且有助于学生职业基本素质的养成。

建立班级考核制度，形成班级与班级之间的竞争，产生压力并转化为动力，调动积极性，促进班级成员互相监督，形成良好的班级学习氛围和团队意识。同时建立学生的考核制度，采用德育学分制，考查学生的学习成绩和道德素质，将德育量化成学分制，使德育目标详细化，将口头说教变成行为教育，有利于学生自我约束和自我管理的形成，使学生掌握做人的基本原则，养成文明的行为习惯。

开展各式各样的竞赛活动。知识竞赛可以加强学生在课堂上的学习所得，强化理论认知；技能竞赛可以加强学生的实践操作能力；体育竞赛可以加强学生团队意识，促使学生敢于挑战自我，勇于拼搏；演讲比赛可以锻炼学生胆量和表达能力。志愿服务，学生可以在志愿服务中学到许多课堂上没有的知识，不仅锻炼了协调与沟通能力，更重要的是增强了学生的爱心、服务意识和社会责任感，有利于学生道德品质的形成；举办讲座，邀请企业高层、行业专家、优秀毕业生来校做讲座，可以让学生了解行业最新的形势，全方位加强学生对职业素质的认识。

鼓励学生企业顶岗实习。学生实习前要培训，重点安排就业形势分析等相关法律政策解读、创业与就业指导报告、实习纪律、安全教育、个人简历撰写、应聘礼仪、模拟招聘、企业用工要求等内容，让学生为实习做足准备，企业顶岗实习可以让学生熟悉就业工作流程、掌握求职面试技巧和企业工作流程，并在实习过程中树立正确的职业理想和“先就业、后择业，先生存、后发展”的就业观念，以充足的准备找到理想的用人企业。

（三）建立健全基地文化体系

实训基地的文化建设是实训基地内涵建设的重要内容。实训基地文化建设创新，就是要以实训基地为载体，实现企业文化与校园文化在实训基地的有机对接与融合，就是突出实训基地校园文化的“企业化”特质，凸显实训基地企业文化的“高职化”特色，将企业精神、企业形象、企业制度、企业行为融入学校精神文化、学校物质文化、学校制度文化、学校行为文化中，对深化高等职业院校实训基地建设、提升高等职业院校办学核心竞争力、实现学生毕业从学校到企业的零距离过渡，具有重要而深远的意义。

文化建设是一个由管理层精心设计、积极推进、全基地师生在教育教学实践中共同遵守贯彻执行的过程，是一个循序渐进养成和实践的过程，最终体现为全基地师生员工的自觉行为。基地管理者应站在基地发展战略的高度，以行业劳动力需求为导向，兼顾行业特色，结合区域文化特色，融合时代精神，立足创新，对基地文化建设进行总体规划、系统设计和组织实施，并相应进行体制和管理创新，形成科学的办学理念、办学思路、价值观念和行为规范，并身体力行，为师生起示范作用，对师生员工进行观念更新，多方位推进基地文化建设。

加强在教师群体中文化理念的宣贯，再通过教师将基地文化传导到学生思想中，通过教学院部向教师宣传基地文化理念，院部要定期召开专题会议讲解、宣传基地文化，并要求教师在平时授课时有意识地把教学内容和基地文化结合起来，经常在课堂上传播基地文化，让学生处在浓郁的基地文化中，时刻接受基地文化的熏陶，强化基地文化在学生意识中的印象，最终基地文化将指引和影响学生的行为处事习惯。

充分发挥学生社团的作用。基地教师要通过讲座、会议等形式把基地文化理念传播给学生社团的骨干人员，然后再通过他们传播给社团的其他成员。学校要积极组织社团开展宣传基地文化理念的各种活动。如基地文化知识竞赛、演讲比赛、书画展等，让社团通过学生喜闻乐见的形式把基地文化理念传达给学生，以上方法可以把基地文化由点到面地在学生中传播开来，并逐渐使基地文化理念内化到学生的思想意识中去。

基地环境也是彰显基地文化的重要部分。基地环境布置应从职业教育需要的角度科学规划，注重物质文化与精神文化相结合，体现基地成员的价值取向、精神追求，基地环境布置应结合自身特质，彰显人文关怀，成为具有一定企业价值观的物质载体，如基地内的各种雕塑、壁画、宣传设施、视觉媒体等环境布局和设置应与职业信息紧密相关，形成具有职业特色的文化艺术景观；基地内的楼、路、灯、教室等可以用行业企业及人名命名；在楼宇等建筑物氛围营造上，不仅应有名人画像、格言警句、办学思想，更应有职业说明、职业定位、职业风采、职业岗位要求、职业需求信息、行业与专业发展趋势、业内成功人士资料等；基地文化具有历史传承性，可通过设置校史陈列室、荣誉室等增强师生对基地文化的认同感和自豪感，从而增强凝聚力和向心力。

提高基地文化和企业文化的结合度，基地的人才培养目标要求基地教育要面向社会、适应市场，以企业需求为导向。可以让学生到基地共建企业去顶岗实习，以企业的规章制度来要求学生，使学生亲身体验到作为一个企业员工的真正感受，让学生接受企业文化的熏陶，强化企业文化意识，具有企业的组织群体意识、归属感和认同感，使学生的专业技能、职业意识等到毕业之际基本能够满足企业的要求，为学生今后走上工作岗位奠定基础，实现基地教学与就业市场的零距离对接。

（四）提升基地教学科研实力

产教融合型实训基地作为职业教育的重要载体和平台，要将教学和科研作为主要的发展方向，采取教学与科研相结合的方针，大力开展技术应用研究，提高技术创新水平，再把研究成果引入教学内容中，提高教学质量。

一是加强队伍建设，培养造就一批有较高科研水平的学科带头人及科研骨干，依据国家政策支持技术技能人才凭技能提升待遇，鼓励企业职务职级晋升和工资分配向紧缺急需的高层次、高技能人才倾斜。建立国家技术技能大师库，鼓励技术技能大师建立工作室，并按规定给予政策和资金支持，鼓励技术技能大师到职业院校担任兼职教师，参与国家重大工程项目联合攻关。同时，不断完善各种激励措施，以便充分地调动职业院校教师从事科研的积极性，可以通过完善技术职称的评聘工作、改革奖酬金发放办法，将职称评聘、奖酬金与科研工作相挂钩，激励职业院校教师从事科研工作。

二是引进新型实验仪器和实训设备，建设基础设施。巧妇难为无米之炊，没有实验实训设备，要进行科研活动只能是空谈。基地可以从事业费中安排经费用于仪器设备的购置，同时也可以从科研经费及科研项目完成后的结余经费中提取一定的比例用于仪器设备购置，此外科研成果转让也是一笔不小的经费来源。总之，基地应通过多种渠道筹措资金，更新仪器设备，保证教学科研工作的正常进行。

三是建立信息网络系统，做好信息交流工作，科技信息交流是研究活动的组成部分，它贯穿于科学研究工作的始终。在现代科学技术飞速发展、日新月异的今天，没有科技信息交流，选题就会盲目，就会出现低水平重复，进度就会缓慢,成果就不可能是高水平的。加速建立快速、灵敏的信息网络系统,加强科技信息交流,对于基地及时准确地调整和把握学科发展方向、选准主攻目标、加速科研工作的进展、减少低水平重复、提高科研工作的效益具有十分重要的意义。所以,实训基地要从多方面筹措资金,建立与国内外科研信息资源连接的信息网络系统,使基地能随时获取最新的信息。

四是科研实力的提升带动教学质量的提升。科研实力强的机构一般来说影响力、声望更大,而声望大的学校更容易聚集相关资源,可以邀请到更多的知名专家和行业领军人才来给学生开设讲座,可以为学生提供更好的实验设备,可以利用自身在行业的影响力举办各种国家、省级层面的大赛,可以提供给学生重要的社会活动、多样的社会实习机会、良好的实验实训和图书资料等资源来提高学生素质。同样,科研实力提升也有助于打造高水平科研平台,从而吸引更为优秀的教师和人才,这些都是科研实力的提升而带来的教学质量的提升。

五是理论联系实际,加强实践教学。学生仅靠课堂内容不能提高自身综合水平,要积极开拓、主动投身于生产劳动才是逐步走向社会的关键所在,基地要为学生提供更为广阔的实际运用的机会,鼓励学生参加学校各种科技创新、挑战杯、“互联网+”等活动。教师要积极联系学生,鼓励学生参加科研项目,为学生提供参与科研项目的机会。让学生打好理论基础,并在此基础上积极探究,利用年轻人独特的视角进行开发创造,在各项活动中找到自我发展成长成才的道路。

三、强化产教融合型实训基地职业性

(一)系统优化人才培养方案

培养技术技能人才是高等职业院校的根本任务,历史使命决定了高等职业教育应当根据区域经济发展的人才需求,不断调整和优化专业结构,深化教育教学改革,创新人才培养模式,努力培养学生的创新精神、创新意识和创新能力，为国家实施创新发展战略夯实人才基础。高等职业院校应主动以建设区域开放产教融合型实训基地为契机，结合区域主导产业或支柱产业人才培养需求，与合作企业一同制订实践教学方案，探索实施课程及学分认证、师资共享、实训教学内容共同开发等方面的改革。推行任务驱动、项目导向等教学做一体的教学模式，达成合作共赢的目的，在设置系统的人才培养方案过程中我们要遵循下面两个原则：

一是与专业群建设相结合，搭建专业共享平台，整合实践教学资源，建设面向专业群的实训基地是专业群建设的主要任务。区域开放产教融合型实训基地的建设必须服务专业群发展，依据工学结合人才培养模式三个核心要求（顶岗实习、专业课程做中学、“1+X”证书制度等）系统设计专业实践教学体系，增强实践教学体系的开放性与共享性，探索职业素质能力、岗位实践能力、专业核心能力综合培养模式及跨专业群多层次综合实践教学平台建设模式，实现职业教育各层次共享；以区域、行业企业为依托，拓展实践教学模式，根据专业群各专业的实践教学要求，细化岗位设置，满足中高职和本科实践教学的不同需求，满足专业群内学生共性的实践训练需要与专门化的、个性化的技能提升训练要求。

二是与创新教育相结合，提升学生创新能力。高等职业院校要充分利用区域开放产教融合型实训基地的优质资源，助推学校创新教育朝更高层次发展。实训基地中真实职场氛围的营造、创新文化的融入、生产性实训和顶岗实习的实施以及教学过程和生产、科研、经营实际有机融合、教学做一体的教学模式等，对学生创新意识的渗透、创新思维的拓展起到了极大的助推作用，也为学生职业素质养成提供系统训练。通过实训基地开展的各级职业技能大赛、大学生实践创新训练计划等创新实践活动与创新教育课程教学的有机融合，针对性地选择综合性技术岗位，为共享学校的学生提供部分实践岗位，使学生的技术应用和创新能力得到充分锻炼和提升。

在具体实施细节方面，基地需要以企业需求为导向，以职业标准为依据,以培养高素质技术技能型人才为目标,进行课程设计。基地需要及时了解社会所需岗位人才的种类,从而对专业的设置以及教学内容做出调整。学生的职业生涯发展是实现学生自身发展和企业发展需要的结合点,基地专业人才培养方案的开发应使学生获得与企业发展需要相一致的职业知识、职业技能和职业态度,并为学生的职业生涯规划和可持续发展奠定坚实基础,拓展更加宽广的成长空间。具体实施主要从以下四个方面进行:

1. 理论教学

基地的理论教学特别强调理论要为实践服务,以指导实践,提高技术应用能力为目的,促进学生用科学的技术理论指导实践和实践操作,专业学习领域课程以任务驱动型课程为主体,课程实施主要按照工作流程或技能提升的逻辑顺序来展开,从与学生生活密切相关的、具体的、范围较窄的工作任务切入,使学生在校期间熟悉工作岗位所需的工作对象、工作内容、工作手段、劳动组织、工作环境、工作过程。基于此,课程体系应对理论教学进行大胆改革和重组,取消与专业实际技能培养关系不大、理论性过强的课程,对一些与专业相关的课程进行内容的调整与合并,增设反映新技术的技能课程和过程性课程。

2. 身心素质教育

一名合格的毕业生不仅需要掌握基本专业技能,更需要良好的身心素质,因此,身心素质教育就是实训基地人才培养方案重要的组成部分。开设公共文化学习领域课程,培养学生的社会共同信念和情感,使学生树立正确的世界观、人生观、价值观和职业观;加强人文素养,树立法制观念,使学生成为适应现代社会的身心健康、遵纪守法的合格公民。通过公共文化课的学习,有利于学生心理素质的提升。开设种类丰富的体育课程,除篮球、羽毛球、排球、乒乓球等传统体育课程,可以开设足球、游泳、网球、武术、舞蹈等较少见的课程让学生有自由选择的余地,可以选择自己喜欢适合的体育课程参加。同时设立身体素质测试,作为引导学生进行身体锻炼的有效抓手。

3. 实践教学

落实“以学生为主体”这一理念的关键是参与，给学生提供自学的机会、动手的机会、表达的机会、创新的机会。培养学生的动手能力是基地课程的重要目标，因此，基地课程体系不应当仅是知识的体系，它不仅要包含知识点，更多的内容应该是技能项，是技术知识体系，是经过动手操作才能理解和掌握的内容。实践课程内容有利于学生将学到的知识、技术运用到实际中去，这对于基地学生来讲是至关重要的。因此，实践性强的、操作性强的课程科目应当占课程体系的主要部分，并使课程体系的结构有利于教学过程从以课堂讲授为主转变到以实验、操作为主的方式上来，通过校内外实习实训基地，让学生能在更多更好的实践环境、动手环境中完成课程学习。

4. 企业顶岗实习

将企业顶岗实习作为基地人才培养方案最后一部分，在经历了实训基地的理论、身心素质、基本实践操作培训后，到基地共建企业顶岗实习是学生正式工作的最后一步准备。企业顶岗实习可以让学生熟悉就业工作流程、掌握求职面试技巧和企业工作流程，并在实习过程中树立正确的职业理想和“先就业、后择业，先生存、后发展”的就业观念，找到理想的用人企业。

（二）设置系统培养课程体系

课程设置一般指各级各类学校开设的教学科目和各科的教学时数，简单地说，课程指在某一学习阶段，按照某种顺序展开的“教”和“学”内容的全部，即有计划地、系统地学习内容，高等职业教育课程设置是基地培养高素质技术技能人才的总体规划，它把为达到培养目标所要求的教学科目及其目的、内容、进度和实现方式等在总体规划中全部体现出来。

当今社会科学技术的迅速发展，劳动组织形式的急剧变革，使得原有的学科与行业之间的界限被打破，产生了许多复合型、技术含量相对较高的新岗位。基地要了解当前行业的基本情况，从实际出发，根据企业需求进行课程设置，使学生获得与企业发展需要相一致的职业知识、职业技能和职业态度，立足现实的同时要面向未来。当今社会发展迅速，各个行业日新月异，现在热门的工作，可能在几年后就会消失不见。因而，基地要动态掌握行业发展方向，在课程设置时应考虑未来社会的需求和学生可持续发展的需求，注重培养学生的学习能力、创新能力、创业能力。

根据课程内容的专业性强弱，可以将课程分为专业核心课程和非专业核心课程。

专业核心课程，是指以本专业基本活动为主题而编制的课程系统。专业核心课程可分为专业知识课程和专业技能课程。其内容是按照职业群共有的基础技术和基本技能整合而成，作为教学和实训的中心内容，并在时间上、师资上予以优先保证。

专业知识课程，覆盖该专业对应职业岗位群需要的最基本、最主要的知识和技术，教学上侧重于技术原理、技术方法的讲授。每个专业设立6—8门核心专业知识课程，保证学生有足够的时间和条件学好这些课程，掌握本专业必备的知识和技术，确保学生有一技之长。专业知识课程要特别强调理论要为实践服务，以指导实践，提高技术应用能力为目的，以“必须、够用”为原则，学生的科学技术理论知识是进行实践操作的基础。

专业技能课程，这类实践性强的、操作性强的专业技能课程将是最为主要的课程类型，专业技能课程是强化培养学生的动手能力、操作技能的课程，重在职业基本技能。这一类型的课程强调职训、实训、实验、上机等实用性操作训练，以满足第一线应用技术人才的实际需要。

非专业核心课程，主要是为学生提供必备的科学、人文等方面的基础知识以及学生身心素质的提升，可分为基础必修课程和选修课。

基础必修课程，主要包括高数、大学英语、计算机基础、中国近代史、毛泽东思想与中国特色社会主义、思想道德修养与法律基础、体育等课程，基础必修课程是指为学生继续学习提供基础知识与基本理论，培养学生基本能力与基本素质而设计安排的。如高数、大学英语、计算机基础、中国近代史等课程使学生掌握最基本的科学人文知识；毛泽东思想与中国特色社会主义、思想道德修养与法律基础等课程对于学生树立正确的世界观、人生观、价值观有重要作用，进而加强自身的行为修养，树立正确的择业观；体育课则可以提升学生的身体素质。

选修课，以人文课程为主，兼有科技、管理、文体类等课程，例如行为礼仪、沟通技巧与写作、心理学、艺术鉴赏等，开拓学生知识面，为学生多方面个性发展提供帮助。同时，允许学生选择其他专业的核心课程，让学生对不同的专业都有所了解，建立对其他专业的兴趣。

（三）搭建优势人才实训情境

为了培养出符合市场需求、适应企业环境的高素质技术技能人才，采用“工学结合”培养模式，基地要搭建优势人才实训情境以完成培养目标。

实训首先要满足真实性。实训使用的设备与企业的设备需保持一致，实训的过程与生产过程一致，实训室具备产品生产的功能。同时，实训必须引入企业真实的工作情境、文化氛围和管理模式，按照生产的工序流程来布置。使实训尽可能贴近生产、技术、管理、服务第一线，努力体现真实的职业环境，让学生在一个真实的职业环境下按照未来专业岗位群对基本技术技能的要求，得到实际操作训练和综合素质的培养。

其次是先进性。实训项目需要紧跟行业发展前沿，体现新技术、新工艺，瞄准实际操作人才缺乏的高技术含量和新技术行业的职业岗位，在技术要求上要具有专业领域的先进性。使学生在实训过程中学到和掌握本专业领域先进的技术路线、工艺流程和技术实际应用的本领；使基地投入具有前瞻性、持久性。

再就是效益性。效益是任何一个项目开始前都要考虑得最为现实的问题。实训项目同样如此，实训需要尽可能使所建设的实训基地适用性强，能进行多学科的综合实训，相关专业尽可能通用，充分利用有限资源，最大限度地节约资金。同时，不仅为校内学生提供基本技能实训场所，而且为社会提供多方位服务，产生社会效益。

搭建优势人才实训情境需要整合现有资源，优化运行机制。职业教育要求理论教学以适用、实用、够用为度；实践教学则应当遵循由简单到复杂、由熟悉到熟练的循序渐进的过程。这一教学过程需在真实的职业环境中，需要大量的资金投入。因此，考虑到项目的经济性，我们在实训基地设备的选型与购置中，既要考虑经济建设对实用型人才的需求，构建真实或仿真的职业环境，又要注意控制实训成本。

此外，为了更充分合理地利用现有资源，可以通过对原有的实训场地重新规划、改造、归并，与新建实训项目进行有效的资源整合和优化配置，实现基地与基地之间的资源共享。通过有效地整合资源、优化资源配置、完善硬件建设配套、建立更为健全的管理体系，可以增强综合实训能力，并降低实训成本。

（四）提升专业职业迁移空间

随着科技的快速发展和经济全球化的不断推进，随之而来的是生产方式革新及产业升级换代。产业升级必将导致传统生产工艺和技术被淘汰，一些技术工人由于技术不再匹配，离开原先工作岗位而选择自谋出路成为必然。在当今社会职业结构呈现动态性变化、岗位职业不确定因素增加的情况下，仅让一个人为某一特定职业或岗位做好准备是不够的，为了让学生能在复杂多变且充满风险的社会里实现长期就业，基地要培养学生风险意识，提升专业职业迁移空间，加强对学生适应能力和发展潜力的培养，适应高度不确定社会的需求，提升学生专业职业迁移空间主要从以下几个方面入手：

1.提升学生的综合素质

综合素质主要包括思想道德素质、心理素质和职业素质，思想道德素质可帮助学生树立正确的人生观、社会观和道德观，形成遵纪守法、讲诚信的优良品德及良好的职业道德素质，心理素质是指个体在心理过程、个性心理等方面所具有的基本特征和品质。良好的心理素质有助于学生形成完整的人格、与他人构建良好的人际关系、对自己的能力做出适当的评价及充分的社会适应力。职业素质是劳动者对社会职业的了解与适应能力的一种综合体现，是高职毕业生立足社会、体现自我价值的关键素质。

综合素质的培养可以将教育工作从单纯的实现就业、追求就业率向学生的全面发展转变，提高学生对不同岗位的适应能力，进而实现长期就业。所以，在教育内容上，不仅要有专业理论学习和基本技能训练，还要增加思想道德文化修养、心理素质、职业素质的训练内容。

2.提升学生的职业迁移能力

基地的教育坚持“以能力为本位、以就业为导向”的发展模式，但这里的“能力”不仅仅是操作技能，还应该包括语言表达能力、学习能力、思维能力、创新能力、环境适应能力、团队合作能力及职业发展能力等，这些能力是职业生涯中除岗位专业能力之外必须拥有的基本能力，也即可迁移技能。可迁移技能是跨越具体职业的能力，是当工作岗位变更或职业变化后，能在新的岗位或职业中继续发挥作用的能力。从当下社会就业形势看，转岗或转业的情况会变得很平常，因此拥有迁移能力是职业生涯必备的技能。职业迁移能力是一个广泛的概念，包含许多内容，而且大多是课堂上学不到的，基地需要分析学生特点，组织形式多样、种类丰富的各类活动，如演讲比赛、志愿活动、体育竞赛等，鼓励学生积极参与，以此来提升学生职业迁移能力。

3.培养学生终身学习意识

基地的教育是以就业为导向的教育，它要教会的是学生掌握某一种谋生手段。基地需要培养学生学习的意识，养成学习的习惯，鼓励学生阅读新闻、报刊、书籍来了解时事和行业前沿动态，培养学生自我高效学习的能力，学会高效地收集整理分析资料。

（五）全面提高人才就业情况

就业情况包括就业数量和就业质量两方面，其中就业数量可以用就业率来衡量，而就业质量衡量指标较多，包括专业对口率、薪酬水平、毕业生就业满意度、用人单位满意度、职业稳定性、社会保险待遇水平、职业适应度度、职业发展信心、职业发展空间等因素。

近年来，很多高等职业院校开始高度重视毕业生就业工作，坚持贯彻以就业为导向，以服务为宗旨，培养面向生产、管理、服务第一线技术技能人才的办学方针，有效调整毕业生就业策略，就业工作不断创新，使得许多院校的毕业生一次性就业率都在90%以上，但就业质量却不容乐观，主要表现在：一是就业机会不均。当前高职生就业空间不断缩小，就业机会相对偏少专科层次学生就业受歧视现象仍很明显，相近的能力，事业单位、企业会选择本科生。二是就业不稳定。高职院校毕业生毕业半年内的离职率高反映出其就业存在高度的不稳定性。三是工作满意度低，工作满意度受到专业的对口性、工作的稳定性、劳资关系的和谐性、职业发展前景、福利和社会保障等因素的影响，报酬低、劳动强度高、同事关系紧张等原因使得毕业生对工作不满意。

基地毕业生就业情况是衡量基地人才培养质量的重要指标，基地一方面要积极提高毕业生就业率，另一方面必须在提高就业质量上下功夫，即在毕业生充分就业的基础上努力提高就业质量。基地可以采取以下方法：

1. 专业适应市场

高等职业院校的专业设置直接关系高职生就业机会。专业教育要紧密结合市场发展需求，特别是地方经济产业的发展需求。行业企业对专业人才的需求状况是高等职业院校专业结构调整的重要依据，依据人才市场的需求变化对专业结构进行优化是高等职业院校毕业生就业率和就业质量提升的保证。高等职业院校要根据地方经济和社会发展需要，围绕人才培养目标，深入开展研讨式专业剖析，明确专业建设目标与方向，及时调整专业方向，使专业结构日趋合理，目标岗位更好对应职业岗位。在专业课程设置中，与市场需求接轨的同时，应全面、科学地制定教学内容。在教学的各个环节，不断根据市场需求，加强专业能力、适应能力和求职能力的培养，缩小用人单位和毕业生之间的认知差距，提升高等职业院校毕业生就业层次与能力。

2. 进行职业规划教育

高等职业院校要加强对高职生职业生涯规划教育与就业指导。对学生进行系统的职业指导、职业教育和职业干预，使学生树立正确的职业情感和态度、职业价值观、职业忠诚度。同时，采取有效的措施和策略，帮助高职学生提高职业认知和职业能力水平，尽早对将来做好打算，为毕业后提升就业能力与就业质量夯实基础。

3. 建立就业服务体系

高等职业院校还要强化就业服务意识，树立以学生和用人单位为中心的理念，积极为高职生就业搭建完善的信息平台，要加强与企业联系并建立长期的合作关系。一是要积极开展就业工作研究，提高对就业形势的研判能力和指导能力；二是要加大资源投入，形成一个涵盖就业指导、毕业生推荐、就业信息发布、企业招聘服务、就业手续办理等的全方位就业服务体系；三是要密切与相关行业协会的合作关系，形成专业负责人联系行业协会制度，依托行业协会组织招聘会，拓宽毕业生就业渠道。

四、强化产教融合型实训基地实践性

（一）树立明确教学目标

实现教学最优化的第一位工作，就是制定恰当的教学目标或教学任务。教学目标是师生从事一切教学活动的指针，是选择教学内容和教学方法的依据，也是衡量教学成败的标准，一般说来，教学目标包括以下几个方面：

一是使学生掌握系统的文化科学知识和基本技能;二是培养学生良好的世界观和道德、审美、劳动等观念及相应的行为方式;三是使学生的身心得到健康发展。因此,我们在教学中,就应根据这三个方面制定具体而明确的教学目标,只有教学目标明确了,才便于把握、操作、落实和检查。在大力提倡素质教育的今天,明确而有针对性的教学目标是提高教学效率的关键。

高等职业教育的培养目标是高素质技术技能人才,需要毕业生能尽快融入企业参加工作,因此实际操作能力是高职毕业生必不可少的能力。而实际操作能力需要学校通过实践性教学来培养,因此实践性教学是高等职业技术教育的重要环节,贯穿整个教学过程之中,突出实践性教学是高职教育的特色。实践能力的培养包括校内实验室教学和企业顶岗实习两个方面。

1. 实验室教学

首先,建立一支具有现代教育理念、教学能力强、熟悉生产领域、掌握过硬技术的高素质实践教学师资队伍。学校要注重“双师型”素质教师的培养与引进,可以让教师到企业为员工进行专业培训或到企业实际操作,使他们更加了解社会需求以及如何培养学生的实际操作能力。同时,聘请企事业单位的专家、有工作经验的人员以及实践基地有丰富经验的技术骨干作为兼职实习、实训指导教师,组建一支以“专职为主、专兼结合”的实践教学师资队伍。加强实验室建设,通过学校投入和校企共建等方式,不断改善校内实验条件,大力整合现有资源,优化管理,扎扎实实地建设好各专业的实验室、实训室、实训工厂等。此外,积极拓展实验室创建渠道,鼓励社会资源通过投资、参股等方式参与建设,共创产学研合作教育基地。同时,加强实验室、实训基地的科学管理,实现资源共享,允许并鼓励学生平时课后使用实验室,将实验室资源向社会、企业开放,提高资源的使用效率,重视校外实习、实训基地建设,按照互惠互利的原则,建立一批相对稳定的校外实习基地。

2. 校外顶岗实习

顶岗实习工作是学生步入社会前的一次职前锻炼，起承接作用，也是教育部对职业院校学生的基本要求，是理实一体化教学实施的载体，对促进学生就业有积极作用的同时，顶岗实习也是一个非常好的培养学生职业基本素质的机会。实习前培训要安排就业形势分析、相关法律政策解读、创业与就业指导报告、实习纪律、安全教育、个人简历撰写、应聘礼仪、模拟招聘、企业用工要求等内容，让学生为实习做足准备。在学生顶岗实习期间，一定要加强学生职业基本素质的培养，学校要配备相关指导教师，及时对学生进行教育和引导。学生最初步入顶岗实习的岗位时会有很多不适应，感觉工作很辛苦，倒班的时间差调整不过来，企业管理严苛约束较多等。该时期指导教师一定要做好学生的思想疏导工作，使学生尽快适应企业的工作和生活。在顶岗实习中要加强安全教育，通过安全教育强化学生的责任意识、敬业意识和组织纪律观念。企业顶岗实习可以让学生熟悉就业工作流程、掌握求职面试技巧和企业工作流程，并在实习过程中树立正确的职业理想和“先就业、后择业，先生存、后发展”的就业观念，以充足的准备找到理想的用人企业。

（二）大力提升教学条件

高等职业院校要培养适应行业企业需要的高素质技术技能人才，就必须建立满足培养学生综合职业能力所需的真实的或仿真的实践教学条件，尤其是校内的生产性环境能使学生在真实的职业环境中以准员工的身份参与生产过程，并在完成生产任务时完成学习内容，同时完成生产产品和学习两项任务。实践教学要深度融入行业要素、企业要素与职业要素，使学生在做中学、在学中练，为工学结合人才培养模式的实施提供保障。

1. 加强硬件资源建设

增加投入，充分整合校内实验实训资源，建立校内实验实训室。学校要根据各专业人才职业能力培养需要，按照核心课程职业能力项目实训要求，整合校内原有的实验室、实训室、多功能教室等现有资源，加大实验实训条件改造投入的力度，彻底改造和整合传统的实验室，添加必要的实训设备，并在原有实训基地的基础上增加生产性功能，满足学生生产性实训和综合职业能力培养的需要。

2.与相关院校建立合作关系

校际合作可以使学校充分利用不同院校先进的设备、先进实训教学模式、优秀实训指导教师等优质资源。校校合作，不仅解决了学校实训场所建设上所存在的诸多问题，同时也增加了实训场所的使用率，使优质资源得以最大限度地发挥效益，虽然实训场所不为学校所有，却能被不同院校充分利用，因而实现了双赢的局面。

3. 依托行业，建立校企合作

通过联系满足要求且有实力、有长远发展眼光的企业，争取企业支持，引企业进校园，由校方提供厂房和配套设施，企业提供无偿或优惠的实训设备材料及生产技术，建立生产性实验室。学生以员工身份参与生产全过程，使学生在做中学、在学中练，全方位培养学生的职业能力、职业态度和综合素质。除此之外，企业还可以提供顶岗实习的机会，学生参加顶岗实习的企业就是最真实的实训场所，在这里学生可以熟悉企业工作流程、企业规章制度、企业文化，为之后的就业打下坚实的基础。

4. 采用现代化的管理手段

变传统的管理模式，依托校内相关专业，开发出一套适合学校实训基地计算机网络化管理的软件。重点加强信息化基础设施建设、数字化信息资源开发和教育管理信息系统应用，大力开发数字化教学资源，推进现代化教学手段和方法改革。要建立完善的实验实训设备资产管理信息系统，实现设备资产管理信息的开放式、网络化。搭建校企互动信息化教学平台，加强校企联系，学校领导及实习主管部门要定期深入校外实训基地研究实训方案，联络感情，解决问题。建立健全职业教育服务与监管综合信息系统，重点跟踪督促各专业建设紧密联系的合作企业，建立管理档案，规范学生的校外实训活动，保证校外实训取得实效。

5. 提升师资力量

通过已经建立的校企合作，学校可以安排教师到企业生产车间学习参观，增强教师对实际生产流程的了解；到研发部门参观，可以使教师了解行业生产技术前沿。同时可以邀请企业有经验的技术人员作为兼职教师，为学生讲解、演示实际生产操作流程，以此来提升师资水平。学校要充分利用上级教育部门的师资培训政策，选派专任教师去教育主管部门在企业建立的师资培训基地提高实践能力，选派兼职教师去学校师资培训基地提高教育教学能力。

（三）全面优化“双师”结构

教师是育人的主体，只有不断强化基地教师职业素养，改革教学的师资结构，才能提高实践育人能力。

教师是高等职业院校实训基地的重要组成部分，高素质的教师是对高等职业教育实践性的有效诠释，能够高效地完成教学任务，科学合理地帮助学生获得职业技能，增强学生理论到实践的转换能力，从而具备较强的职业迁移能力。“双师型”教师结构在高技能人才培养过程中的作用举足轻重，建设与培养实训基地的“双师型”教师队伍是实践教学的必要手段。通过聘请具有实际工作经验的企业教师，能够简化学生获得实践能力的过程，缩短学校学习与工作生产间的距离，学生具有更强的适应能力，提高用人单位的满意度。

高等职业院校为建设“双师”队伍应积极采取有效的措施，不以学历为唯一的判定标准，吸收聘用专业技术人员或经验丰富的专家、产业教授。此外，高等职业院校还可以派遣本校教师参加正规业务的学习和培训，提高教师自身的实践能力，有计划地建立一套科研、教育、生产和运作于一体的实训基地，开展校企合作教育。

1. 大力促进专职指导教师“走出去”

此项工作的完成需要政府和实训基地通力合作，任何一方都不能独立完成此项任务，政府应大力促进实训基地专职实训指导教师“走出去”，实现专职实训指导教师在地区层面的共享共用。政府应打破现有的实训基地人事壁垒，淡化实训教师“单位人”的属性，积极制定相关政策和法规，允许教师在基地完成既定实训任务后，结合自身实际情况，到其他实训基地承担兼职实训指导教师工作。为此，政府应设立兼职实训指导教师专项资金，并拨付给基地，由基地自行负责制订专职实训指导教师实训计划，筛选一批实践能力强的专职实训指导教师，由政府教育主管部门授予其“兼职实训指导教师”称号，并派遣这部分教师到其他实训基地承担兼职实训工作。基地应通过促进专职实训指导教师参加课题研究、下企业锻炼等方式加强其实践能力训练，使其能胜任不同实训基地不同类型的实训任务。

2. 积极开展兼职指导教师“引进来”

政府应合理放宽兼职教师的引入条件，不以学历、年龄、职称、工作年限等因素限制一批优秀的实践技能人才进入实训基地。基地应通过社会公开招聘的方式，聘请生产、管理、服务一线的企业专家、技术能手等担任实训基地兼职实训指导教师，基地应对应聘者进行严格的资格审查，审查内容包括实践操作水平和教学能力，并对审查通过的对象组织统一的培训和考核，考核合格者由实训基地颁发聘用证书，取得实训基地兼职实训指导教师准入资质，基地还应专门建立兼职教师管理部门，对兼职教师的教学安排、工作任务等做出相关部署，并协助解决兼职教师在工作中遇到的问题与困难。基地应特别建立兼职教师薪资待遇管理办法，对兼职教师的薪酬支付问题、课时计算问题、编制问题、职称评聘问题等做出明确说明，提高兼职教师的工资待遇水平，拓宽兼职教师的成长渠道。

3. 灵活建立实训基地共享实训师资库

实训基地应基于互联网的视角，整合基地专职实训指导教师和兼职实训指导教师的师资资源，共同建立组织灵活、弹性强的实训基地共享师资库。师资库不仅是教师的管理机构，也是师资资源的综合调度部门，专门负责实训教师的综合调度、档案管理、工资支付等。首先，师资库的建设应建立弹性化的师资规模制度。根据不同阶段的实训需求，灵活弹性地把控实训教师的数量规模，避免因培训需求的多寡而产生实训师资紧缺或者浪费的问题，一旦某个实训项目亟须实训教师，就立即启用师资聘用程序，从师资库中调取、聘用合适的教师，由聘用教师者支付教师课时费；其次，师资库应成立专门的组织管理部门，该部门负责为师资库中的每一位教师建立电子业务档案，对教师实施动态信息化管理，师资库应制定并实施实训教师认证制度，能够进入师资库的教师都必须经过严格的认证，对师资库内已经认证过的教师实施动态信息化跟踪管理，努力提高师资库师资质量；再次，师资库根据每位教师实际的工作量、绩效水平，经过科学计算后，核算出每位教师实际应得的报酬，并委托财务部门负责发放。

4. 对教师建立科学的考核考评机制，激发教师工作积极性

实训基地要建立兼职实训指导教师考核考评小组，制定实训基地教师考核考评管理办法，通过定期与不定期的听课、检查，对兼职教师在担任实训指导教师期间的教学质量进行考核，考核主要内容包括教学大纲及实训课时、课题，教学计划执行情况，备课备料情况，实训指导情况，作业（工件）批阅情况，学生评价情况等，对兼职教师的考核评定还应将考核结果定期反馈给兼职教师所在单位，由教师所在单位根据教师考核情况给予相关奖励或处罚。

基地还应采取优胜劣汰的人才留用机制，对教师队伍的质量实施动态化监督和评价，实施教师退出机制，对于不符合考核要求且屡次不改的教师，要及时予以解聘。基地还应设立专项基金，根据教师工作量支付其合理报酬，对于那些对基地运行和对外服务有突出贡献的兼职教师应给予特殊奖励，并建兼职教师成长渠道，满足一定考核要求的兼职教师可以升为特聘教授、兼职教授等，以提高兼职教师的工作积极性。

（四）强调“双元”育人

学校和企业共同制订人才培养方案，及时将新技术、新工艺、新规范纳入教学标准和教学内容，强化学生理论联系实际的能力。

1. 充分挖掘校外资源

充分发挥校外资源优势，实现学校与行业、产业对接，推行人才订单式培养。实习基地的建立和使用，扩展了学生视野，有效增强了学生实践动手能力，学校毕业生得到了社会的普遍好评，扩大了学校的美誉度和知名度。通过与企业合作，在企业建起学生宿舍，实现了课堂进企业，学生直接进入企业顶岗实习，和企业员工同吃同住，学生可以真正接触和感知企业，在培养学生的同时，为学生提供了更多的就业机会，同时，与企业签订协议，由企业定制专业课程，按照企业的需求定向培养人才，接受企业的培训，学生毕业后可进入企业工作。

2.探究实践教学新模式

实践教学是人才培养的重要环节，学校应该积极探究大学生实践能力培养的新模式，学校可以结合学校学科专业特点，逐步建立起一批实习基地，为学生创新精神和实践能力培养奠定良好基础，为推进产学研一体化，提高教师学术水平和解决工程技术问题提供了广阔舞台，学校还可以积极与科研院所、研发中心和企业单位建立广泛联系，采取“走出去、引进来”的方式，联合各单位与科研机构建立起一批稳定的实习基地，实现与企业、专业的无缝对接。

3. 完善人才培养模式

进一步完善人才培养模式，深化产学研协同、校企合作的创新创业人才培养模式改革，推进各类实习基地的建设。学校需要努力构建省内省外、学校与企业“产学研协同、校企合作”的立体式实践教学体系，为学生实践能力锻炼、创新创业能力培养搭建良好的实践平台，基本满足各类专业课程实习实训。

通过实习基地建设，使大学生能够理论联系实际，激发他们的学习热情，增强其学习动力。不仅提升实际动手、团队合作、协调与交流、解决实际问题等综合运用知识能力，还能促进毕业生心理健康。学生在实践中创新、在创新中成才，从而大大拓宽了其就业渠道，增强了学生的就业竞争力。

4. 提升学生上岗动手能力

经过对学生实践能力的培养，我们不仅要做到提升学校面向企业、社会的服务能力，而且要借助企业资源使得毕业生上岗速度快、动手能力强，受到企业的普遍欢迎与社会的一致认可，从而有力地推动各高等职业院校的就业工作。学生通过实践活动为企业科技创新提供了强有力的支撑，为企业构筑人才高地，培养认同企业文化、具有企业主人翁责任感的人才队伍，为企业持续发展、开发和储备智力资源、增强竞争力创造良好条件。同时，学校可以和企业双方积极推进科学合作研究，结合教学实习，联合开展科研项目的合作申报与实施，实现“产学研”项目的有机结合，共享经济效益和社会效益的成果。

五、服务区域地方经济

（一）与地方经济发展相匹配

高等职业院校不仅是传播知识和技术的场所，理所当然，也是技术创新的载体。高等职业院校要结合自身优势，借助区域开放产教融合型实训基地的平台积极开展应用技术研究，提高技术研发成果的转化率和生产实践需求的吻合度。如充分基于基地资源与行业企业、科研院所共建项目库、共享项目源，联办科研机构或工程技术中心，与企业开展项目研发、科技攻关、咨询服务等；积极申报和承接与工艺技术和成果转化有关的应用项目和纵向、横向课题；实现项目产业化，建成高技术项目体系，为科技成果产业化提供服务；联合企业促进新产品试制、技术推广和产品推销；积极推进学生科技创新创业，以项目为载体提供相关技术支持，实现项目孵化。

增强社会服务能力是校企合作共建区域产教融合型实训基地的关键和重点，以区域产业发展需要为指引，适应产业结构优化升级和培育战略性新兴产业需求，确立服务重点，突出服务特色，强化服务优势，主动服务产业升级和企业技术创新。

（1）设立多元投入的区域技术创新基金和成果转化基金，探究开放、集成、高效的区域协同创新模式，全方位拓展与各种创新资源的合作研究、联合创新，并将协同创新成果转化为适应市场需求的技术和产品，推动企业不断提升核心竞争力。

（2）成立专业研究所，推进专业群与产业链、产业群的协同，承接国家、省、市级科技项目和横向课题，优化资源配置方式，营造有利于协同创新的文化环境，通过市场牵引和技术推动，推进各方优质资源的流动、汇聚、碰撞、融合，产生协同效应。

（3）建立区域专业技术协作组织，实施有组织的、长期性的、目标清晰的可持续战略协作，开展跨专业的多项目合作，利用实训平台提供的开放接口进行应用研究与业务开发，为企业提供市场推广和经营策划的支持与服务，成为行业或区域应用研发中心和技术服务保障中心，促进技术创新与人才培养的有机结合，在工程实践和服务实践中培养创新团队和创新人才，为区域经济加快发展和优化结构提供有力支撑。

建设高质量的区域产教融合型实训基地，离不开政府主管部门的支持。

政府需要厘清思路，统筹规划，明确建设方向，政府相关部门主要负责人应主动与高等职业院校专家及企业骨干联系，成立有针对性的调研小组，对当地区域主体经济和支柱产业进行调研，得出今后几年内区域对所需技术技能型人才的种类及数量，合理确定区域所需的紧缺人才，有效地指导高等职业院校对专业进行合理设置，保持区域产教融合型实训基地的可持续发展。同时，政府应加大对高等职业教育实训基地的资金扶持力度，改进资金投入方式，拓宽资金吸纳思路，多渠道地为区域产教融合型实训基地提供丰富的资金来源，还应加强投资保障机制的建立，建立以政府投入为主，学校、企业与社会投入为辅的多方投资机制。

区域产教融合型实训基地建设的最终目的是对区域内的各种资源进行有计划的合理配置，实现资源利用率的最大化，这就需要相关主管部门在充分调研的基础上进行统筹规划、合理布局，建立真正意义上的区域产教融合型实训基地。

（二）顺应地方调整专业设置

区域产教融合型实训基地建设的基本理念是一切以培养学生的职业岗位核心能力为中心。知识的掌握服务于能力的构建，以职业岗位工作任务为出发点来整合相应知识、技能和态度，形成综合能力模块，根据能力模块配置实训室，进而构建出区域产教融合型实训基地，顺应地方调整专业设置，就是从职业岗位出发，进行职业岗位核心能力分解，形成系列职业核心能力。根据学生所学专业与将来从事岗位性质，明确学生需要掌握哪一系列职业核心能力，在目标明确的前提下，学生进入相应实训室进行技能训练。实训室配置与实训基地建设，就是根据整合后的核心能力模块为学生提供高质量的实训条件，进入实训室的学生接受一系列技能模块训练后，正式进入企业顶岗实习岗位进行生产实习，并且提供反馈信息。

职业岗位核心能力具有可变性，需要动态配置区域产教融合型实训基地。在新兴技术产业领域，技术与市场处于快速变化之中，新知识、新技术、新方法与新设备的使用促使产品更新速度加快，这一变化对职业岗位核心能力提出了更高要求，需要不断适应新的市场需求。为了实现职业院校培养的技术技能型人才努力适应职业岗位的需求，学生技能训练内容、训练手段及训练设施等均应该处于动态变化中。因此要通过实训基地设备设施改进、实训项目开发等，建立一个与企业岗位需求动态对接的产教融合型实训基地。

实训基地建设的最终目标是培养学生的职业能力。学生职业能力是在职业活动中逐步形成和提高的，职业活动的环境、范围、方式、进行过程等，对形成职业能力有非常重要的作用。因此在实训基地建设过程中，如实训设备的配备与摆放、实训场景的布置等都要紧紧围绕职业活动这一根本问题。创设真实的职业情境，是实训基地建设中的职业教育理念。只有按照职业岗位的实际需求，进行实训设备的配置，才能有效地规划职业活动，才能为职业教育服务。

产教融合型实训基地的建设要采取两种模式。第一种，一体化实训场所建设模式，包括实训区、讨论区与教学区，实训区配备实训装备，学生在该区域完成工作任务；教学区配备桌椅和其他教学设备，指引学生学习专业知识，讲解工作任务等；讨论区让学生讨论完成工作任务时出现的问题，与同学老师交流找出解决问题的方案；第二种，在一体化实训场所之外建设生产性顶岗实训区，为学生提供完全真实的实训环境，使学生在走上就业岗位之前做好充分准备。通过一体化实训场所的实训后，经过考核，合格的学生可以进入生产性顶岗实训区进行顶岗锻炼，该车间对外开放营业，整个运作过程完全企业化，学生不仅锻炼技能，还能了解工作岗位的所有细节问题，利于学生职业岗位能力的形成。生产性实训场所的建设模式完全等同于企业的车间，学生在该基地进行实训时，需要完成产品加工与生产任务，为基地创造利润，完全实行企业运行模式。

教学、生产一体化运作，根据订单、教学计划和实训计划安排生产计划，生产过程中产学对接、工学结合，教师技师化、学生员工化，既完成生产，又进行项目导向、任务驱动、真实生产的情境实训教学和顶岗实习，严格执行工艺标准、质量标准和班组管理标准，实施工学过程控制，进行工序产品质量检验、入库验收，实施教学质量监控，确保教学质量和产品质量。

（三）匹配地方职业素养要求

产教融合实训基地建设要准确把握经济发展方式转变对人才素质提出的新要求，进一步完善基地的人才培养体系。产教融合实训基地中大部分是高职学生，高等职业教育培养的人才应既有别于普通高等教育所培养的“学术型和工程型人才”，又有别于中职教育所培养的“技术操作型人才”，在实施过程中，应注意按照技术应用型人才来设计培养模式和教学模式。高等院校在办好学历教育的同时，也要加强高等职业教育的在岗培训、继续教育和职业资格证书教育等，把学历教育与职业培训相结合，职前教育与职后教育并重；既要针对职业岗位（群），又要着眼于劳动者的整个职业生涯；形成多种办学模式和教学模式，以适应社会的多种需求，基地在人才培养过程中应针对产业需求确定专业群建设标准、针对工作任务的典型化需求训练适应多岗位的专业技能、针对校企合作过程中规模企业的订单需求开发课程，同时完善学历文凭加多种职业资格证书制度，注重提高人才培养的社会适应性；开展与中等职业教育以及本科教育的衔接，构建人才成长的通道。

在产教融合实训基地的建设中，政府机构为产教融合实训基地建立基地实训指导教师师资共享平台，在现代工业中心高等教育资源共享中将起到非常重要的作用，在基地内建立高等院校教师个人档案资料库并汇总形成区域高等教育师资共享信息资源平台，为基地高等教育师资资源共享创造良好的条件与平台，能够使基地内各高校的人事部门和教务部门及时准确地了解其他院校的师资情况，从而为择优选师、教师及时补缺等工作打好基础，同时，还应为区域高等教育师资教学建立合理、统一的考评机制。教师考核评价制度的完善有助于高校间教师资源共享得以长期健康地发展，实训基地内高等院校间应相互认可教师在其他院校的工作业绩，从而确保教师们在各个院校工作的质量和效果。

产教融合实训基地还应紧紧基于基地集聚发展、资源共享、优势互补的基础条件，坚持把开放共享贯穿于高等教育综合改革试点的全过程。基地应不断完善区域公共服务平台建设，通过建立学生生产性实训基地、创业教育基地、就业服务基地和大学创业苗圃，为基地高等教育资源开放共享夯实基础。基地还应继续挖掘高等教育资源开放共享的深度，在专业、课程、教材、师资、学分互认、公共服务等领域寻求新突破，建立共享新机制。产教融合实训基地应进一步拓展开放共享的广度，构筑大开放格局。在发展与使用过程中应注重进一步拓展优化基地高等教育资源共享的平台，通过生产实训、创新创业实线、校企联合学院等多种形式，构建政、产、学、研结合，校、企深度融合的新模式，进一步推动基地成为创业人才培养和国际化合作的有效载体。产教融合实训基地应对基地院校、科研机构以及高科技企业的“数字资源”进行有效整合，建立高速、安全、共享的城域网，建成一卡通支付系统、课程互选系统等；基地应扩大构建基于城域网共享的专业教学资源库、网络课程资源库、精品课资源库、校企合作课程库、优秀学生作品库等高等教育资源库的种类与规模，以供基地合作高校共享。

（四）满足优势职业能力需求

产教融合型实训基地建设的根本目标是实现“市场有需求学校能满足”，因此，必须将市场用人需求纳入对实训基地的建设中，加强理论与实践的结合。

高等职业教育实训基地在定位时需要考虑高素质、高层次技术技能人才的市场需求和高等职业院校实训基地的培养模式，这些是实践教学体系建设的先决条件，坚持科学定位，有助于高等职业院校明确办学方向，快速了解社会用人需求，从而加速教学改革，培养高质量、高满意度的人才。高等职业教育的最终目标是培养适应生产建设一线的高素质技术技能人才，了解市场需求、把握市场发展趋势是制订培养计划的前提，将用人需求与实训基地的建设管理联系在一起,有利于学校和社会实现双赢。

高等职业教育与普通高等教育的主要区别在于所培养的学生理论联系实践的能力较强,通过科学合理的课程教学安排,及时引导学生进行实践锻炼,有利于学生巩固理论知识的同时获得职业技能。此外,仿真性的工作情境、前沿的技术理论以及实时的设备更新均有助于提高学生的学习效率。

合作育人是校企合作共建区域产教融合型实训基地的出发点和落脚点,也是企业和学校共同希望实现的培养毕业生高职业能力的一个重要途径。职业教育源于企业需求,同时也服务于企业需求,以学生的全面发展为目标,培育学生的社会责任感、实践能力和创新精神,通过整合实训资源,实现学校教学环境与企业现场环境对接、学校文化与企业文化对接,促进校企深度合作,系统培养区域产业发展需要的高素质技术技能人才。学校对于学生的培养要立足区域特色,突出合作育人、合作发展,建立和完善协调运行机制,促进育人过程中各个要素与生产过程中各个要素的深度对接,努力发挥其职能。为了更好地实现校企合作,打通专业人才培养产业链,进一步提升毕业生的职业能力与企业需求的对接,具体可以从以下几点入手:

(1)建立行业企业全面参与实训教学的工作机制,充分利用行业企业在产业发展方向的把握、技能标准的实施、实训设备和实践指导师资等方面的优势,使企业在专业实践教学中发挥更大作用,促进人才培养标准与行业标准相对接,培育学生发现、提出、分析、解决问题的能力,不断提高专业人才培养的针对性和适应性。

(2)为人才培养提供创新实践平台,在企业建立顶岗实习和专业教师实践基地,推动企业积极接受学生顶岗实习,探究顶岗实习与就业一体化的有效途径。学校在组织学生顶岗实习时,应严格按照专业对口的原则,如果学校仅仅将学生视为廉价劳动力,甚至以此作为激发企业提供岗位的动力,不仅与其制定的人才培养目标相背离,这样的"校企合作"也是不可能持续的。将顶岗实习转化为简单劳动,不但不能达到学校设计的目的,还会使学生对实习失去兴趣，从而影响其对本职业的正确认知。

(3)构建开放在线课程平台，挖掘网络学习空间应用模式，将空间学习课堂教学有机衔接，开展职业技能鉴定、企业员工培训，满足企业员工继续学习、终身发展的要求。

(4)在校企之间搭建信息化平台，将企业的生产过程、工艺流程和工作现场等资源引入实训基地，基于企业主动提供真实的生产项目或经营案例，开发实训项目和仿真实训软件，以企业标准为依据，形成按项目、按模块的教学培训标准，校企共建共享实训资源。

(5)校企共建专业工作室和技术服务平台，形成基于企业专业技术人员与基地院校专业教师定期换岗交流的机制，促进技术知识在校企之间的流动和共同创造。

六、以开放性思维共享实训基地

(一)校校共通共享

在建立多元产教融合实训基地的校校共通共享方面，要引导树立共享理念和行为，打破学校间的壁垒，避免各自为战的分散式建设与运行，实现资源共享与业务协同，在合作学校范围内做到资源共享、优势互补，进而全面提升合作双方的服务能力与办学质量。

在目前校际合作建立的多元产教融合实训基地的共享程度还不够高的情况下，学校对送学生到外校实训时会在教学成本、教学效果、学生反应等方面存在一些顾虑。为打消学校的顾虑。为校际交流提供更好的平台，在此提出以下几点建议：

(1)采用协议方式，确保共享合作有据可依。在初期合作时，为确保共享工作顺利启动，学校间要本着相互理解、互利互惠的原则，进行坦诚协商，对双方关心的问题，要以协议形式明确双方的权利和义务，保证在教学组织、学生管理、考核鉴定、成本核算及其他双方达成共识的内容有效实施。

(2)坚持服务思想,确保共享工作长期进行,开展实训基地共享,要做到资源的合理配置,不能增加任何一方的负担。为此,合作双方不要过多考虑盈利问题,要坚持服务思想,避免增加学校的教学成本和学生的经济负担,方便合作学校的师生。

(3)根据学校距离的远近,分成不同合作班型,采用灵活的时间表。对于近距离的学校采取随时随地型合作,对于远距离的学校采取集中型教学,普通训练型以理解掌握专业基本技能为目标,将合作学校的训练要求与职业资格标准相结合,培训与考证结合型班以职业技能鉴定标准为教学依据,把培训和考证相结合,学生完成实训,组织开展技能鉴定,发放技能等级证书。

(4)建立真正的区域性实训共享还须提高认识,克服“大而全、小而全”的发展思路,克服封闭攀比思想,树立区域教育观和资源共享观,以积极的态度共同推进资源共享。突出自身具有特色的实训品牌建设,合理利用区域职业教育资源,“不求所有、但求所用”,能够有效弥补自身资源不足问题。

(5)开展基地共享工作应以促进区域性教育资源利用、促进办学质量提高为出发点,以让我们的学生享受到最优质的教育服务为目的,基地提供方不应以营利为目的,应积极发挥教育资源功能,努力为合作伙伴提供最优质的服务。同时,需要双方以互信为基础、以诚信为准则,做到“资源共享、成本分摊”。

(6)实训基地共享工作的维系、发展,既需要学校之间建立协议,也迫切需要教育部门制定要求和管理制度,构建相应评价指标体系,构建共享信息交换平台,制定扶持激励政策,从本质上促成共享局面的形成。

(7)基地共享有助于实现合作多赢。通过共享平台,有助于打破校际界限,降低育人成本,促进学校相互交流、取长补短、共同提高;有利于教师之间切磋学习,统一技术技能人才培养质量标准,提升实训教学质量;有助于学生拓宽接触面,增加新鲜感,开阔视野,强化技能,为他们成为能工巧匠奠定坚实的基础。

(二)校企共通共享

既为产教融合型实训基地,那么建设必将由多主体共同完成,在其建设过程中,应当设计形成互惠合作的新机制,提高企业和其他主体参与的积极性。企业经营的直接目的是获取利润,与实训基地开展合作获得利益的程度决定企业合作的积极性。目前社会主体在高等职业院校建设管理过程中的参与度较低,合作互惠的新机制能够扩大双方的潜在利益,进而提高满意度,首先政府应从全局角度统筹区域实训基地的建设,颁布相关的法律政策,同时提供相应资金支持,为高等职业教育营造健康的发展环境,还可以对某些企业实行税费减免政策,为企业员工提供免费培训等,以提高企业参与的积极性。

我们可以通过学校、政府、企业、教师和学生之间的股权分配,实现资源的优化组合和共建共享,可有效提升实训基地所需资源的质量和数量,实现资金、技术、人才、厂房和设备等要素的优化配置,节约教育资源。通过校企合作、政企合作、校校合作、师生合作,集中各方优势,共建共享融教学、培训、职业技能鉴定、生产和技术研发为一体的综合实训基地,产生规模效应,实现优势互补,谋求多赢。

1. 资源共享

第一,信息资源共享,学校应根据市场和企业的人力资源需求变化,及时更新教学大纲和教学内容,保证实训基地的教学效果,以政府公布的就业统计数据为参考,以合作企业的实际需求为基础,优化专业设置,提前介入专业培养。在保证教学质量的前提下,按周期调整招生专业和招生规模,更新实训内容。在强化“订单式”“学徒制”人才培养的基础上,建立人才需求信息传导机制和职场预备役班级,拓宽学生就业渠道。

第二,人才资源共享,无论是政府、企业还是职业院校,都拥有丰富的管理和技术人才,教师和学生则为实训基地具体业务的开展提供了丰富的劳动力支持。实训基地的决策层、管理层、业务层应充分发挥各方的人力资本优势，并在结合自身业务的前提下，以绩效考核结果为依据，对人力资本进行开发。企业工程技术人员作为兼职教师指导或参与指导学生，教师也可以成为企业的兼职工程技术人员。此外，实训基地领导层的选拔不应局限于学校内部，还应吸引外来优秀管理人才，保证外来高管不低于一个合理比例，避免高管交叉任职，权力集中在少部分人手中。

第三，权力资源共享，现代公司治理模式使教师和学生成了实训基地的股东，与政府、企业和学校共同参与基地决策，增强了教师和学生的积极性。市场化的企业运作机制将劳动者升级为股东，最大限度地激发和调动教师和学生的生产积极性、集体意识和创造性。

2. 功能共享

加强校企合作共建实训基地的共享功能建设，可以最大限度地提升实训基地的实用价值。将职业院校和企业的资源进行充分整合，为企业提供相关的职业技能培训，将学校教学与企业培训相结合，并吸收企业成熟的生产工艺，将生产、教学、实训、服务融入教学过程中，为企业提供所需人才。企业专业技术人才也可受聘于学校，参与学校教学，加强实训基地之间的合作，建立实训基地交换生项目，共享先进教学资源。还可整合技能培训和职业资格鉴定职能，彼此之间提供技术支持、服务支持等。基于实训基地及企业资源，实现高等职业院校与行业企业合一、实训与生产同步、育人与创收共赢的“三位同体”的基地运行模式。学校与企业不是两个并列机构，是体现双重功能的一个实体，两者所有的行为均是同步进行的，其结果是学生学到了技能，企业也能够获得利润。

（三）基地全面开放

开放产教融合型实训基地是以职业院校为基础，政府发挥统筹协调功能，结合产业结构调整，整合学校和企业的资源，集中资金投入建设的实训基地。开放产教融合型实训基地面向职业教育、劳动力培训、企业技术改造和技术创新,最大限度地实现了资源共享,使之成为技能型紧缺人才的培养培训基地、农村劳动力转移培训的桥梁、社区教育和服务的窗口、校企合作的载体、产学结合的平台。

实训基地的全面开放可以实现资金的有效利用;可以实现由学习型实训向生产型实训的转变;有利于职业院校与大中型企业的合作;可以实现资源优化配置,避免重复建设与资源浪费;可以实现资源共享;可以加速服务区域产业转型升级。产教融合型实训基地的建成,可进一步提升职业院校的人才培养质量,为周边企业提供人才、技术保障,更好地为社会经济发展服务,为产业转型升级提供人力资源保障。

我们建立的产教融合型实训基地不仅要与诸多企业建立合作关系,还要设立专门的服务部门和高效的服务团队,以进一步跟进服务和交流,从而避免项目的虎头蛇尾,例如在实训师资培训、实训项目开发、重要课题的协作等方面,要做到学校与企业、培训机构等紧密联系,要真正体现"对内实行企业化管理,对外实行准市场化运作"的共享机制特色。对实训基地全面开放的具体建议如下:

(1)科学规划,准确定位。产教融合型实训基地为学生理论与实践的结合提供训练的场地,目的是让学生自己动手进行专业设计和实际操作,尽快熟悉并掌握本专业的主要设备仪器及专用工具,同时对本专业的生产工艺流程、基本技能要领、专业技术技能熟知。因此,产教融合型实训基地建设要科学化,准确定位。

(2)合理配置,确保先进。产教融合型实训基地建设在一定程度上代表了行业发展的先进水平,它的起点要高,所使用的装备不应该低于企业的现实水平。产教融合型实训基地建设既是对应企业中新产品、新技术的研发基地,又是成熟技术的应用基地。教师及学生应该充分利用好产教融合型实训基地的设备条件和自身的智力资源,不断研究新技术、开发新产品,积极开展技术改造和科技开发等活动。

(3)校企结合,资源共享。产教融合型实训基地要根据当前职业院校、企业需要或专业技术领域对知识和能力的要求,制定相应的培训大纲和课程设置培训项目,除面向职业学校学生实施岗前的职业培训外,也可面向社会开展职业培训,甚至可以为一些企业的职工进行技能培训、待岗培训、转岗培训等各类技术教学,实现资源共享。

学校需要努力做到在实训基地有企业项目和研发项目,每位实训教师都承接有企业项目,组成项目组,带领学生团队去完成。学校实训基地可以将学生实训、实习与承担企业项目融为一体,形成产业,不仅解决了资金问题,还可以赢得学校声誉,而且使教师和学生能将所学到的知识和技能应用在跨学科、多元化的综合科技开发和创新上,形成了校企互惠互利、共同提高、共同发展的良性循环。

综上所述,产教融合型实训基地建设,要充分发挥政府的统筹协调作用,促进校企深度合作。引导和鼓励职业院校以专业对接产业为纽带,与行业、企业和区域经济建设紧密联系,创新多元化职业教育发展模式,实现资源共享和优势互补,形成教学链、产业链、利益链的融合体,建立校企合作双赢机制,以合作办学促发展,以合作育人促进就业,实现不同区域、不同层次职业教育协调发展。

第八章　产教融合案例

案例一
基于产教融合背景下高职汽车类专业现代学徒制的研究与实践

随着“一带一路”、“中国制造 2025”、新一代人工智能等国家重大战略的实施，传统的工程学科边界受到了颠覆式冲击，行业需求与人才供给模式反转，人才培养目标和培养范式受到根本性挑战。围绕社会环境和需求变革，合理架构专业人才培养模式及长效机制，提高教学水平与质量，是职业院校教学改革与发展所面临的重要问题。2014 年 8 月，教育部印发了《关于开展现代学徒制试点工作的意见》（教职成〔2014〕9 号）。2015 年，陕西国防工业职业技术学院与戴姆勒大中华投资有限公司合作开展基于戴姆勒中国职业教育项目的现代学徒制探索和尝试。2017 年陕西国防工业职业技术学院的戴姆勒中国职业教育项目被教育部正式确立为第二批现代学徒制试点项目。此现代学徒制项目调动企业资源向学校聚合，促进了产业与高等职业教育深度融合，校企协同培养创新型技术技能人才，成为校企合作、产教融合的新范式。

一、项目建设概况

结合中国现代职业教育的实际情况，在总结校企合作、产教融合的基础上，创新政府主导，行业指导的人才培养模式。校企双方作为主体，以学生积极参与为切入点，以校企联合招生为突破口，建立稳定的“双师”联合教学团队。重点在工学交替和环境教育的基础上，着力于加强对技术技能型人才培养模式的改革与创新，着眼于提高专业与行业的契合度以及适应性。推进学生就业岗位、产学结合、校企融合、双师建设、课程体系建设、教学管理以及质量监控与评估改革创新，提高高职院校人才培养质量和专业服务能力，促进现代学徒制的不断深化。

戴姆勒中国职业教育学院由学校和企业共同出资建设，总投入1400多万元，教学面积达到1300平方米。其中，学校出资900万元，包括学院场地设计规划、装修装饰、进口教学仪器设备购置等；企业出资500余万元，包括奔驰整车、奔驰发动机、变速箱、奔驰专业诊断仪器、奔驰车间维修平台和最新维修技术培训资料等。该学院的建设旨在为奔驰品牌经销商提供高科技和熟练的售后服务人才。同时作为学院配套项目的巴斯夫喷涂实训室，其喷涂工艺流程、安全环保等均达到国际先进标准，有效保证了学生在校培训与在厂、经销商工作的无缝对接。

戴姆勒中国职业教育学院拥有完整的师资培养体系，可为项目教师提供系统性的培训、认证考核、专业辅导与技术进修。其教学模式借鉴德国“双元制”职业教育方法，教学目标和内容针对梅赛德斯—奔驰经销商的需求而量身定制，重视学生的通用技能和专业技术能力全面发展；学习方式采用任务驱动教学法，能为学生提供体验实践的情境和感悟问题的情境，围绕任务展开学习，以任务的完成结果检验和总结学习过程等，确保技能认证无缝对接经销店岗位要求。

二、项目实施的具体措施

（一）形成“四方三阶”现代学徒制人才培养模式

学校、奔驰经销商、奔驰认证中心、戴姆勒公司“四方”共同规划、实施、监督现代学徒制项目运行情况。其中,所需的设备、师资、教学资源和场地等由学校提供;梅赛德斯—奔驰经销商提供工作实习岗位和技术支持,并与学校教学团队合作开发制定人才培养计划和专业发展规划;对于学生的技术等级鉴定和现代学徒培养结果认可则由奔驰认证中心完成。根据学生的"螺旋递进式"认知规律,可将其分为奔驰品牌的综合文化素养阶段,奔驰维修技术员岗位基本技能阶段和奔驰诊断技术员专项技能训练三个阶段。其中第一阶段为学徒准备期,在校培养学生职业归属感;第二阶段为学徒期,学校和企业交替进行,在企业完成岗位技术课程的学习;第三阶段为学徒顶岗期,培养学生的综合能力即知识能力、方法能力、社会能力,助力企业发展。"四方三阶"的现代学徒制人才培养模式(图 8-1)不仅注重学生素质,技能和能力的全面提高,而且符合职业资格证书的要求。

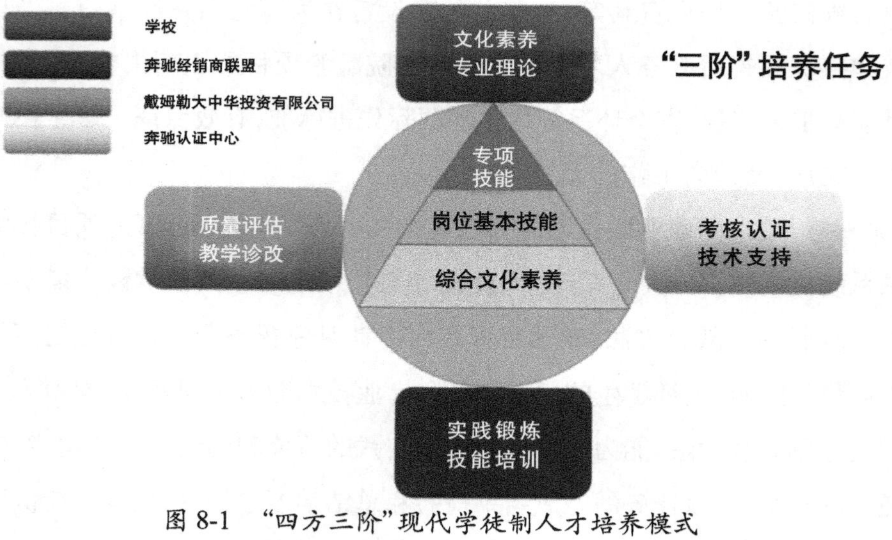

图 8-1 "四方三阶"现代学徒制人才培养模式

1.优化现代学徒制人才培养方案

学校与戴姆勒中国职业教育项目团队一起,对陕西地区 20 余家的奔驰 4S 店汽车机电维修人员所需的综合文化素养、岗位基本技能、专项技能要求进行了深入调研,在调研基础之上遵循职业成长规律和工作系统化原则,组织企业技术专家、校内专家共同研究确定专业定位、人才培养路径、技术发展趋势等，修订《汽车类专业现代学徒制人才培养方案》。制度化工学交替学习模式，划分学徒小组，完成企业轮岗实习，获得跨岗位职业能力。

2. 重构现代学徒制课程体系

“四方”共同开发模块化的课程系统，该系统非常接近岗位需求，涉及新知识、新技术和新技能。课程单元设计按照“螺旋递进式”的课程模式组织实施，并由一系列“学习情境”在教学过程中实现。根据工作中具体内容，将主修课程体系分为七个学习领域，在三个学期内完成学习，学习内容难度逐步增大，呈螺旋上升式，如图 8-2 所示。

学习情境	学习领域 1 非技术及车型（66 课时）	学习领域 1 动力系统 1（290 课时）	学习领域 2 动力系统 2（162 课时）	学习领域 3 电力系统（126 课时）	学习领域 4 底盘（138 课时）	学习领域 5 保养基础知识（30 课时）	学习领域 6 保养实操（100 课时）	学习领域 7 新能源驱动技术（80 课时）
1	公司介绍及产品	M272发动机介绍	发动机与传动系统之间的系统（离合器，液力变矩器，双离合器）	电气　和线路图	车轮与轮胎	准备将新车交付客户PDI	先驶的A保检查	高压电以及电流的危险与保险与急救
2	稿号系统	M272发动机缸体机械部件	手动变速箱	灯光发明系统	转向系统	确定保养范围	先驶的B保检查	测量技术
3	软件系统	M272配气机构	自动变速箱（CVT仅限知识普及）	信号系统（喇叭、转向灯）	车轮　架	保养用品&工具	保养系统重置	捆电式混合动力车型认知（PHEV）
4	车型介绍	冷却系统	分动器与过滤器及4MATIC	舒液系统	四轮定位	车辆检查	更换机油	线电动车型认知（BEV）
5	新功能介绍	润滑系统		空调系统	弹簧与减震系统（ABC，AIRMATIC）		更换气滤芯	驱动方案
6		废气排放系统		电源供应（厘电池，友电系统发动机）	制动系统		更换空调滤芯	驱动系统部件理论
7		燃油供给系统		安全系统			更换刹车油	车轮高村系统的安全功能，系统和组件
8		发动机的混合气制备与点火系统（重点讲解汽油机，介绍柴油）		车身网络系统			更换刹车盘片	高村动力电池充电系统
9		增压系统（废气涡轮增压，机械增压）		CL&DAS安全系统			更换火花芯	
10		发动机电子控制管理系统		娱乐　系统TELEMATIC			更换防冻液	
11		新款发动机介绍					清洗节气门	
12							润滑	
13							润滑天窗	

第一学期内容　第二学期内容　第三学期内容

图 8-2　现代学徒制试点奔驰机电班专业课程体系

（二）建成“交互融合、五业贯通”的招生招工运行机制

经学校和企业共同协商，制定出《现代学徒制招生招工管理办法》。校企双方统筹规划和协调，共同制定招生与招工一体化方案，包括具体的招生规则，例如招生标准、录取条件和考试标准等，形成现代学徒制自主招生与招工一体化机制。实现“校企双主体、师生双角色、课堂双场所、学业双考核、课程体系与工作过程、课程架构与工作内容交互融合”的协同育人新路径，实现产业、专业、职业、就业、创业“五业贯通”，打造创新驱动新动能。校

企联合开展招生招工宣传相关工作，其中学校负责教学的宣传工作，包括学校办学条件、专业优势、师资力量、学生管理等；企业负责招聘的宣传工作，包括企业文化、企业发展历史、工作岗位介绍、学徒制晋升途径、企业工作环境和福利待遇等。新生报到两周后展开现代学徒制报名工作，学生经家长同意后签订《现代学徒制知情同意书》进行报名。校企联合通过面试和笔试进行筛选，组建现代学徒制班级并建立台账。录取后的学生由学校单独组建“现代学徒制”班级，并由学校、企业、学生及家长共同签订《现代学徒制三方协议书》。

（三）打造“四力综合型”双师教师团队

选送项目教师参加国内外专业及教学方法培训，完成业务进修、教学观摩、下厂锻炼、社会服务等阶段，通过“引入、合格、提升”的过程，项目教师的“教育、专业、实践、研究”综合能力不断提高，从而建立起一支兼具教学能力和技术服务能力的四力综合型教师团队，发挥其示范带动作用。

1. 校内项目教师团队

国内培训：项目教师在梅赛德斯—奔驰经销商售后部门学习指定任务，以提高动手能力和车辆诊断经验。在梅赛德斯—奔驰培训中心考取维修保养 MT 资格认证。

国外培训：德国职业教育理念、德国最新汽车维修专业大纲讲解、汽车维修专业教学最新情况介绍、双元制教育模式、行动导向教学法、教学情景到课堂教学、教师组织模拟课堂、行业协会、考核工作、理论实践教学案例展示、奔驰企业实习生交流、奔驰培训中心交流等。并且国内外专家在教学期间对项目教师进行现场支持、教学辅导及教师认证。

2. 兼职教师技术指导

为建立一支学术水平较高、实战经验丰富的兼职教师队伍，学校从北京奔驰汽车有限公司、西安利星行奔驰汽车销售有限公司、西安新丰泰奔驰汽车销售有限公司等单位聘请了 10 名高素质的企业兼职教师，参与项目团队教研活动、修订人才培养方案、制定课程标准、共同开发课程资源、举办专业知识讲座等，不断提高学生对企业的认识，使其适应企业发展需求。

（四）形成“双元四维”教学质量考核体系

奔驰认证中心和学校“双元”创新人才培养考核评价体系和监督机制。以奔驰经销商用人需求与岗位资格标准为导向，以学生（学徒）技能培养为核心，对教师、学生、场地设施、运行管理等4个维度的综合考察，形成一级评价指标11个，二级评价指标33个，强化过程控制，提升人才培养的核心竞争力。具体评价内容如图8-3所示，评价过程中，教师占25%，学生占20%，设施占20%，管理占35%，特殊贡献为加分项。

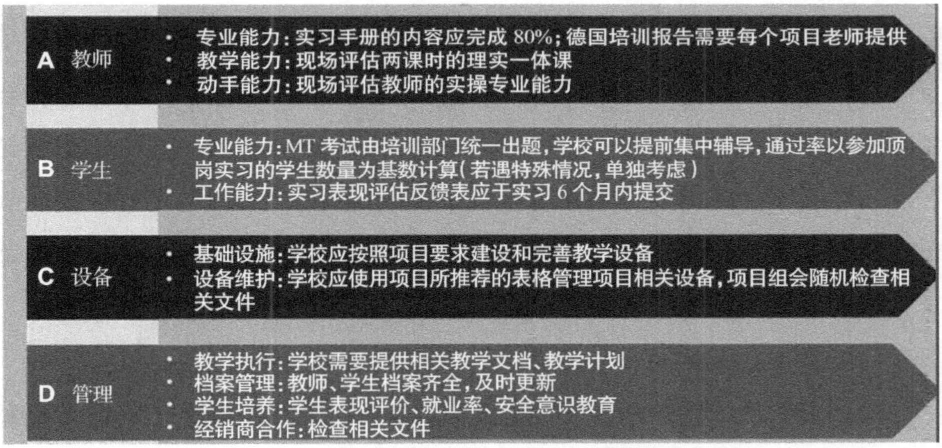

图8-3 “双元四维”教学质量考核评价内容

学校和奔驰认证中心，抓住四大核心评价指标，建立教学质量评价体系。奔驰认证中心进行过程监督，现场审核，撰写评估报告，提出诊改意见。学校成立内审小组，进行自我评估，对诊改意见提出改进措施并认真落实。教学质量评估系统着重于学生对专业技能（学生MT维修技术员测试结果）和学生实习成绩的评估；对教师专业能力的评估，包括：维修技术员考试，奔驰经销商实习，德语教学方法培训，教学能力和动手能力；基础设施的配置和设备的日常使用维护；评估人员的管理和发展以及学校的全面系统性发展，包括：项目实施、师生培训、经销商合作和设备捐赠等。

三、项目取得的成效

（一）人才培养质量显著提升，校、企、生评价高

近5年，汽车类专业3185名学徒在“四方三阶”人才培养模式的获得感显著提升。84%的学生就业于区域内高端汽车品牌，企业对毕业生满意度自76%升至为97%，涌现出一批奔驰经销商的能工巧匠。学生白亚民、李宁、刘雨田等获得奔驰“优秀员工”称号，获得国家级技能比赛二等奖1项、三等奖6项，陕西省互联网+大赛金奖1项、银奖2项等。校企共育的毕业生对就业企业满意度高达98%，家长满意度高达95%，肯定了陕西国防工业职业技术学院汽车类专业现代学徒制试点的运行模式和教学质量。建成了省级一流专业1个，教育部认定的戴姆勒铸星教育生产性实训基地1个，教育部现代学徒制试点专业1个，省级资源库1个，精品课程6门，出版教材7部，并且《基于戴姆勒铸星教育现代学徒制的探索与实践》科研课题获陕西省教育厅重点攻关立项，《汽车检测与维修技术专业标准研制》科研课题获批陕西省教育厅重点课题，发表现代学徒制相关论文20余篇。

（二）为本校及同类院校校企合作提供可借鉴的范式

2015年以来，学校的6个国家级重点专业、12个省级重点专业、6个省级改革专业在建设过程中，均借鉴戴姆勒铸星教育现代学徒制试点运行经验，建成了行业应用创新基地、集团人才培养基地、先进制造技术人才培训中心、教育部“工业机器人职业人才培养中心”等。依托本成果，学院与吉利公司共同创办的“成蝶计划”项目，带动了浙江交职院等全国13所兄弟院校的广泛参与；学院与比亚迪公司合作创办的“精诚英才”项目，得到了武汉城市学院等全国15所兄弟院校的积极响应。同时陕西交院与斯柯达校企合作项目、北京电科院与康明斯集团校企合作项目、哈职院与江铃福特校企合作项目等都借鉴了本项目成果。近5年，邢台职院、无锡职院、云南交职院、吉利汽车等80余所高职院校和企业来校学习交流，认为“四方三阶”

现代学徒制人才培养模式具有重要借鉴价值。

（三）社会反应强烈，推广价值高

《中国教育报》《中国青年报》《陕西日报》和“人民网”等多家媒体，以《陕西国防工业职院成为“奔驰”在陕唯一校企合作伙伴》《“现代学徒”的大国工匠梦》为专题对现代学徒制试点、人才培养模式改革等情况进行了专题报道。《“四方三阶”现代学徒人才培养模式成效凸显》《陕西国防工业职业技术学院与戴姆勒奔驰公司深入开展合作办学项目》典型案例入选《高等职业教育质量年度报告》，对全国高职院校提供了有利的借鉴。

案例二
产教融合背景下高水平产业学院建设与发展路径
——以陕西国防工业职业技术学院FANUC产业学院建设为例

一、产业学院发展现状及其建设意义

（一）产教融合的演进

早期产教融合的提出是通过职业教育校企合作，协同育人，紧密对接区域产业链布局，解决技术技能人才培养滞后于产业技术变革这一紧迫的现实问题，服务“制造强国”等方面提出的国家战略。随着《关于深化产教融合的若干意见》和《国家产教融合建设试点实施方案》多个纲领性文件和重要方案出台，将产教融合从概念改革推向行动实施，旨在促进教育链、人才链与产业链、创新链之间的有机融合，逐步实现专业集群与区域产业集群融

合，与区域经济社会同步发展，产教融合进入中级阶段；为应对新一轮科技革命和产业变革，产教融合必然会被赋予新的历史使命，上升到国家整个产业系统与整个教育系统融合，成为国家发展战略的重要组成部分。

（二）产业学院的出现

深化产教融合，加强校企合作、知行合一是现代职业教育发展的总体趋势，也是国家职业教育发展的战略。高等职业院校在精准有效对接产业办专业，培养高度匹配产业需求的技术技能人才方面，鉴于产教融合没有载体，机制不顺畅、无处下手的实际困难，产业学院应运而生。中山职业技术学院从服务区域经济发展出发，在当地产业集聚地与行业协会、领军企业共同创办了沙溪纺织服装学院、古镇灯饰学院、南区电梯学院和小榄工商学院。这些学院因对接当地不同乡镇的主导产业，而被称为“产业学院”，这是我国产业学院的早期雏形，是全方位、深层次校企合作的重要组织形式。经过近 10 年的发展，产业学院经历了基于实践经验的产业学院理念构建与设想阶段（起步阶段 2007—2013 年）；基于实际运行经验的“理想类型”理论总结阶段（成长阶段 2015—2017 年）和微观层面产业学院运行问题的深化理论研究阶段（发展阶段 2018 年至今）三个阶段。近一年来，高职院校在推进“双高计划”建设过程中，为了促进高水平专业群紧密对接优势产业集群，相继成立了产业学院，产业学院已成为高职院校开展产教融合的有效平台和重要载体，成为高职院校在微观层面开展产教融合的具体表现形式。

（三）高职院校建设产业学院的现实意义

2020 年 7 月，教育部、工信部联合印发的《现代产业学院建设指南（试行）》是从政府层面推动并规范产业学院建设的重要文件，为应用型高校建设产业学院指明了方向，阐明高职院校建设产业学院的重要意义。产业学院是当前人才供给侧对接产业需求侧的有效平台；产业学院是激发学校办学活力，优化专业结构的重要载体；产业学院是政行企校协同创新、协同育人的实现机构，产业学院是高素质技术技能人才的培养高地。深化校企合作与产教协同育人,与区域龙头企业合作,开展产业学院办学探索,共建现代产业学院成为解决人才培养供给侧与产业需求侧不匹配问题的创新之举。

二、现代产业学院建设思路

(一)多元参与是普遍组织架构

产业学院要统筹多方资源以实现产业链、教育链、创新链的有机衔接,就必须吸引政行企校多元投入与参与。企业和学校是主要投入主体,企业投入新技术、主流设备和工程人员,融入了多个产业典型元素,学校投入财力、人力和场地,政府和行业协会更多的则是给予配套设施和政策支持,以吸引更多的企业参与产业学院后期建设与运营。由于这样一种多元化组成方式有利于资源聚集和产业要素的融入,便成为产业学院普遍采用的组织架构。同时创新形成"1 校 +1 龙头企业 + N个细分领域企业或区域紧密合作企业"的产业学院建构模式(简 称"1+1+N"模式),行业龙头企业等优质资源,构建功能集约、开放共享、高效运行的专业类或跨专业类实践教学平台。

(二)民主集中是基本管理方法

高职产业学院建设的多元化资源筹集体制决定了学院的管理体制必须建立在民主基础之上。目前,许多学校在已经建立的产业学院成立了诸如理事会这样的集体决策机构,由理事会选举产生院长、秘书长等,负责产业学院日常工作,采取理事会领导下的院长负责制,是一种典型的民主集中管理体制。共建共享作为持续运行基础,需要规范理事会的活动和成员单位的行为,明确理事会成员的权利与义务,校企共同制订产业学院组织机构与管理职责、资金管理办法等基础制度。

三、陕西国防工业职业技术学院 FANUC 产业学院的探索与实践

(一)"政军行企校"紧密合作,共建 FANUC 产业学院

机电一体化技术专业群紧密对接智能制造产业链,紧盯产业高端和高端产业,立足区位优势,精准识别和定位智能制造产业需求。充分发挥政府

统筹、管 理、督促作用以及军工企业的生产技术、资源整合和行业指导、组织协调职能，利用企业的装备、人才、信息优势，牵手产业龙头企业北京FANUC机电有限公司（以下简称北京FANUC），以及海克斯康测量技术（青岛）有限公司、ABB集团、雄克夹具等细分领域领军企业，联合在区域紧密合作的陕西法士特、陕西汉德车桥、兵器248厂、兵器844厂等企业，创新形成“1校＋1龙头企业+N个细分领域企业或区域紧密合作企业”模式，多方参与共同投资5800余万元建成西部最先进、规模最强大，并居国内领先地位的FANUC产业学院，促进产教深度融合，助力产业升级、先进技术应用推广以及智能制造技术技能人才培养。

图 8-4 FANUC 产业学院

（二）全方位融合，共构实践平台

产业学院集合产业要素，面向智能制造产业和军工高端装备制造业，按照“岗位集群相近、技术领域相通、服务领域相同、教学资源共享”的原则，以服务产业链和专业群建设为目标，满足专业群内通用技能、专业技能、综合技能训练的需要，将智能制造领域的“人、机、料、法、环”等产业要素融入实训基地建设的全过程，划分实训层级（如图 8-5 所示），坚持真实、仿真、虚拟相结合，软硬件建设兼顾，装备技术水平超前，建成由智能制造综合产线、基础智能制造实训中心、高端装备实训中心、工业机器人实训中心、虚拟仿真制造实训中心等组成的集实践教学、社会培训、技术服务、企业真实生产等为一体的智能制造高水平专业化产教融合实践平台（如图 8-6 所示）。

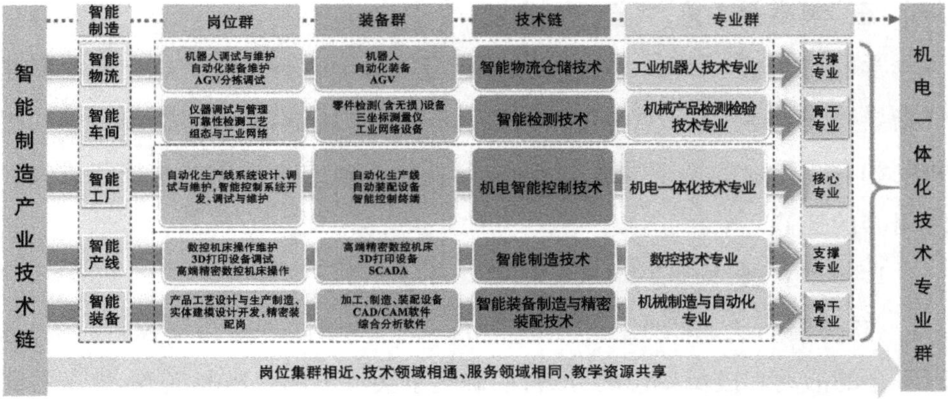

图 8-5　FANUC 产业学院实践训练逻辑

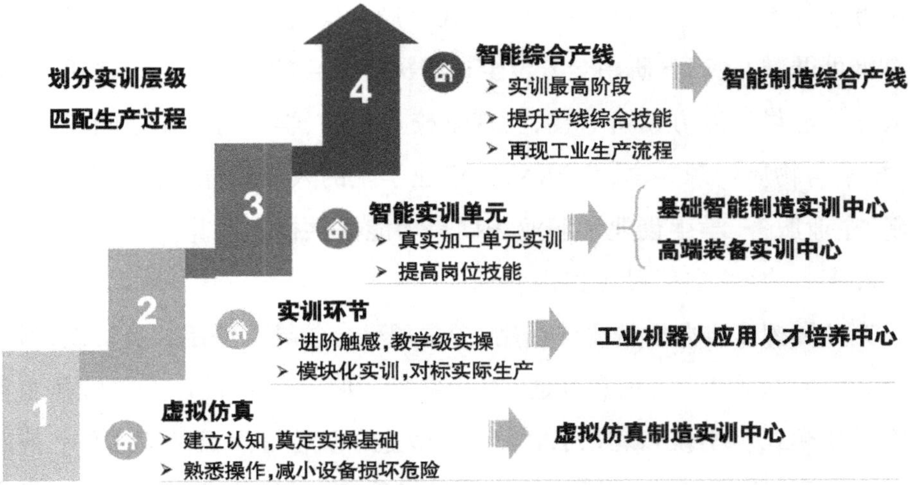

图 8-6　FANUC 产业学院实训层级分布

此外，学校与北京 FANUC、国家智能制造示范企业陕西法士特、西安北方光电科技防务有限公司（兵器248厂）、陕西省鄠邑区东方机械有限公司等企业联合共建FANUC技术应用中心、FANUC产教协同创新中心和FANUC智能制造中国区培训中心，大力开展全国智能制造产业先进技术人才培训、技术研发、成果转化和产品升级等项目研究，为智能制造产业人才赋予新动能，助力区域智能制造产业和中小企业发展。

（三）理事会决策，共管产业学院

学校与北京FANUC等企业共同组建产业学院理事会，成立专业群建设指导委员会等组织，明确组织构架，完善合作共建、共管、共享、责任共担机制和自我造血的持续发展机制，将产业学院建成高素质技术技能拔尖人才培养的摇篮。

1. 建章立制，构筑共治共管根基

《陕西国防工业职业技术学院FANUC产业学院理事会章程》旨在规范理事会的活动和成员单位的行为，明确理事会成员的权利与义务，校企共同制订FANUC产业学院组织机构与管理职责，资金管理办法，学生管理与学分认定办法，技术服务、成果转化和社会培训管理与分配办法，成员终止和退出办法等5项基础制度。确保FANUC产业学院建设、运营及可持续发展有纲可循，构建产学研用全方位全过程深度融合的协同育人长效机制，促进人才培养供需双方紧密对接，实现学校与产业、学校与企业之间信息、人才、技术与物质资源共享，为FANUC产业学院的人才培养、科学研究、技术创新、企业服务、学生创业和职业培训等功能提供根本保障。

2. 多方协同，实行民主集中管理

充分发挥多方办学的主体作用，探索理事会领导下的院长负责制，形成“需求对接、技术共享、信息互通、过程共管、协同育人”的产业学院民主集中管理新模式。学校和北京FANUC为产业学院管理运营的双主体，按照“互补、互惠、互利、合作、共赢”的协同发展理念，以服务机电一体化技术专业群“产、学、研、转、创、用”为核心职能，在理事会领导下，明确企校各主体方的“责、权、利”，搭建职业院校与区域制造企业的桥梁，构建校企命运共同体，探索互融共通合作机制，逐步形成互利互补、良性循环、共同发展的产教融合新机制，开创协同育人新局面。

3. 项目驱动，促进校企合作共赢

以利益共同体为驱动，以多方共赢为目标，针对行业企业的真实项目发挥各自资源优势，进行合理化分工，提供专业化服务，将产业学院建成企业员工培训、新技术和新工艺研发、科研成果转化、产品推销与展示的平台，构建校企利益共同体，形成稳定互惠的合作机制，促进不同利益主体之间的紧密联结。充分考虑区域、行业、产业特点，结合高校自身特征，优化创新资源配置模式，增强“自我造血”能力，打造高校产教融合示范区，实现教育链、创新链、产业链的深度融合。学校与北京 FANUC 共同组成技术服务团队，在新一代 FANUC 系统提高切削效能方面和智能制造单元系统集成等方面开展深入研究与实践，并在西安北方光电科技防务有限公司某产品节能增效技术革新中成功应用。

（四）多维度引领，实现创新发展

1. 支撑专业群产业高端技术技能人才培养

统筹行业、企业、院校资源，基于产业学院打造集实践教学、社会培训、智能化生产和社会技术服务于一体的智能制造实训基地，开设“M E S 应用与通信”“仓储单元实训”“工业机器人离线编程与仿真”“工业机器人应用与通信”“精密测量单元调试”“切削加工单元实训”“数控机床调试与通信”“数控加工与调试仿真实训” 8 门课程，同步开发相应的 8 部工作手册式教材；基于产业学院开设 FANUC 英才班、航天工匠班，开展工业机器人集成应用等“1 + X”培训与认证，协同创新中心孵化国家级 FANUC 先进制造领域校企合作育人创新实践项目，校企共同开发“分切刀架总成机构”等 5 个社会培训包，其中 4 个培训包入选国家级专业教学资源库，培养智能制造领域技术技能拔尖人才，服务高端制造业和制造业高端，保障专业群健康可持续发展。

2. 引领“双师”团队素质提升

坚持软硬件建设同步推进，教师培训先行，即建即用。依托 FANUC 产业学院，探索“企业专家柔性引进”“学校教师企业兼职”的校企人才双向流动机制，引入企业新技术、新工艺、新规范，在产业视野、工程应用、技术创新、教学能力等四个方面展开教师队伍共建共培，致力打造高水平“双师型”教师团队，助力 FANUC 产业学院成为“双师”教师培养培训基地。

2020 年，与北京 FANUC、西门子、海克斯康、ABB 等高端装备制造企业共同建成高水平结构化“双师型”师资培训团队，校企共建军地技能人才培训基地被认定为“西安市退伍军人职业技能实训机构”，开发模块化课程体系与军工特有工种技术培训项目资源，制订培训项目和方案 20 多项。

3. 辐射带动校内外产业学院建设

FANUC产业学院校企共建、理事会运营模式，以及牵手龙头企业，集合产业要素打造高水平实训基地的成功举措，先后辐射带动校内科大讯飞产业学院和比亚迪产业学院建设，吸引天津职业大学、武汉船舶职业技术学院、陕西工业职业技术学院等省内外 30 余所兄弟院校和中航西控集团公司、中国航天发动机集团公司等 90 多家企业前来学习交流，并据此模式共建产业学院。同时，得到中国教育新闻网、中国青年报、陕西日报、陕西省教育厅官方网站等知名媒体的广泛关注与报道，学校美誉度和影响力不断提升。

图 8-7　新闻媒体报道(部分)

案例三
西安市高水平专业化产教融合实训基地建设
——新能源汽车产教融合实训基地

一、基地建设目标规划

以习近平新时代中国特色社会主义思想为指导，全面贯彻党的教育方针，落实立德树人根本任务，深化产教融合、校企合作、德技并修、能力为本、工学结合、育训并重改革，着力培养职业精神和工匠精神，培养更多高素质技术技能人才、能工巧匠、大国工匠。

依据陕西省“十四五”规划和二〇三五年远景目标纲要和打造全国新能源汽车重要生产基地的总要求，高标准服务“西安高新区新能源汽车谷”“宝鸡新能源汽车产业园”“咸阳秦星新能源汽车零部件基地”等汽车产业建设规划，围绕新能源汽车智能化、网联化、电动化发展方向，集中专业优质资源，以建设高水平专业化产教融合实训基地为抓手，以标准化引领职业教育改革，对照国内一流的职业教育标准，通过产教融合体制机制创新，完善现有新能源汽车实训基地功能、定位及软硬件条件，融入品牌企业文化，重构实践教学组织形式，建成“‘产、学、研、培、创’五位一体”（企业生产、实践教学、科学研究、社会培训、创新创业）的产教融合实训基地，构建产教融合综合体，探索类型教育规律，深化育人机制改革，培养“岗课赛证”融通，高素质、创新型、复合型等特质突出的新时代新能源汽车职业人，支撑西北地区新能源汽车产业发展，彰显陕西职教特色，为全国提供职业教育技术“陕西方案”。

至2023年，建设成为“智能网联+新能源汽车技术”特色鲜明、整体实力“省内一流、全国知名”的高水平专业化产教融合实训基地，成为新能源汽车领域高素质、创新型、复合型技术技能人才培养新高地，陕西省新能源汽车产业大国工匠和能工巧匠培养高地。实训基地，产教融合成效凸显，高端化、品牌化、国际化成为建设新亮点，实现人才培养模式新突破、人才质量新提升、重点领域应用技术研发新建树、技术技能创新服务水平新提高、服务社会贡献力新增长，成为陕西省高水平专业化产教融合实训基地建设发展的示范。

至2035年，实训基地特色进一步凸显，综合实力达到全国同类实训基地前列，实训基地建设标准、实践教学课程标准、教学资源成为标杆，为全国职业教育发展提供“陕西方案”。

二、建设内容与计划

（一）实训基地可持续发展机制建设

成立校企商行四方产教融合理事会。制定《理事会章程》《人事聘任制度》《实训基地管理办法》等制度，明确成员工作机制、规范用人标准、激发办学活力，共同探索混合所有制办学建设标准。

（二）新能源汽车产教融合实训基地建设

依托七大合作品牌建成具有国内先进水平的“电动汽车关键零部件技术、智能汽车技术、车联网技术”高水平产教融合实训基地，建设新能源汽车技术研究所，智能汽车仿真工作站，七大新能源汽车实训中心，成为产教融合实体化开拓者。

（三）技术技能创新服务平台建设

建设新能源汽车技术协同创新平台、中小微企业技术服务创新中心和军民融合众创空间3个创新平台，成为推动区域产业升级的贡献者。

（四）分层次技术技能人才培养

携手比亚迪等七大行业领军企业实施校企双主体协同育人，创新“三定位、三路径”自主选择机制，分层次培养高素质、创新型、复合型技术技能人才。

（五）实践教学课程体系与教学资源建设

打造“书证融通、教培共用、育训一体”的“六层级、四平台”实践教学课程体系。校企共建高水平实践教学课程中心 1 个、特色课程 10 门、省级水平精品在线开放课程 3 门、校级精品在线开放课程 15 门、新技术优质资源 1000 条、国际化优质资源 100 个、实践项目优质资源 500 个，引领带动省内汽车类专业群课程建设。

（六）卓越实践教学创新团队建设

聚焦“双师四能”，聘请行业领军人才 2 名、名师名匠 5 人，建设行业领军人物工作室 2 个；培养省级教学名师 1 人、“四能”骨干教师 10 人，建设名师工作室 1 个，达到省级教学创新团队或行业领军团队 1 个，成为卓越实践教学创新团队示范者。

（七）对外服务体系建设

依托区域高端产业和国内外技术聚集优势，整合政校企行等多方资源，构建开放灵活的新能源汽车技术职业教育和培训体系，开展定制化培训服务，整体提升专业群服务能力，全方位、多层次服务产业发展。面向中高职院校教师、企业员工、退役军人、新型职业农民工等，开展新能源汽车领域培训。

三、校企深度合作

（一）建立产教融合机制，保障实训基地持续稳定发展

借助陕西国防工业职教集团深度联合地方企业，按照“优势互补，互惠互利，共谋发展”的原则，建设服务实训基地发展的“政行企校”产教融合平台。行企校共建产教融合实训基地，探索理事会治理机制，逐步形成互利互补、良性循环、共同发展的产教融合新机制，开创协同育人新局面，保障实训基地可持续健康发展。

1. 共建产教融合实训基地，构建行企校命运共同体

借助陕西国防工业职教集团信息服务平台，打通西北地区新能源汽车企业之间关系壁垒，联合新能源汽车领军品牌，成立新能源汽车产教融合实训基地，同时引入宁德时代、吉利汽车、宝能集团等汽车品牌服务商参与共建，逐步增加共建成员单位15个，建立辐射西北地区知名新能源汽车企业，集“企业生产、实践教学、科学研究、社会培训和创新创业”于一体的产教融合发展命运共同体。

2. 成立多方理事会，共同探索产教融合机制

校企商行四方成立理事会，明确多方权利与义务，协调合作关系，探索“虚实结合”理事会管理机制，形成“需求对接、技术共享、信息互通、过程共管、协同育人”的管理新模式，制定《理事会章程》明确成员工作机制，制定《人事聘任制度》《实训基地管理办法》等制度，规范用人标准、激发办学活力，保证实训基地的正常运行，满足西北地区汽车行业发展对研发、培训、人才的需求。

3. 以产教融合实训基地为载体，促进专业健康可持续发展

以新能源汽车产教融合实训基地为载体，按照“优势互补，互惠互利，共谋发展”的原则，确立专业可持续发展机制，完善专业质保体系和运行机制。建立由行业组织、汽车企业、科研院所和校内外职教专家组成的专业建设指导委员会。定期召开委员会会议，组织研究专业设置与专业建设发展规划；完善专业教学质量保证体系，从决策与指挥、运行与管理、监控与反馈、诊改与认证等方面建立质量管理机制，积极引入第三方评价，建设对接产业、动态调整、自我完善的专业持续发展机制，引导专业健康发展。

通过产教融合理事会，充分发挥和挖掘“政行企校”各方资源，多方参

与，协同育人，保障专业随产业转型升级能够及时做出调整，形成可持续发展活力；合作各方以人才、技术、效益为结合点，逐步形成互利互补、良性循环、共同发展的多元合作机制；充分发挥行业协会在合作中的信息沟通、利益协调、纠纷调解的中介作用，确立协调机制；建立合作办学的激励机制，保障合作办学目标的顺利实现；建立质量监控机制，对教学质量、科研服务水平进行测量、评价和调整。开展在教学、研发、市场等方面的深层次合作，多方共同培养具有良好的职业道德，较强的专业能力、方法能力和社会能力，符合新能源汽车产业需求的高素质、创新型、复合型技术技能人才。打通产教融合"人才、技术、生产"三个核心要素的通道，形成"政行企校"信息共享、技术共享、人力共享，五方互融共通的持续发展机制。

（二）建设高水平专业化产教融合实训基地，打造实践育人基地升级版

按照"校企共建，资源共享，互惠互利"的建设思路，共建高水平专业化实训基地，服务新能源汽车专业高素质、创新型、复合型技术技能人才培养，为新能源汽车产业发展提供有力人才保障。

1. 组建"一所一站七中心"实训基地，打造校内产教融合实体化平台

新能源汽车实训基地建设总体思路为：依托陕西国防职教集团、戴姆勒铸星教育项目，比亚迪"精诚英才"教育项目，巴斯夫涂装教育项目，宁德时代校企合作项目，充分利用学院的场地及人力资源，3 年投入 2000 万元，通过新建、扩建等方式，建立产教融合型实训基地。

（1）实训基地建设模式。

建设项目规划。依托学校"十四五"建设规划，按照"人、车、路、网"协调并进原则，建设智能网联汽车实训中心，下设智能网联汽车研究所和汽车仿真工作站，校企共建新能源汽车品牌实训中心，包括比亚迪、戴姆勒奔驰、巴斯夫、宁德时代、陕西重汽、吉利汽车、宝能等 7 大汽车品牌实训中心。针对中高职院校、军民融合企业、汽车类企业、社会培训机构实训中心资源开

放共享。

共建共管共育。联合戴姆勒、巴斯夫等世界500强企业和比亚迪汽车、吉利汽车等中国汽车自主品牌的龙头企业,共同建设新能源汽车实训基地,引入中车云商(北京)信息技术有限公司、陕西省汽车工程学会等行业协会、宝能集团等规模以上企业优质项目资源,采用企业化运营管理模式,为学院和区域内中高职汽车专业学生提供生产计划稳定的生产性实训,实施高端定制培养、校企“双元”实践育人,培养面向战略性新兴汽车产业紧缺领域技术技能人才。

(2)构建“一所一站七中心”实训基地。

新能源汽车技术研究所。该研究中心依托比亚迪新能源汽车研究中心,可开展新能源汽车技术研发、成果转化、企业孵化、人才培养和国际交流,重点支持新能源汽车整车设计与开发、电池、电机及动力系统、轻量化、电子控制等领域原创性科技成果、专利技术和新能源汽车技术标准的研发,服务陕西省新能源汽车产业发展。

智能汽车仿真工作站。跟进百度、华为、比亚迪、吉利等涉足智能网联汽车的厂商,建立智能汽车仿真实训工作站,利用定制化开发的智能网联仿真软件与驾驶仿真模拟器等真实装备配合使用,实现虚实教学双线交融互通;硬件设备采用模块化形式设计,可灵活拆分与组合,能适合不同技术主题和教学模式,满足学院新能源汽车专业和区域高职院校相关专业仿真实训需求。

七大新能源汽车高端定制品牌实训中心。下设新能源汽车七大品牌车型实训中心,面向新能源汽车战略新兴产业,助力陕西新能源汽车产业发展,联合世界500强企业及中国汽车自主品牌的龙头企业,集聚各个品牌车企最新的传统车型和新能源车型的教学用车,利用企业技术优势与学院场地设备师资优势,共同制定人才标准、实训标准、岗位能力标准、课程标准,结合品牌厂商的人才需求,开展生产性实景教学,实现汽车品牌技术技能人才的高端定制。

表 8-1　校内实训中心建设一览表

合作品牌	主要设备	功能
比亚迪汽车	新能源整车、剪式举升机、四轮定位仪、动力总成教学实训平台	承担新能源汽车技术专业实训任务；满足新能源汽车维修；进行专业考核和培训
戴姆勒	传统燃油车、剪式举升机、自动扒胎机、整车实训平台	承担汽车检测与维修专业实训任务；满足传统车的维修；进行专业考核和培训
巴斯夫	干磨机、喷枪、烤漆房、电焊机	承担汽车车身修复专业实训任务；满足车身修复需求；进行专业考核和培训
宁德时代	电池及管理系统实训平台、绝缘测试仪、整车电池台架、电池与电机仿真台架	承担新能源汽车电池结构、原理的实训任务
陕西重汽	发动机总成、变速器总成、传动轴总成、军用汽车教学设备	承担军用越野车结构、原理的实训任务
吉利汽车	智能小车、毫米波雷达、车载摄像头、自动驾驶实训车	承担汽车电子与智能驾驶的实训任务
宝能汽车	新能源整车、剪式举升机、四轮定位仪、电机实训平台	承担新能源汽车技术专业实训任务

2. 建设多元共育校外实训基地，打造校企协同育人与创新服务综合体

对接戴姆勒奔驰、巴斯夫、比亚迪汽车、吉利汽车、卡泰克（荷兰）汽车美容、百度apollo等国际国内龙头企业和区域发展型企业，建设汽车生产制造领域、辅助研发与产品测试领域、高端定制品牌领域、经营模式创新型领域、智能网联汽车领域、特种车辆改装领域的6类实践教学基地。建立校企“双导师制”，通过生产任务、创新项目、服务项目协同育人，为企业培养技术技能型、技术应用型、技术创新型后备人才，打造校企协同育人与创新服

务综合体。

表 8-2 校外实训基地建设一览表

陕西区域产业分类	代表性企业实训基地	备注
辅助研发产品测试	西安骏驰汽车零部件产业园	国家小型微型企业创新创业示范基地
汽车生产制造	比亚迪汽车、吉利汽车	世界500强+国内自主品牌龙头企业
高端定制品牌	戴姆勒奔驰、巴斯夫	世界500强企业
特种车辆改装	陕西重汽	我军唯一重型军用越野车生产基地
智能网联汽车	百度 apollo	智能驾驶软硬件和服务系统提供商
经营模式创新	卡泰克(荷兰)汽车美容	国际知名连锁美容养护企业

(三)多元共建协同创新平台,服务区域经济转型发展

学校与民族品牌比亚迪汽车、吉利汽车、宝能汽车、宁德时代等企业合作,依托实训基地,建设新能源汽车技术协同创新平台、中小微企业技术服务创新中心和军民融合众创空间3个创新平台。开展技术技能培训、科研技术合作攻关、技术服务、创新创业教育等,服务高端人才培养,致力于新能源产业科技创新和区域经济转型发展。

1. 企校协同、双创并进,建设校企协同创新平台

联合产教融合各理事单位组织开展学术交流、陕西省新能源汽车企业调研等活动年均不少于4次,及时掌握国内外新能源技术的最新发展方向,解决企业生产技术难点。由学校和企业共同搭建新能源汽车技术协同创新平台,由新能源技术领域专家牵头,依据企业实际生产需求和新能源汽车技术发展方向开展相关应用课题的研究。重点开展智能网联汽车、动力电池、

电机、电控、充电桩及氢能、太阳能、燃料电池等新能源关键技术的研究，建设期依托平台年开展课题研究不少于3项。

2. 产研结合、服务创新，建设中小微企业技术服务创新中心

依托新能源技术专业教师队伍及实训条件，联合西安汽车零部件产业园开展横向技术服务：第一，开展横向研究，将企业急需解决的基础性问题带入教学环节，通过专业理论知识及软件工具加以解决，并在实践环节中进行验证。同时协助企业完善基础图纸技术资料、3C技术资料、生产一致性检查技术资料等，并联合申报科研项目及技术专利；第二，有针对性地开展企业生产技术人员职业技能培训、政策法规培训等；第三，针对产业园企业员工以优惠价格提供汽车保养检修等服务，加速西安汽车零部件产业园、宝鸡吉利、宝能等校企合作项目的发展，推动区域内中小微企业发展，建设期内孵化项目不少于8个，服务企业不少于15个，为开发更广泛的校企合作共建项目打下坚实基础。

3. “三创”融合、科技驱动，建设军民融合众创空间

遵循融合创意激发、创新实践、创业孵化“三创融合”理念，联合西安市科技局、西安汽车零部件产业园、中国兵器集团845厂，成立“陕西国防工业职业技术学院大学生创新创业实训基地”“西安汽车零部件产业园项目管理研究中心”。与西安汽车零部件产业园入驻企业开展合作，创新汽车类人才的培养，选择具有较好市场前景和社会效益的创新创业项目进入汽车创业训练营，每年邀请15名企业知名创业导师、2家军工背景知名企业和地方领军企业开展创业指导，由企业工程师、骨干教师和优秀学生组成专业技术创新团队共同参与项目实施，逐步实现技术转移、成果转化。

（四）依托产教融合实训基地，“三定位、三路径”分层次培养高素质、创新型、复合型技术技能人才

1. “三定位、三路径”自主选择机制

三个定位涵盖“人才层次需求”。依据新能源汽车行业企业人才需求调

研，结合文化基础不同的生源状况和个性化成才需求，确定新能源汽车专业三类人才培养定位：高素质技能型人才、技术创新型人才、复合型技术技能人才。根据不同人才类型定位确定不同的培养方式、培养目标和课程内容，因材施教，保障学生人人成才。

三条路径提供“适合的教育”。依据新能源汽车专业人才培养定位，设计三类人才类型发展路径。

依托智能网联汽车技术、新能源技术、特种军用车辆生产改装技术等工作室，开展来自企业一线的新能源、智能网联汽车、军用车辆领域前沿技术项目研发，学生深度参与到项目的设计、研发、试验、测试等工作中，采用“项目驱动、助研助教”方式，培养新能源、智能网联汽车、军用车辆领域的技术创新型人才。

依托比亚迪、陕西重汽、宝能汽车、吉利汽车、宁德时代、巴斯夫、戴姆勒等七大品牌实训中心，学生深度融入品牌文化、品牌价值、品牌车型、品牌技术、品牌课程和品牌顶岗的校企高端定制培养体系，采用校企“双导师、双认证”的方式，培养具有品牌意识和理念的新能源汽车技术高素质技能型人才。

依托现代学徒制、1+X证书制度和校内外实训基地培养，学员以学生和企业学徒身份工学交替，采用“分阶段培养、技能认证”方式，培养新能源汽车领域复合型技术技能人才。

2. 共建“双主体、六融合”多元培育机制

专业依托陕西新能源汽车行业，共建新能源汽车产教融合实训基地，推行校企协同“双主体、六融合”多元培育机制。推进人才培养与企业需求相融合，联合企业深度参与课程设计、教材开发、实训教学，实现“双元”育人；推进专业教师与能工巧匠相融合，强化人才培养过程中教学团队“师傅化”；推进理论教学与技能培训相融合，实施教学模式“情景化”，实现课程教学“做中学、做中教”；推进能力考核与技能鉴定相融合，在进行专业技能训练

的基础上，融入国家职业资格标准中的应知与应会内容，持续推动“1+X”证书认证工作；推进军工技术与民用技术相融合，根植军工，服务军地，着力培育一批服务军队和区域经济复合型技术技能人才；推进军工精神与企业文化相融合，坚持军工精神融入“三全育人”，引导学生传承军工文化，弘扬工匠精神，培育高水平技术技能。

3. 构筑“产学研培”高端人才培养平台

根据新能源汽车专业学生知识基础、能力水平、职业倾向、专业差异，因材施教、分类培养。通过“新能源汽车产教融合实训基地”“七大品牌实训中心”“协同创新平台”和“智慧课程中心”，构建产学研培多方合作平台，创新人员、资源、成果“三共享”，专业共建、人才共育、技能共推、技术共研、成果共转、标准共定的“六共同”的合作机制（图 8-8），打造高度融合的校地合作共同体，为陕西新能源汽车领域高端车企、国防科技工业的岗位培养德技并修，厚基础、懂技术、精技能、擅创新、宽口径，具有国际化视野的高素质、创新型、复合型技术技能拔尖人才。

图 8-8 “三共享、六共同”校地合作共同体

建设期内，每年遴选60名学生进行“现代学徒制”培养，校企共育未来工匠；每年开展50人次“1+X”证书认证工作，探索“学分银行”培养制度；依托跨国企业，培养新能源汽车技术专业群具有国际视野的高端技术技能人才30名；省技能大赛获奖6项，国家级“互联网+”大赛获奖2项，省级“互联网+”大赛获奖5项，毕业生就业率不低于98%。践行因材施教育人机制，推进专业调宽调优调高人才培养目标，营造产业引领专业发展，专业服务产业升级专产双融互促格局，促进教育链、产业链、科技链、人才链有机融合，形成校企协同育人新范式。

（五）构建“六平台、四层级”实践教学体系，服务技术技能人才培养

1. “书证融通、教培共用、育训一体”，构建“六平台、四层级”实践教学体系

依托比亚迪、宁德时代等新能源汽车8个品牌校企合作项目，构建“六平台、四层级”的实践教学体系（图8-9），实现教学基地生产化、生产企业基地化、学习过程实境化，教学、科研、生产、培训和服务全覆盖。引入AI、VR等技术，促进实践教学线上线下、虚实融合，为培养学生专业技能和创新能力提供真实企业环境，提升实践教学质量，形成“资源共享、互惠双赢”的校企合作局面，打造具有示范引领作用的高水平专业化实训基地。

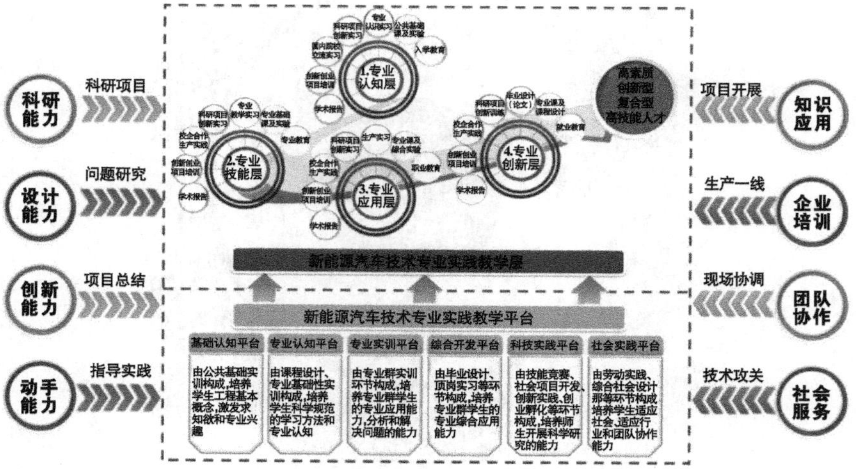

图8-9 “六平台、四层级”实践教学体系

六平台：整合优化专业实践教学条件，按照学生的成长和认知规律，搭建以职业能力培养为主线，以基本职业素质、岗位职业能力和迁延发展能力培养为核心的基础认知平台、专业认知平台、专业实训平台、综合开发平台、综合实践平台和社会实践平台等六个新能源汽车技术专业实践教学平台。

四层级：在六平台的基础上设计"认知—技能—应用—创新"四个层级，将实践教学环节通过合理配置具体化，按基本技能、专业技能、综合应用能力和创新能力循序渐进地安排，将实践教学的目标和任务具体落实到各个实践教学环节中，让学生在实践教学中掌握必备的、完整的、系统的技术技能。

2. 建设"三类型、二平台"课程中心，打造汽车工匠终生学习平台

联合新能源汽车企业，紧贴岗位技能需求，建设教培相辅实践教学资源平台和共享服务平台，按照"专业基础+专业方向+专长项目"思路建设三类课程资源，打造行业领先的"三类型、二平台"智慧课程中心。实践教学资源平台包括：实践课程教学资源库、实训素材资源库、培训考评资源库、行业学习资源库；共享服务平台包括：学习者服务平台、教学者服务平台、院校服务平台、企业服务平台、行业爱好者服务平台。

建设期内，与比亚迪汽车、宁德时代等共同开发新能源汽车电机、电池、电控高尖端技术课程10门；建成省级水平精品在线开放课程3门，校级精品在线开放课程15门。

3. 校企共建行业领先、动态调整的优质资源

"技研先行、跨前开发"，以职业能力标准为纽带，国家技术标准为引领，聚焦新能源汽车领域关键技术，服务区域中小微企业智能制造转型升级，将新技术开发和服务成果转化成1000个优质资源，重点建设更新专业方向与专长项目课程资源。"洋为中用，跨境开发"，以中外合作项目为载体，引入国际通用职业资格证书，与戴姆勒、巴斯夫等国际500强企业深度合作，开发100个国际化优质资源。"共建共享，跨界开发"，与政府、行业、企业、研究所、培训机构合作，发挥学校职教集团纽带作用，建设500个实践项目优

质资源。形成实践教学优质教学资源随产业发展动态调整的更新机制,每年资源更新率不低于10%,持续推进优质教学资源在课堂教学、职业培训中的应用与推广。实践教学资源全面支撑泛在教学,能学辅教、技能鉴定、服务社会的功能得以充分体现,服务能力达到省内领先水平。

4. 校企合作开发引领性新形态教材

实施“三三三”工程,面向专业实践教学课程体系配套开发“活页式”“工单式”“手册式”新形态教材。教材编写体例遵循“三符合”:符合职业需求、符合认知规律、符合学习习惯;导入“三新”:新能源与智能网联汽车新技术、新工艺、新方法;融入“三标”:行业标准、企业标准、职业技能标准。充分利用信息技术,实现教材建设立体化:教材纸质版和电子版一体化、教材和教学资源一体化、教材与题库一体化。

建设期内开发实践教学活页式教材2部,手册式教材3部,工单式教材2部。

(六)聚焦“双师四能”教师培养,打造卓越实践教学创新团队

系统实施名师名匠引育计划、“三项能力”提升计划、“1123”团队建设计划、师资队伍国际化计划,实现人才数量与质量的提升。根据不同类型教师职业生涯发展各个阶段的需求,开设系列化教师培训项目,构建教师成长阶梯,全面服务教师职业生涯发展,建成以行业领军人物为引领、校企专家为带头人、青年骨干教师为主力,师德高尚、业务精湛、数量充足、结构合理的卓越实践教学创新团队。

1. 聚焦引领能力,实施名师名匠引育计划

成立行业领军人物工作室,聘请行业领军人才,指导实训基地建设和实践课程改革,引入企业横向课题,提升科研能力。发挥名师名匠的示范带动作用,聘请教学名师、技能大师、工艺大师、现代工匠等组建团队,承担政府部门、行业企业及职业院校等的技能革新、技术协作、技能研修等项目,实施技术改革,解决技术难题。

至2023年，引进培育新能源汽车领域行业领军人才2名，名师名匠5人，建设行业领军人物工作室2个，申获省级以上课题5项，取得1~2项在国内有一定影响的教学科研成果；申获服务地方新能源汽车产业技术研发项目5项；获得专利10项；发表核心论文20篇；教学团队成员参与国内外学术交流6次，建成省内领先、国内知名的新能源汽车行业科技创新团队。

2. 聚焦实践能力，实施“三项能力”教师素质提升计划

深入开展实践教师综合能力培训，提升教师的德育和思政工作能力，激励教师争做“有理想信念、有道德情操、有扎实学识、有仁爱之心”的“四有”，以及具备教育教学能力、专业实践能力及技术服务能力“三项能力”的好老师。

推行“信息技术+”教育教学能力提升计划。教师通过教学能力比赛、海外研修，以及参加各类教学信息技术和AR/VR技术使用的培训、信息化课堂设计、数字化课程开发、新形态课程建设等活动，提升+教育教学能力。

推行“情境再现+”专业实践能力提升计划。组织新教师“实训基地锤炼工程”、骨干教师“轮回制”，以及教师定期到比亚迪、吉利、宝能等国内外知名合作企业学习前沿技术、工艺和规范，实践锻炼时间每五年累计不少于6个月；教学活动与企业真实项目结合，带动教师整体实践教学能力提升。

推行“互联网+”技术服务能力提升计划。鼓励教师掌握信息技术+、互联网+，提高自身的教学创新、技术服务能力，主动服务区域经济发展，积极技术开发、产品开发、成果转化、项目策划等研发服务，联合企业开展重大项目攻关，满足区域的技术创新、技术开发需求，为转型企业解决实际难题。

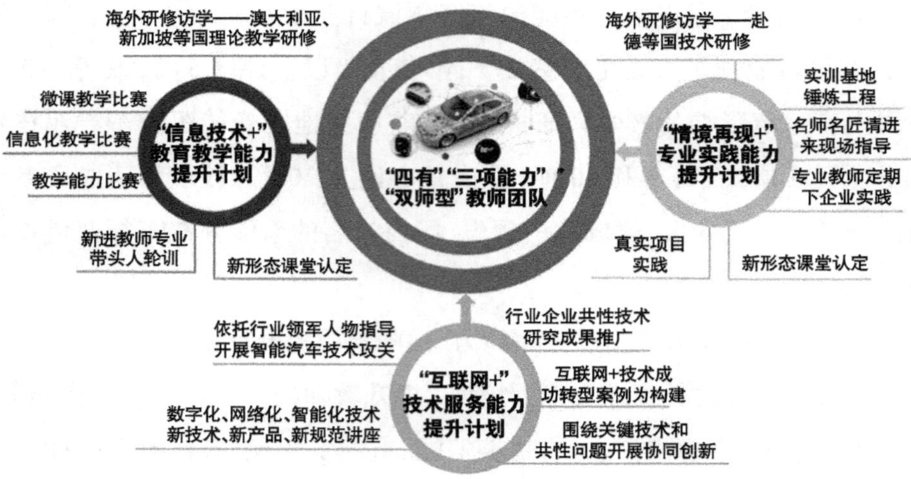

图 8-10 “三项能力”打造专兼结合高水平“双师型”教师团队

建设期内，培养 1 名省级教学名师、10 名骨干教师，建设名师工作室 1 个；选派 20 名专任教师参加国外职业技术教育培训，进入企业参加岗位实践，确保每年在企业或实训基地实训超过 1 个月；专任教师“双师”比例达到 95%。

3. 聚焦创新能力，实施“1123”团队建设计划

建设 1 个省级水平教育教学创新团队。充分发挥教学名师对教育教学改革工作的带动作用，以各级名师为带头人建设结构化教学创新团队，建立教学发展共同体，深入开展教育教学改革，推动专业人才培养模式、课程教学模式改革，开发教学资源，改进教学内容、方法和手段，显著提高教育教学质量，形成在省内外具有广泛影响的教学成果。

建设 1 个省级水平科技创新团队。聚焦新能源电池、智能网联技术、无人汽车感知等三个技术应用研究领域建设科技创新团队，拓展与比亚迪汽车、宁德时代新能源股份有限公司、陕西重汽研究院等大企大所的合作，加强相关应用技术的研究，提升服务地方产业经济发展能力。

建设 2 个省级大师教学团队。通过师德引领、技术规范、功夫到家等“工匠精神”培育，充分发挥“双师”名师在团队实践能力和创新人才培养中

的作用。组织青年教师拜师学艺,开展教育教学能力、实践能力练兵比武,引领“双师”队伍建设。

建设3个双语授课教学团队。依托戴姆勒铸星教育、巴斯夫涂装教育等中外合作项目,实施相关教师境内外英语授课能力提升培训,开发和使用双语教材、PPT、教学资源等,实施双语授课,提升国际影响力。

4. 聚焦双语能力,实施师资队伍国际化计划

通过选派留学、短期进修访学、与国外科研院所开展学术交流和合作、邀请海外知名专家讲学等多种途径大力提高师资队伍的国际化水平,通过三年的建设,使专任教师具有国外留学、研究经历比例达到20%,具有双语教学能力教师达到40%。积极申报国家公派留学项目,启动双语教师师资培养计划,每年选派骨干教师到国外高水平大学学习相关课程,提高双语水平。

(七)打造全方位、多层次对外服务体系,助力区域经济提质增效

在陕西国防职教集团主导下,发挥实训基地共享型实践教学平台、协同创新中心和共享型教学资源库等教育、教学、科研资源优势,建立面向中高职院校教师、军工企业员工和退役军人、小微企业员工和农民工的多层次对外服务体系,大力开展新能源汽车技术培训,助力陕西经济提质增效。

1. 量身定制,开展企业高端培训

满足企业个性化需求,组织专门团队开发新能源汽车保养、电动汽车机电维修、智能汽车安装调试等3个新能源汽车领域新技术培训项目。深度服务比亚迪、奔驰、吉利、宝能新能源等企业,为企业设计开发员工职业生涯培训体系,助力企业优化人力资源结构。承接市区科技局等政府部门委托的首席技师研修、精益生产管理培训、中层经理及高端技能人才素质提升等高端培训项目。持续拓展培训项目,优化培训内容,拓宽服务领域,打造服务区域企业的高端品牌。

2. 标准引领，开展职业技能培训

发挥专业群资源优势，以“1+X”证书制度为依据，根据新能源汽车产业发展实际，校企联合开发新能源汽车装调与测试、汽车运用与维修、汽车涂装技术等3个通用性职业技能等级证书培训标准。适应新能源汽车新技术、新工艺、新标准应用，校企联合开发新能源汽车装调与测试、汽车运用与维修、汽车涂装技术等3个专业性职业技能等级证书。将新开发的职业技能等级证书嵌入到专业群课程体系，推动课程体系不断完善；灵活运用模块化证书课程，面向社会开展有针对性的职业技能培训，年培训不少于50人次。

3. 菜单服务，开展技能普及培训

加强与市区政府、中国汽车工程学会和汽车类企业合作，发挥专业师资、实训基地和技术技能平台资源优势，开发新能源汽车技术培训项目，建立大众化培训菜单，开展“菜单式”职业培训。面向企业员工、退伍军人、社区居民、中小学生等群体，开发职业技能、安全生产、科普教育、就业提升、生产管理、生活教育等培训项目，建立职业培训项目库。系统规划不同的培训路径，开展专项技术技能培训、岗前准入性培训、管理能力培训、职业技能等级证书培训、职业启蒙教育等服务。全面提升实训基地育训一体能力。建设期内，累计开发各类培训项目30个，完成培训数量500人次，培训时长10 000人/日。

4. 振兴乡村，巩固脱贫攻坚成果

紧密联系当地政府、交通部门、人社部门，对接欠发达地区职业院校，实施乡村振兴计划。开展贫困人员就业精准帮扶、对口帮扶等工程，科普新能源汽车技术，培训新型职业农民现代化农用机械维修技术，开展农用机械安全使用、废旧电池危害等主题公益性讲座，吸引贫困大学生免费参加职业技能培训并推荐就业。建设期内，实现公益性讲座10期，承接公益项目完成大学生精准扶贫180人，对口帮扶院校达到5所。

四、政策措施

本项目建设依托省级双高专业群建设项目，为完成建设任务，成立相应的组织机构，制定相关管理制度，划拨专项建设经费，采取相应保障措施，夯实工作责任，强化监管落实。

（一）组织保障

为高质量完成项目建设全部建设任务，学院成立新能源汽车产教融合实训基地建设方案保障领导小组，制定相关管理制度，划拨专项建设经费，采取针对性较强保障措施，夯实工作责任，强化监管落实，对项目进行的每一个步骤进行严格把关，精准指导。

1. 政策保障

为规范实训基地项目建设，加强对建设项目的管理，确保项目建设质量，按时完成建设任务，根据国务院《关于印发国家职业教育改革实施方案的通知》（国发〔2019〕4号）、教育部财政部《关于实施中国特色高水平高职学校和专业建设计划的意见》（教职成〔2019〕5号）、教育部财政部关于印发《中国特色高水平高职学校和专业建设计划项目遴选管理办法（试行）》的通知（教职成〔2019〕8号）文件要求，根据双高项目计划实行、动态管理，中期考核、期满评价的流程进行相应的保障措施，学院及教研室大力支持，确保项目顺利实施。

按照“统筹与分级管理相结合”的原则进行目标管理，规划总体建设方向和重点建设项目；将项目的实施与管理进行逐级分解，按学院、子项目负责人、二级子项目负责人三个层次逐级签订项目目标责任书；建设项目的每个子项目建设任务落实到具体人员，各责任人按计划完成项目建设任务。实施全过程的检查、考核、监督、调控机制，保证每项建设工作顺利进行和按期完成。

2. 组织保障

建立健全组织保障机构，确保本项目各阶段工作按期顺利完成，成立项目建设领导组。主要职责分工：项目建设领导组全面负责项目的组织、建设、规划、各级子项目建设内调组，负责落实建设方案，分解项目建设任务书，指挥协调相关部门及各专项建设小组的工作，及时处理方案实施和各专项建设过程中需要协调和解决的各种任务和问题，对项目实施过程控制和目标管理，及时提出需报领导小组研究议定的重大事项。

3. 经费保障

项目建设专项资金来源包括学校自筹资金和其他资金。成立项目建设协调组：成立以分院院长为组长、教研室主任为副组长、专业带头人和企业技术骨干为成员的项目建设协调组，项目建设专项资金实行学校统一管理、集中核算、专款专用、专账管理。学院财务处负责专项资金的管理，任何部门和个人不得擅自截留、挤占和挪用专项资金。各有关部门必须严格执行国家财政、财经法规，切实加强项目资金预算、审批、使用和决算管理。现代产业学院项目建设专项资金实行定期检查、审计制度，主管部门、承办部门应自觉接受财政、审计等有关部门的监督和检查。

4. 人员保障

项目组制定建设实施方案，任务落实到人，按照建设进度，分步实施，整体推进。同时，项目组成员包含学院新能源教研室全体教师，并每月召开一次例会，及时研究解决项目实施中遇到的困难和问题，确保建设项目按计划、稳步推进实施。

（二）过程管理保障

1. 建立监测评价和绩效管理机制

强化过程管理，在建设项目的立项启动、年度考核、中期检查、结果验收等重要环节，对实施过程、进度和预定目标完成程度进行常态化监测评估，及时纠偏。制定《绩效评价办法》《绩效评价指标体系》，对项目建设的关键指标任务完成情况、标志性成果和项目建设内涵开展考核和绩效评估，形成激励约束机制，提高建设项目的有效性、持续性。

2. 强化宣传动员

加大宣传力度，使所有成员能清晰地理解学校的战略目标、建设任务、创新举措及个人使命与担当。组织各部门、院系对方案进行全面的学习和讨论，使方案的目标和任务深入人心。加强信息公开，及时公布项目建设工作进展、建设成果等信息，积极宣传项目建设最新成果，引导建设项目出一流成果、出一流人才。积极营造全院师生员工关心支持项目建设的良好氛围，充分调动全院教职员工的积极性，全面组织全院师生员工共同参与项目建设，凝聚起推动学校快速发展的强大力量。

五、经费支持与使用计划

表 8-3　资金预算一览表

<table>
<tr><th colspan="2" rowspan="2">建设列表</th><th colspan="5">资金预算（万元）</th></tr>
<tr><th colspan="5">学校自筹（600 万元）、企业投入（400 万元）</th></tr>
<tr><th>任务（项目）</th><th>建设内容</th><th>2021 年度</th><th>2022 年度</th><th>2023 年度</th><th>小计</th><th>备注</th></tr>
<tr><td rowspan="3">1. 建立产教融合机制，保障实训基地持续稳定发展</td><td>1.1 共建产教融合实训基地，构建行企校命运共同体</td><td>3</td><td>3</td><td>4</td><td>10</td><td></td></tr>
<tr><td>1.2 成立多方理事会，共同探索产教融合机制</td><td>10</td><td>15</td><td>5</td><td>30</td><td></td></tr>
<tr><td>1.3 以产教融合实训基地为载体，促进专业健康可持续发展</td><td>3</td><td>3</td><td>4</td><td>10</td><td></td></tr>
<tr><td>2. 建设高水平专业化产教融合实训基地，打造实践育人基地升级版</td><td>2.1 组建“一所一站七中心”实训基地，打造产教融合实体化平台</td><td>100</td><td>300</td><td>180</td><td>580</td><td></td></tr>
</table>

续表

建设列表		资金预算(万元)				
		学校自筹(600万元)、企业投入(400万元)				
任务(项目)	建设内容	2021年度	2022年度	2023年度	小计	备注
2. 建设高水平专业化产教融合实训基地，打造实践育人基地升级版	2.2 建设多元共育校外实训基地,打造校企协同育人与创新服务综合体	3	4	3	10	
3. 多元共建协同创新平台，服务区域经济转型发展	3.1 企校协同、双创并进,建设校企协同创新平台	6	12	6	24	
	3.2 产研结合、服务创新,建设中小微企业技术服务创新中心	3	4	3	10	
	3.3 “三创”融合、科技驱动,建设军民融合众创空间	3	4	3	10	
4. 依托产教融合实训基地,“三定位、三路径”分层次培养高素质、创新型、复合型技术技能人才	4.1“三定位、三路径”自主选择机制	2	2	1	5	
	4.2 共建“双主体、六融合”多元培育机制	3	4	3	10	
	4.3 构筑“产学研培”高端人才培养平台	2	2	1	5	

续表

建设列表		资金预算(万元) 学校自筹(600万元)、企业投入(400万元)				
任务(项目)	建设内容	2021年度	2022年度	2023年度	小计	备注
5.构建"六平台、四层级"实践教学体系，服务技术技能人才培养	5.1构建"六平台、四层级"实践教学体系	2	3	3	8	
	5.2建设"三类型、二平台"课程中心，打造汽车工匠终生学习平台	20	50	30	100	
	5.3校企共建行业领先、动态调整的优质资源	3	5	5	13	
	5.4校企合作开发引领性新形态教材	10	20	5	35	
6.聚焦"双师四能"教师培养，打造卓越实践教学创新团队	6.1聚焦引领能力，实施名师名匠引育计划	10	20	10	40	
	6.2聚焦实践能力，实施"三项能力"教师素质提升计划	5	10	5	20	
	6.3聚焦创新能力，实施"1123"团队建设计划	10	15	5	30	
	6.4聚焦双语能力，实施师资队伍国际化计划	3	3	4	10	

续表

建设列表		资金预算(万元) 学校自筹(600万元)、企业投入(400万元)				
任务(项目)	建设内容	2021年度	2022年度	2023年度	小计	备注
7. 打造全方位、多层次对外服务体系，助力区域经济提质增效	7.1 量身定制，开展企业高端培训	3	4	3	10	
	7.2 标准引领，开展职业技能培训	3	4	3	10	
	7.3 菜单服务，开展技能普及培训	3	4	3	10	
	7.4 振兴乡村，巩固脱贫攻坚成果	3	4	3	10	
合计		213	495	292	1000	

参考文献

[1]陈莹."职业性":德国职业教育本质特征之研究——兼论职业教育"发展动力"[M].上海:华东师范大学出版社,2012.

[2]贺星岳.现代高职的产教融合范式[M].杭州:浙江大学出版社,2015.

[3]张建民.全国高职高专教育产学研结合经验交流会论文集·高职院校校企合作的思考.2003:134-136.

[4]张梦蝶,李慧.我国高等职业教育问题归因分析[J].职教通讯,2011(15):65-68.

[5]刘春生,徐长发.职业教育学[M].北京:教育科学出版社,2002.

[6]唐林伟.面向可持续发展的职业教育理念述评[J].职教通讯,2011(05):24-28.

[7]陈年友.产教融合的内涵与实现途径[J].中国高校科技,2014(08):40-42.

[8]罗明誉.高职院校产教融合实现机制研究[D].杭州:浙江工业大学,2017.

[9]曹起武.本科院校转型形势下高职院校的定位分析[J].职教论坛,2015(22):40-43.

[10] 欧阳河,戴春桃.产教融合的内涵、动因与推进策略[J].教育与职业,2019(7): 51-56.

[11]罗汝珍.职业教育产教融合的价值判断、现实困境及路径选择[J].职业技术教育,2017,38(25):49-53.

[12]徐英俊.职业教育学[M].哈尔滨：东北林业大学出版社，2008:42.

[13]潘旭阳.职业教育发展柳州模式（理论卷）[M].北京：国家行政学院出版社，2019.

[14]陈增红，杨秀冬.职业教育产教融合人才培养模式研究[M].北京：中国社会科学出版社，2020.

[15]唐小燕.利益相关者视角下高职院校产教融合机制研究[M].成都：西南财经大学出版社，2020.

[16]欧阳恩剑.论我国职业教育法的基本制度[J].职业技术教，2016,37（30）:33-36.

[17]汪玲.德国双元制职教模式演变历程及欧洲化进程研究[J].职教论坛，2018（12）:151-156.

[18]黄艳.产教融合的研究与实践[M].北京：北京理工大学出版社，2019.

[19]樊大跃.再谈英国三明治教育模式的特点及启示[J].深圳职业技术学院学报，2016,15（05）:69-73.

[20]续润华.美国社区学院发展研究[M].北京：中国档案出版社，2000:20-45.

[21]丁玲玲，才亚楠.美国社区教育的内涵和运行机制及对我国学习型社会建设的启示[J].成人教育，2021,41（12）:89-93.

[22]王辉.校企协作助推产教融合：美国社区学院校企协作“项目群”的兴起[J].高等教育研究，2015,（12）:102-109.

[23]职芳芳.澳大利亚高等职业教育国际化办学模式研究[D].开封：河南大学，2013.

[24]肖霞.日本政府主导下的高职产学官合作及其启示[J].扬州教育学院学报，2013,31（3）:52-55.

[25]盖国强，张胜宾.新加坡南洋理工学院“教学工厂”模式下的教学实施分析[J].职业教育研究，2012（7）:177-178.

[26]余秀琴，苟莉，陈鸿盖.我国产教结合、校企合作的历史发展[J].中国职业技术教育，2012(01):23-33.

[27]高文静，傅琳.改革开放四十年我国职业教育产教融合政策演变与若干建议[J].南通职业大学学报，2018,32(3):23-26,48.

[28]《中国教育年鉴》编辑部.中国教育年鉴(1985—1986)[Z].长沙：湖南出版社，1988.

[29]《中国教育年鉴》编辑部.中国教育年鉴·2000[Z].北京：人民教育出版社，2000:153.

[30]全国教育经费执行情况统计公告(1999—2005年).

[31]葛道凯.中国职业教育二十年政策走向[J].中国教育科学，2015(4):51-74.

[32]袁清武.高职院校订单式人才培养模式初探——基于教育创新的视角[J].中国教育学刊，2013(S1):6-8.

[33]马良军.新时代中国特色现代学徒制的发展方向[J].职业技术教育，2021,42(28).

[34]韩旭，张俊竹.中国特色现代学徒制的成效、困境与方向[J].教育与职业，2020(24):41-46.

[35]赵志群.建设现代学徒制的必要性与实现路径[J].人民论坛，2020(09):59-61.

[36]孙国华.中华法学大辞典·法理学卷[M].北京：中国检察出版社，1997:283.

[37]李岳龙.民选政府与人民关系刍议[J].新疆社会科学，2016(02):92-97+162.

[38]何正斌.经济学300年[M].3版.长沙：湖南科学技术出版社，2009:211.

[39]马克思.资本论(第一卷)[M].北京：人民出版社，1975:385.

[40]杜晶.企业本质理论及其演进逻辑研究[J].经济学家，2006(01):

115-120.

[41]张冉.中国行业协会研究综述[J].甘肃社会科学,2007(05):231-235.

[42]谢增福.行业协会功能研究[D].长沙:中南大学,2008:17-18.

[43]陈洪捷.德国古典大学观及其对中国的影响(修订版)[M].北京:北京大学出版社,2006:17.

[44]元利平.高职产教融合机制构建的问题与对策探析[J].黑龙江教育学院学报,2018,37(5):60-61.

[45]建静.利益相关者视角下高职院校产教融合的必然选择与发展路径[J].成人教育,2019,39(5):75-80.

[46]严安云.职业院校产教融合动力机制研究[D].长沙:湖南师范大学,2013.

[47]罗沙沙.职业教育产教融合的价值判断、现实困境及路径选择[J].职业技术教育,2017,38(25):49-53.

[48]徐叶军.高职院校校企合作人才培养模式的发展困境及解决路径[J].教育与职业,2018(4):41.

[49]周绍梅.产业特性升级视角下职业教育产教融合的症结与破解[J].教育与职业,2018(2):8-14.

[50]逯铮.利益相关者视角下高职院校被产教融合的必然选择与发展路径[J].成人教育,2019,39(5):75-80.

[51]陈诗慧,张连绪.利益相关者视角下现代学徒制的主体诉求、问题透视与实践突破[J].职业技术教育,2017(38):21-23.

[52]薛赟.企业人才流失风险管理与控制策略研究[D].天津:天津大学,2011.

[53]罗汝珍.市场经济背景下高等职业教育产教融合机制研究[J].教育与职业,2014(21):8-11.

[54]王凤领.地方本科高校产教融合应用型人才培养研究[M].北京:中

国水利水电出版社,2020.

[55]张静.职业教育“产教融合校企合作”政策落地的地方实践[J].中国职业技术教育,2020(16):49-53.

[56]李梦卿,刘博.高职院校深化产教融合的价值诉求、现实困境与路径选择[J].现代教育管理,2019(03):80-85.

[57]田秀萍.职业教育资源论[M].北京:光明日报出版社,2010.

[58]保林杰,盖卫东.我国高等教育第三方评价体系构建研究[J].当代教育论坛,2013(03):25-28.

[59]周家柔,李思勤.教育管办评分离:实质基础、行动逻辑和体制障碍[J].高等教育研究,2016,37(7):16-20.

[60]祝穆伟,毛帅,赵琛.产教融合型实训基地建设与评价研究[M].徐州:中国矿业大学出版社,2020.

[61]陈玉峰,池卫东,何林元.共建共享型生产性实训基地建设的探索与实践[J].中国职业技术教育,2018(20):12-16.

[62]黄德桥,杜文静.基于产教融合的高职院校校内生产性实训基地建设研究[J].中国职业技术教育,2019(2):88-92.

[63]贾文胜.关于建设高水平实训基地的思考[J].中国职业技术教育,2019(7):103-107.

[64]孙毅颖.“高等性”和“职业性”二维视域下的高等职业教育质量评价[J].中国职业技术教育,2015(12):75-79.

[65]吴利燕.高职院校校内实训基地管理创新研究[D].济南:山东师范大学,2017.

[66]吴兆明.高职院校实训基地“五个融合”内涵建设的探索[J].职业技术教育,2019(2):15-19.

[67]徐溢艳.产教融合的实训基地建设及其运行机制[J].文教资料,2018(7): 131-132+145.

[68]冯帆，赵熹，甘代伟.新能源汽车产教融合实训基地建设模式研究[J].汽车实用技术,2021,46(14):178-179+184.

[69]赵熹,权春锋.基于产教融合背景下高职汽车类专业现代学徒制的研究与实践[J].汽车实用技术,2021,46(14):180-184.

[70]张俊红,赵熹,冯帆."1+X"证书制度下新能源汽车技术实训基地研究[J].内燃机与配件,2021(13):236-237.

[71]李俊涛,潘文宏.产教融合背景下高水平产业学院建设与发展路径——以陕西国防工业职业技术学院 FANUC 产业学院建设为例[J].机械职业教育,2021(10):14-17.

[72]孙君辉，徐坚，齐守泉.现代学徒制中企业参与动力影响因素的实证研究[J].中国职业技术教育，2018(30)：41-48.

[73]顾志祥.我国职业教育现代学徒制改革的成效、反思与展望[J].教育与职业，2020(1)：40-44.